Cross-Industry Ecosystems

Noah Farhadi

Cross-Industry Ecosystems

Grundlagen, Archetypen, Modelle und
strategische Ansätze

 Springer Gabler

Noah Farhadi
IUBH International University
Berlin, Deutschland

ISBN 978-3-658-26128-3   ISBN 978-3-658-26129-0 (eBook)
https://doi.org/10.1007/978-3-658-26129-0

Die Deutsche Nationalbibliothek verzeichnet diese Publikation in der Deutschen Nationalbibliografie; detaillierte bibliografische Daten sind im Internet über http://dnb.d-nb.de abrufbar.

Springer Gabler

Springer Gabler ist ein Imprint der eingetragenen Gesellschaft Springer Fachmedien Wiesbaden GmbH und ist ein Teil von Springer Nature.
Die Anschrift der Gesellschaft ist: Abraham-Lincoln-Str. 46, 65189 Wiesbaden, Germany

Danksagung

Jedes Buch, das jemals das Licht der Öffentlichkeit erblickt, erfordert ein erhebliches Maß an Koordinierung und kritische Auseinandersetzung mit einem Thema. An dieser Arbeit ist ein ganzes Team beteiligt, von dem der Autor nur einen kleinen Teil ausmacht. Dieses Buch hätte niemals erscheinen können ohne ihre unschätzbare Arbeit und Hingabe. Ihnen möchte ich danken für ihre unglaubliche Geduld und Ausdauer, mit denen es ihnen gelungen ist, das Manuskript dieses Buchs zur Druckreife zu bringen, obwohl sie es mit einer harten Deadline zu tun hatten.

Den Mitarbeiterinnen und Mitarbeitern des Verlags schulde ich einen besonderen Dank für die gute Zusammenarbeit und ihre Geduld. Dieses Buch wäre nicht zu so einem nützlichen Hilfsmittel geworden und würde sich nicht so angenehm lesen, wenn es nicht so kluge Kommentare und konstruktives Feedback von den vielen kritischen Rezensenten des Manuskripts gegeben hätte.

Besonders hervorheben möchte ich hierbei die sehr gute Zusammenarbeit mit den Wirtschaftsjournalisten **Ursula Bernhard** und **Joachim Weber**, die mich seit vielen Jahren bei meinen Publikationen begleiten. Sie sind meine Vorbilder. Frau Bernhard und Herr Weber haben meine Ergebnisse kritisch gelesen, sprachlich erheblich verbessert und einen hohen Beitrag zur Steigerung der Qualität meiner Aussagen geleistet. Sie haben ein sehr wichtiges und durchdachtes Review einer frühen Form des Manuskripts abgeliefert. Dies hat zu einer bedeutenden Neustrukturierung des Inhalts geführt. Dafür kann ich mich nicht genug bedanken. Ohne Zweifel konnte dieses Buch ohne sie nicht entstehen. Im Ergebnis ist so ein viel besseres Buch entstanden, das sich leichter lesen lässt, einfacher zu verstehen ist und vielleicht ein auf lange Sicht nützlicheres Werkzeug darstellt.

Darüber hinaus gibt es viele weitere Kolleginnen und Kollegen sowie meine Studierenden, die mir stetig offenes und wertvolles Feedback sowie Änderungsvorschläge gegeben haben. All diesen Input habe ich sorgsam durchdacht, als das Manuskript über die letzten zehn Jahre entstanden ist und sich bis 2019 weiterentwickelt hat.

Ich möchte meinem geschätzten Kollegen Prof. Dr. **Alexander Burger** herzlich danken, da er mich ermutigt hat, mit dem Springer Gabler Verlag Kontakt aufzunehmen. Ebenso möchte ich mich bei Frau **Katharina Harsdorf** und Frau **Ulrike Lörcher** aus dem Springer Verlag für ihre hervorragende Zusammenarbeit bedanken. Frau Harsdorf ist die beste Lektorin, die sich ein Autor nur wünschen kann. Als Ansprechpartner war Frau Lörcher sehr fair, kompetent und ermutigend.

Mein herzlicher Dank geht an meinen Mentor Prof. Dr. **Abby Ghobadian** von der Henley Business School in Großbritannien. Ebenso möchte ich die kontinuierliche Zusammenarbeit mit Prof. Dr. **George Tovstiga** von der EDHEC Business School hervorheben. Frau **Valeria Fernandes** und Diplom-Informatiker **Olaf Kath** aus meiner Zeit als Berater bei Daimler und Chrysler haben mich immer bei kritischen Fragen mit Tat und Rat begleitet.

Die Promotionsanwärterin **Viola Baltes** von der Humboldt Universität hat mich im Lauf der Entwicklung des Manuskripts hervorragend unterstützt. Für mich war diese enge Zusammenarbeit eine große Gelegenheit, den Inhalt aus der Sicht der Generation Y zu sehen. Liebe Viola, danke für deine Geduld mit mir.

Meinem besonderen Freund **Alessandro Adriani** möchte ich hiermit erneut für die zahlreichen Gespräche danken, in denen er mich mit seinen Erfolgserlebnissen als Architekt strategischer Allianzen in der dynamischen Telekommunikationsbranche immer wieder motiviert und inspiriert hat. Meine beste Freundin, Dipl.-Ing. (FH) **Nadine Malcherowitz,** hat mich immer wieder daran erinnert und ermutigt, dieses Projekt zu konzipieren und umzusetzen. Dafür mein allerbester Dank, liebe Nadine.

Last but not least: Ich möchte dieses Werk meiner Familie widmen, die mehrere Tausend Kilometer entfernt von mir in Kalifornien in den Vereinigten Staaten von Amerika lebt.

Berlin, Sommer 2019   Noah Farhadi

Inhaltsverzeichnis

Einleitung

1

Zusammenfassung

Jahre sind vergangen, bis ich die Bedeutung bzw. Konsequenz der betriebswirtschaft-lichen Ökosysteme in Wirklichkeit verstanden habe. Der US-amerikanische Science-Fiction-Autor von *Dune*, Frank Patrick Herbert, hat einmal gesagt:

„The thing the ecologically illiterate don't realise about an ecosystem is that it's a system. A system! A system maintains a certain fluid stability that can be destroyed by a misstep in just one niche. A system has order, flowing from point to point. If something dams that flow, order collapses. The untrained might miss that collapse until it was too late. That's why the highest function of ecology is the understanding of consequences."

Anfang 2007 berief mich der US-amerikanische Partner einer global aktiven Beratungs-gesellschaft als M&A-Berater in sein Team für die Aufspaltung und Entflechtung eines führenden DAX-30-Automobilherstellers. Damals ging ich davon aus, dass es sich um eine ganz normale M&A-Transaktion innerhalb eines Großkonzerns handeln würde. So war es auch – auf den ersten Blick.

Die Aufgabe bestand in der Auflösung einer Fusion von zwei Konzernen, die ihre je-weils eigenen Produkte inzwischen unter dem Dach einer gemeinsamen Organisation ver-markteten. Hunderte Mitarbeiter und Entscheidungsträger aus allen Bereichen und Abtei-lungen beider Häuser – und mit ihnen Heerscharen von Beratern und Anwälten – wurden für mehrere Jahre mit dieser Aufgabe beauftragt. Die Transaktion überschritt die Kapazität der betroffenen Organisationseinheiten. Zum großen Teil wurden Tausende Lizenzen und Verträge umgeschrieben, die sog. innerbetrieblichen Kooperationsverträge aufgesetzt, das intellektuelle Kapital sorgfältig geteilt und dabei sichergestellt, dass die internationalen Vertriebsorganisationen voll arbeitsfähig sind. Die proprietären Daten, etwa Kundendaten oder Produktspezifikationen, wurden nach der Einhaltung der Datenschutzrichtlinien zwi-schen den beteiligten Organisationen geteilt. Auch IT-Ressourcen und Mitarbeiter sind auf

die Herausforderungen vorbereitet. Das Ganze wurde von einer globalen Projektmanage-
mentorganisation mit Hunderten von Experten und Mitarbeitern und einem siebenstelli-
gen Budget begleitet.

Aus dem Blickwinkel der klassischen M&A- und Managementberatung ist eine solche Operation als komplexe bzw. stringente Prozesskette anzusehen: Verflechtungen
identifizieren, Trennungsabläufe vorbereiten, Kommunikationspläne schmieden, alles
akribisch sequenziell umsetzen, Risiken identifizieren und gegensteuern sowie betroffene Entscheidungsträger bei der Umsetzung begleiten und unterstützen. Jedes Mal,
wenn wir eine Verflechtung zwischen den beiden Organisationen fanden, wurde ein
rechtlich bindender Vertrag zwischen den beiden auf Zeit abgeschlossen. Mit anderen
Worten: Was die eine Seite nicht konnte, musste die andere als verbindliche Dienstleistung gegen Bares leisten. Solche zeitlich begrenzten Verträge sind normaler Bestandteil
von M&A-Transaktionen.

Es dauerte mehrere Jahre, bis das Programm die ersten sichtbaren Ergebnisse hervor-
brachte. Für mich, den Unternehmensberater, und für meine Auftraggeber als Entscheidungsträger, war die Trennung eine Frage der Prozessgestaltung. Eine Unmenge von
Protokollen, Arbeitsabläufen, Prozessen und Verträgen wurde sukzessiv erarbeitet und
implementiert. Aufgabe der zentralen Strukturen des Mutterkonzerns war es, wichtige
Dienstleistungen mit rechtlichen Folgen für eine frühere Sparte der Organisation zu koordinieren.

Im Zuge der Trennung der Ländergesellschaften waren solche Verträge überall zu finden, denn Automobilkonzerne sind im Grunde, abgesehen von den Produktionsstätten,
riesige Netzwerke von Händlern, Lieferanten, Kunden und Mitarbeitern. Die Trennung
der weltweiten Strukturen und Märkte von zwei Gesellschaften, die verwandte Produkte
unter einem Dach entwickelten und vermarkteten, erforderte die Aufspaltung aller Strukturen, die dem Netzwerk der beiden Gesellschaften gemeinsam dienten.

Nach einer gewissen Zeit sah sich die Muttergesellschaft in einem schwer überschaubaren Geflecht von Verträgen gefangen. Allmählich erkannte sie eine Herkulesaufgabe,
die in ihrer Strategie so nicht vorkam: Einem eigenständigen Automobilhersteller als
Dienstleister zuzuarbeiten, obwohl die wahre Mission eines weltweit präsenten Automo-
bilunternehmens die Konzentration auf den Kunden sein sollte. Hier wurde dem Berater
klar, dass eine Abspaltung viel mehr ist als ein Bündel sequenzieller Prozesse. Vielmehr
handelt es sich um die Reorganisation von Plattformen und Netzwerken im Sinne betriebswirtschaftlicher Ökosysteme („ecosystems"). Wenn Manager nicht über kohärente Konzepte für die Integration bzw. Separierung solcher Plattformen oder Ökosysteme verfügen,
können daraus große Risiken für ihre Unternehmen erwachsen.

In einem späteren Fall, in dem ich mit dem Ausbau und dem Management der Channel-
Plattform eines global führenden Herstellers von innovativen Industriegütern und Technologien beauftragt wurde, sah ich mich konfrontiert mit einem Portfolio aus Hunderten
unabhängiger Geschäftspartner, die durch gemeinsame Werte und doch lose Unternehmensziele miteinander verflochten waren. Im Vergleich zu dem Automobilkonzern han-
delte es sich dabei um ein kleineres Ökosystem, das sich allerdings über 60 Länder der
Region Europa, Mittlerer Osten, und Afrika (EMEA) erstreckte.

Auf der Suche nach hohen Zuwachsraten erkennen Firmen immer wieder, dass es zunehmend schwieriger wird, Wachstum organisch aus eigener Kraft umzusetzen. Firmen bewegen sich zunehmend in Richtung betriebswirtschaftlicher Ökosysteme. Das Wort Ökosystem ist einer der am häufigsten gebrauchten Begriffe. Eine Online-Suche im Internet nach dem Begriff „Business Ecosystem" ergab 967 Ergebnisse im Jahr 2008, während die gleiche Suche eine Dekade später zu 36.900 Hits führt – ein Zuwachs von 3716 % oder 44 % durchschnittliches Wachstum pro Jahr seit 2008. Hierbei erkennt man, dass eine Vielzahl von Publikationen entstanden sind, die sich diesem Thema widmen. Die zahlreichen Ereignisse der heutigen Zeit lassen kein Zweifel mehr zu, dass Ecosystems fester Bestandteil unseres Lebens geworden sind. Ein aktuelles Beispiel ist die zunehmende Zusammenarbeit zwischen Daimler und BMW im Kontext der autonomen Elektromobilität bzw. Car-Sharing. Sie als Leser dieses Buchs arbeiten möglicherweise selbst in einem solchen Unternehmensökosystem oder sind Konsument einer solchen Marktstruktur. Sollten Sie z. B. ein gängiges Smartphone besitzen, dann befinden Sie sich im weltweiten Netzwerk eines Telekommunikationsökosystems.

Ein Unternehmen wie die Deutsche Telekom besteht aus heterogenen Domänen, die unterschiedliche und oft divergente Ziele verfolgen: Festnetz, Mobilfunk, Infrastruktur und weitere Dienstleistungen. Das Gleiche gilt auch für große Automobilhersteller mit Personen- und Nutzkraftfahrzeugen oder Car-Sharing. Jeder dieser Teilbereiche folgt einem eigenen Geschäftsmodell und erfordert einen spezifischen Investitionsgrad. Jede Domäne beherberget strategische Partnerschaften rund um die Kernthemen des treibenden Konzerns – des Keystone. Großkonzerne haben i. d. R. umfangreiche Portfolios von Partnerschaften ihrer Branchen. Die meisten Ökosysteme sind dynamisch und anpassungsfähig. Sie entstehen sukzessive und inkrementell ohne einen gesonderten Masterplan. Am Anfang werden sie gebildet, um Lieferanten, Kunden oder Influencer miteinander zu verbinden. Die Einführung neuer Technologien und die rasante Entwicklung des Internets haben dazu beigetragen, eine breitere Palette von Ökosystemen zu schaffen, die den teilnehmenden Konsumenten vernetzen. Business-Ecosystems sind kein neues Phänomen. Jedes Unternehmen ist an zahlreichen unterschiedlichen Ökosystemen beteiligt. Viele dieser Ökosysteme sind ohne explizite strategische Planung entstanden. Auf den aktiven Umgang mit diesen Systemen sind indessen nur wenige Unternehmen vorbereitet. Dynamische Ökosysteme befähigen ihre Teilnehmer, durch Kooperation einen kollektiven Mehrwert für den Markt zu schöpfen. Das bietet neue Möglichkeiten für Führungskräfte, Kunden, Mitarbeiter, Lieferanten oder sogar Mitbewerber. Viele Unternehmen werden wahrscheinlich ihre bestehenden Geschäftsmodelle umfassend umkrempeln mussen.

Meine sich nunmehr über zwei Dekaden erstreckende Berufserfahrung führte mich schließlich zur Grundidee dieses Buchs. Strukturiert habe ich es wie folgt:

• Im Kap. 2 beschreiben wir die **Grundlagen der Ökosysteme** und definieren deren praktische Anwendung und liefern die Antwort auf die Frage, warum solche Strukturen und Marktkonzepte für Forscher und Manager immer wichtiger werden. Was wir als Ecosystem bezeichnen, gibt es weitverbreitet in einer Vielzahl von Industrien.

- Im Kap. 3 wird ein **Referenzmodell für die Analyse der Business-Ökosysteme** vorgestellt. Unternehmensökosysteme entstehen, wenn eine große Anzahl von Akteuren (Konsumenten, Produzenten, und Komplementären) zusammenkommt. Hier wird das angestrebte Modell anhand des Beispiels des US-Giganten Apple angewandt und veranschaulicht. Es wird gezeigt, wie ein Ökosystem aus verschiedenen Akteuren besteht und funktioniert.
- Im Kap. 4 werden die verschiedenen **Archetypen der Ecosystems** behandelt. Basierend auf der Grundlage von Forschungsergebnissen können Ökosysteme in verschiedene Kategorien eingeteilt werden.
- Auf der Suche nach Wachstum durch Innovation wird es für Unternehmen zunehmend schwierig, ihre Ziele im Alleingang zu verfolgen. Hierzu gehen Firmen gern auf eine plattformbasierte Strategie der Ökosysteme ein. Im Kap. 5 werden die **strategischen Ansätze zur Entwicklung von Kooperationen** vorgestellt. Sie entstehen i. d. R. durch die Entwicklung strategischer Kooperationen mit komplementären Partnern. Wir durchleuchten das Phänomen der Kooperation zwischen rechtlich unabhängigen und finanziell selbstständigen Organisationen. Dabei liegt der Fokus nur auf den strategischen Aspekten.
- Im Kap. 6 wird ein Framework für die **operative Bildung von strategischen Partnerschaftsnetzen** dargestellt. Kurz: **Phasenmodelle von Partnerschaften**. In Anbetracht der Vielzahl der beteiligten Parteien in einem Ecosystem ist das Management des Netzwerks keine leichte Aufgabe für alle Beteiligten. Es erfordert konsistente Prozesse und Verfahren zur Umsetzung.
- Ein Ökosystem benötigt vordefinierte Verfahren und Maßnahmen zur Steuerung der Qualität und Zusammenarbeit zwischen verschiedenen, unabhängigen Akteuren. Im Kap. 7 wird ein Governance-Modell umfangreich beschrieben.
- Im Kap. 8 **Portfolio Management** werden die quantitativen Maßnahmen für das Management der strategischen Partnerschaften als Portfolios von Investitionen erörtert.
- Ökosysteme sind nicht nur bei der Aufnahme neuer Kandidaten offen, sondern auch beim Austritt der Akteure, wenn ein Exit gewünscht oder sogar aus verschiedenen Gründen erforderlich ist. Im Kap. 9 stellen wir die **Exit-Transaktionen im Ökosystem** vor.
- Zu allerletzt wird das letzte Kap. 10 den drei wichtigsten **Trends der Zukunft** gewidmet: die Transformation der Firmenstrukturen in Unternehmensökosysteme, die zunehmende Bedeutung des geistigen Eigentums („intellectual properties" [IP]) und diverse Angriffsstrategien gegen solche Systeme anhand eines aktuellen Beispiels von Microsoft gegen Amazon im Einzelhandel.

Im Übrigen: Parallel zu diesem Buch ist eine Befragung im Internet entstanden. Sie ist ein wesentlicher Bestandteil eines fortgeschrittenen Forschungsprojekts unter meiner Leitung. Hierzu erfahren Sie mehr auf www.ecosysventures.com.

Grundlagen: Gemeinsam stärker sein

2

Zusammenfassung

Was wir als Ecosystem bezeichnen, gibt es in einer Vielzahl von Branchen, insbesondere in High-Tech-Unternehmen, die von innovativen Technologien angetrieben werden, z. B.: Daimler, Microsoft, Apple, Google, IBM, BMW, Volkswagen und Hunderte, wenn nicht Tausende von anderen Anbietern. Firmen zusammen mit ihren strategischen Partnern, Konsumenten und Influencern beteiligen sich kollektiv an Innovationen und formieren die sog. Ökosysteme. In diesem Kapitel werden die Grundlagen eines solchen Ökosystems („ecosystem") vorgestellt.

2.1   Natürliche Ökosysteme

Natürliche Ökosysteme geben den darin lebenden Organismen die Ressourcen, die sie fürs Wachstum benötigen. Bei diesen Ökosystemen handelt es sich um Lebensräume, in denen verschiedene Organismen koexistieren, z. B. Wald und Wüste (terrestrische Ökosysteme) oder Ozean, Meer oder Flüsse (aquatische Ökosysteme). In der Natur ist oft zu beobachten, dass Kooperation und Kollaboration notwendiger sind als Härte im Wettbewerb. Bäume in der Gemeinschaft z. B. machen uns vor, wie Zusammenhalt und Kooperation einen nachhaltigen und lebenswichtigen Mehrwert generieren (BBC, 2016).

Wenige Beiträge aus der aktuellen Forschung belegen, dass Bäume als Gemeinschaft ein dynamisches Ökosystem repräsentieren, das auf Kollaboration basiert. Suzan Simard von der University of British Columbia fand heraus, dass Bäume, die der gleichen Spezies angehören, miteinander kooperieren, Signale austauschen und sich sogar gegenseitig in bedrohlichen Situationen zur Hilfe kommen. Sie bilden also ein offenes System, das das Überleben der einzelnen Bäume als Teil einer Gemeinschaft nicht nur ermöglicht, sondern auch fördert (Simard, 2014).

© Springer Fachmedien Wiesbaden GmbH, ein Teil von Springer Nature 2019
N. Farhadi, *Cross-Industry Ecosystems*,
https://doi.org/10.1007/978-3-658-26129-0_2

Die Kooperation zwischen den Bäumen basiert auf präzisen Abläufen. Zum Beispiel findet der Austausch von Informationen zwischen den Bäumen durch Duftbotschaften und – in einer Mykorrhiza, einer Symbiose mit Pilzen – durch unterirdische Pilzfäden statt, die sozusagen die Funktion von Glasfaserleitungen haben. Eine Handvoll Erde kann kilometerlange winzige Fäden enthalten, die Pflanzen und Bäume unterirdisch verbinden. Diese Vernetzungen machen es möglich, dass Warnsignale von Baum zu Baum übertragen werden (Wohlleben, 2016).

Sie fragen sich: Welche Warnsignale? *David Rhoades* an der Universität von Washington untersuchte das Verhalten von Ahornen. Er entdeckte, dass von Schädlingen befallene Bäume ihre Artgenossen regelrecht in Echtzeit warnen. Gemeinschaftlich sind Bäume in der Lage, mit den natürlichen Herausforderungen – wie etwa mit Dürre, starker Hitze oder Unwetter – zumindest teilweise fertig zu werden. Einzeln haben sie harte Zeiten zu durchstehen (Webster, 1983).

Bäume in einer Gemeinschaft verfolgen also eine implizite und intuitive Strategie: **Gemeinsam ist es einfacher**. Nur so können sie ein langes Leben führen. Sie verbessern so ihre Überlebenschancen. In der Gemeinschaft verhalten sie sich so, als wären sie ein einziger Organismus (Mancuso, 2018).

Lässt sich das natürliche Phänomen der Bäume auf das betriebswirtschaftliche Verhalten von Unternehmen übertragen?

2.2   Was sind betriebswirtschaftliche Ökosysteme?

Unsere Regale sind voll von Büchern, die darüber sprechen, wie Unternehmen durch die internen Kompetenzen ihren Wettbewerb ausspielen bzw. dominieren können. An der Universität lernen wir immer wieder, dass im modernen Management die nachhaltige Wettbewerbsfähigkeit das Maß aller Dinge ist. Unzählige Bücher und Beiträge sind hierzu veröffentlicht worden. Dazu eine kurze Liste der wichtigsten Beiträge der vergangenen Jahre:

- *Blue Ocean Strategy* (oder Der Blaue Ozean als Strategie) wurde von W. Chan Kim und Renée Mauborgne veröffentlicht (Mauborgne & Kim, 2004). Die Autoren präsentieren analytische Rahmenbedingungen und Werkzeuge, um die Kompetenzen für innovative Wertschöpfung zu entwickeln.
- *Porter's Generic Strategies* beschreibt, wie ein Unternehmen Wettbewerbsvorteile in seinem gewählten Marktumfang erreichen kann. Stichwort: Kostenorientierung oder Differenzierung. Ein Unternehmen entscheidet sich für eine von zwei Arten von Wettbewerbsvorteilen, entweder durch niedrigere Kosten oder höhere Einnahmen aufgrund Differenzierung (Porter, 1985).
- Viel früher wurde auch die Positionierungstheorie weit verbreitet. Jack Trout hat die Positionierungstheorie aufgestellt. Dabei geht es darum, wie Unternehmen sich im Wettbewerb positionieren (Trout, 1969).

- Die *Resource Based Theory* (RBV) von Barney unterstreicht die entscheidende Rolle der Ressourcen im Unternehmen (Barney, 1991)
- Die Ansicht der *Dynamic Capabilities* von Teece, Pisano and Shuen wird als eine Erweiterung der RBV-Theorie betrachtet. Unternehmen, die in einem dynamischen Umfeld aktiv sind, müssen ihre Kompetenzen und Ressourcen kontinuierlich weiterentwickeln (Teece, Pisano, & Shuen, 1997).

Grundsätzlich ist die Theorie der betriebswirtschaftlichen Ökosysteme nicht neu. Den ersten Beitrag hierzu veröffentlichte (Moore, 1993). Moore betrachtet das Unternehmen und sein wirtschaftliches Umfeld lediglich aus einem neuen Blickwinkel. Kurz umrissen basiert die Theorie der Ökosysteme auf einer ganzheitlichen Konvergenz mehrerer Managementtheorien, etwa der Theorien für das Value Chain Management, Wettbewerbsstrategien, Industrie- und Produktzyklen, Stakeholder Management, profitables Wachstum, strategische Partnerschaften und Joint Ventures, Synergie- und Netzeffekte.

Die Theorie der Netzwerke beschreibt die regressive Beziehung zwischen dem Nutzen und der Anzahl von Konsumenten. Dabei wird deutlich, dass die Qualität des Nutzens eines Konsumenten mit der gesamten Nutzerzahl korreliert. Ein Effekt, der von den Konsumenten nicht wissentlich wahrgenommen wird. Die Netzwerkeigner, die Primärproduzenten und ihre komplementären Partner setzen ihn dagegen bewusst ein, um den Wert ihres Netzwerks zu steigern. Denn ihre Skaleneffekte sind abhängig von der Zahl der Konsumenten. Am Beispiel des JPEG sehen wir, dass die Vielzahl der Nutzer den Mehrwert der digitalen Fotografie gesteigert hat. Ein Baum allein hat es nicht leicht, ein Nutzer allein stiftet noch keinen Nutzen.

Wir verwenden den Begriff Komplementär im Sinn von Brandenburger und Nalebuff (1996) als Kurzform für „Entwickler eines Komplementärprodukts", bei dem mindestens zwei Produktansätze und Erzeugnisse ergänzt werden, wenn die Nachfragen für die Komplementärprodukte positiv korrelieren. Der Mehrwert der kombinierten Produkte zusammen ist größer als deren Values einzeln (Brandenburger & Nalebuff, 1997).

Vergleichbar mit dem natürlichen Phänomen der Bäume gilt für Unternehmen: In einer Gemeinschaft zu sein, bringt den beteiligten Unternehmen viele Vorteile. Erstens: Sie können Synergien beim Transfer von Wissen und Know-how sowie Kapital realisieren. Zweitens: Kooperationen zwischen eigenständigen Firmen führen i. d. R. dazu, dass Risiken und Gewinne zwischen allen Beteiligten verteilt werden. Drittens: Unternehmen im Verbund können dem einzelnen Mitarbeiter einen größeren Raum fürs individuelle Wachstum bieten. Somit ziehen sie Talente an und binden diese langfristig.

Oft sieht man kleine, manchmal auch große Firmen, die sich in einem Pakt bemühen, den höchstmöglichen Mehrwert für ihre Kunden und Märkte zu generieren. Hierzu ein Beispiel: Allen & Overy, eine weltweit agierende Rechtsanwaltskanzlei mit Sitz in London, beschäftigt Tausende Mitarbeiter und Anwälte. Das Unternehmen berät globale Konzerne in allen rechtlichen Fragen rund um die Uhr. Doch die Reichweite des Unternehmens aus eigener Kraft ist beschränkt auf mehr als 30 Länder in Europa, Amerika, Australien und dem Nahen Osten (Stand 2019). Zum Vergleich: Große Wirtschaftsprüfergruppen mit eigenen Rechtsberatungseinheiten sind in mehr als 150 Ländern präsent. Und das genau ist eine der größten Herausforderungen, vor der Allen & Overy steht.

Die Frage lautet also Frage: Wie kann ein Mitglied des Magic Circle – so nennt man die fünf Anwaltskanzleien Londons mit den höchsten Marktanteilen – weltweit agierende Mandanten betreuen? Die Antwort ist das Ökosystem in Gestalt strategischer Partnerschaften mit unabhängigen Kanzleien in 100 Ländern (Allen Overy, 2019). Nach dem Aufbau eines globalen Ökosystems kann A&O seine Kunden heute mit globaler Reichweite konsistent beraten. Das britische Haus umgeht damit die möglichen Risiken und Kosten des Eintritts in die neuen (und zum großen Teil fremden) Märkte.

▶   Ein betriebswirtschaftliches Ökosystem (Abb. 2.1) ist ein hochdynamisches Gebilde von Gemeinschaften, organisiert in einem komplexen Netzwerk. Die Teilnehmer bzw. Akteure (oder Agenten) eines Systems sind nach ihren Funktionen zu unterscheiden:

- **Primärproduzenten** innovativer Produkte, Dienstleistungen oder Standards – diese werden in der Literatur und in diesem Buch auch als **Keystone**, **Hub**, **Primärpartner** oder **Orchestrator** bezeichnet.
- **Kunden-**, **Nutzer-** oder **Konsumentennetzwerke**
- **Partnerschaften** für **komplementäre Produkte** und **Dienstleistungen** – ebenso als **Komplementäre** bezeichnet
- **Influencer-Netzwerke**

Wesenhafter Kern im Ökosystem eines Automobilherstellers z. B. ist der **Primärproduzent** oder **Erstausrüster** („original equipment manufacturer"). Primärproduzenten versorgen das Ökosystem immer wieder und kontinuierlich mit Kernideen, die sich in Form innovativer Produkte und Dienstleistungen verwirklichen lassen. Sie konzentrieren sich zunehmend auf die Innovation und Produktion. Oft überlassen sie die Marktdurchdringung ihrer Produkte ihren strategischen Partnern oder ihren eigenen, aber oft selbstständigen Portfoliofirmen. Weitere Teilnehmer, nämlich die zertifizierten Händler, unabhängigen Werkstätten, Zulieferer, freien Gebrauchtwagenhändler und Online-Shops gelten als **sekundäre Akteure** oder **Komplementäre**. Das Netzwerk der Geschäftskunden, Verbraucher oder Endkunden im Bereich Business-to-Consumer (B2C) und Business-to-Business (B2B) wird als **Konsumenten** bezeichnet. Fest steht: Primärproduzenten sind immer auf die Partnerschaft mit den komplementären Teilnehmern angewiesen. Denn: Der Mehrwert für die Konsumenten entsteht nur durch die Netzwerk- und Synergieeffekte im gesamten Ökosystem. Ebenso wichtig ist es zu berücksichtigen, dass die Primärproduzenten und Komplementäre zusammen zunächst nur eine Plattform bilden. Erst nachdem sie gemeinsam mit **Einflussnehmern** oder **Influencern** den Market betreten und die **Konsumenten** treffen, kann man von einem freien Ökosystem sprechen (Abb. 2.2).

Im Fall eines Möbelherstellers, um ein Beispiel zu nennen, sind Architekten und Designer die eigentlichen Influencer des Ökosystems. Denn Möbeldesigner setzen neue

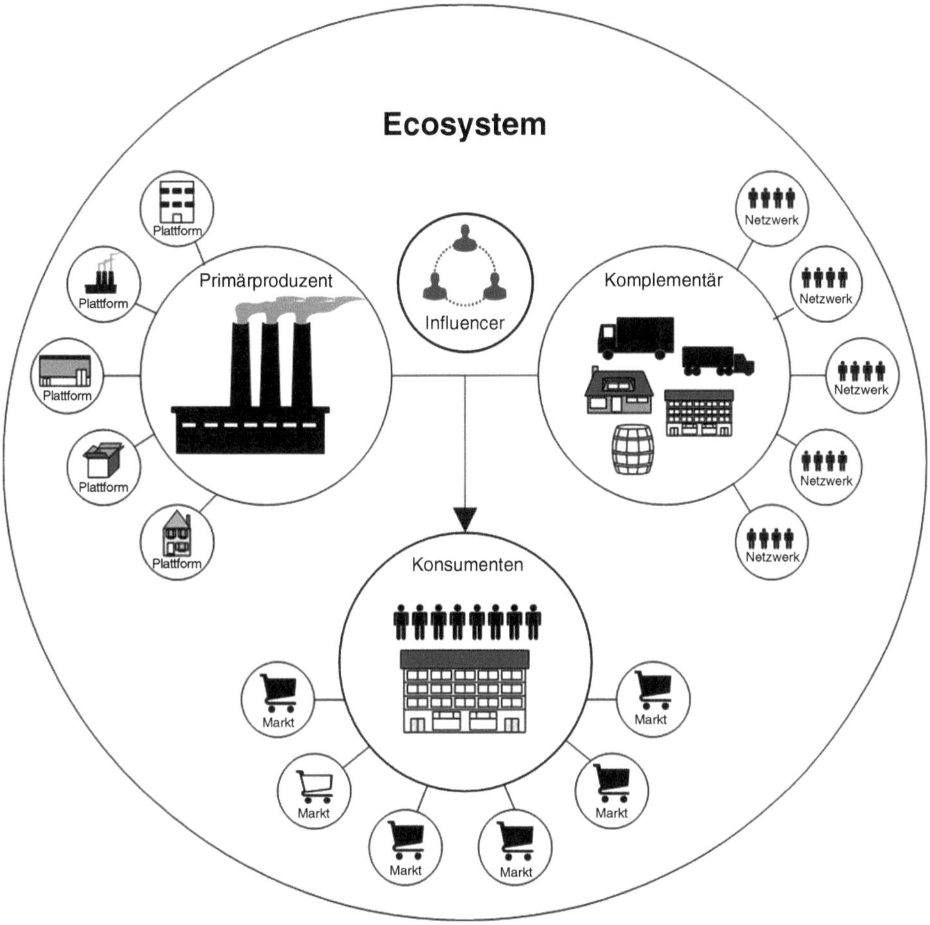

Abb. 2.1 Unternehmensökosysteme. (Quelle: eigene Darstellung)

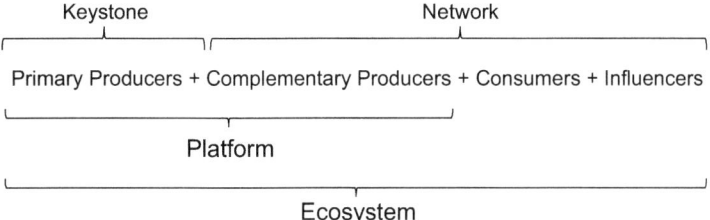

Abb. 2.2 Die Definition von Unternehmensökosystemen. (Quelle: eigene Darstellung)

Trends und Maßstäbe, und Architekten beraten die Endkunden respektive Abnehmer von Möbelprodukten und Accessoires. Die genannten Influencer wirken in besonderer Weise im Bündnis eines Ökosystems. Sie kreieren frische Ideen, beteiligen sich an der Gestaltung weltweiter Standards oder sogar neuer Gesetzgebungen, die einen großen Einfluss auf alle Systemteilnehmer haben. Sie sind unabhängige Akteure und dienen dem gesamten System als kreative Denker.

Ein immer noch aktuelles Beispiel ist die rasant wachsende JPEG-Community, die mit ihren weltweiten Standards verschiedene Methoden der Bildkompression vorgibt. Damit hat sie die Entwicklung digitaler Video- und Fotokameras maßgeblich beeinflusst. Auch die Gesetzgeber können jedes Ökosystem mit ihren Vorgaben durcheinanderwirbeln. Ihnen kommen wichtige Aufgaben zu. Man denke nur an die die Dieselfahrverbote, die vom Bundesverwaltungsgericht für grundsätzlich zulässig erklärt wurden.

Best Practice: SAP aus Waldorf

SAP hat sich frühzeitig entschlossen, seine Führungsposition durch eine Ökosystemstrategie zu stärken, die sich in der Technologiebranche zuvor als sehr erfolgreich erwiesen hatte (z. B. Windows, Intel). Der führende DAX-Konzern verfügt über das größte Partnernetzwerk seiner Branche. Es besteht aus Softwareentwicklern, Vertriebs- und Servicepartnern. Innerhalb des SAP-Netzwerks gibt es ganz unterschiedliche Konstellationen:

- SAP erforscht und entwickelt innovative Lösungsansätze in enger Zusammenarbeit mit Novell, Wonderware, Cisco, HP, Intel und NetApp.
- Beratungsgesellschaften mit branchenübergreifendem Know-how, darunter Accenture, T-Systems oder Cap Gemini, ergänzen die SAP Business Suite mit komplementären Dienstleistungen und Produkten.
- Weltweit agierende Firmen wie AMD, Hewlett Packard, IBM, Oracle, Nokia, SUN oder Novell bieten SAP-Anwendern technische Systemelemente wie Hardware, Datenbanken, Speichersysteme, Netzwerktechnik, Serverbetriebssysteme oder mobile Technologien.
- Outsourcing-Partner wie Accenture stellen ganzheitliche SAP-Services zur Verfügung.

Im Jahr 2003 enthüllte SAP seine NetWeaver-basierte Plattform, die seine neue Rolle als Drehscheibe eines komplexen Softwareökosystems vorwegnahm, in dem die strategischen Partner des Konzerns florierten. Die Plattformstrategie von SAP war ein wichtiger Schritt, den heiligen Gral der Interoperabilität und Wiederverwendbarkeit von Softwarelösungen für seine Kunden zu erreichen.

Seit über 30 Jahren wächst der Walldorfer Softwarekonzern in Gemeinschaft mit seinen Partnern weltweit. Sein Partnernetzwerk gilt heute als anerkanntes und vorbildliches Alleinstellungsmerkmal von SAP. Heute soll SAP allein in Deutschland etwa 27.000 Partner haben. Damit unterscheidet sich das Unternehmen deutlich von anderen Softwareherstellern. Die Plattformstrategie des DAX 30-geführten Großkonzerns zahlt sich aus. SAP hat eine eigene Plattformkultur und einen dynamischen Innovationskreislauf. Seine

Softwareprodukte werden in strategischen Partnerschaften im Wechselspiel weiterentwickelt. Gepaart ist das Ganze mit einem starken Kooperationsverhalten und -willen. Die SAP-Partner tragen i. d. R. die DNA des Walldorfer Weltkonzern in sich.

2.3   Eigenschaften betriebswirtschaftlicher Ökosysteme

Die wesentlichen Eigenschaften betriebswirtschaftlicher Ökosysteme lassen sich wie folgt zusammenstellen:

Ökosysteme sind offen – d. h. sie können nahtlos in andere Ökosysteme übergehen. Oft spricht man beispielsweise von den sog. branchenübergreifenden Ökosystemen („cross-industry ecosystems"). Ebenso lassen sie Zu- und Abgänge von Akteuren zu. Neue Anbieter können sich in einem Ökosystem durch ergänzende Dienstleistungen oder Produkte einen eigenen Platz ergattern. Gerade kleinere Firmen tendieren dazu, sich in großen Netzwerken zu behaupten.

Ökosysteme sind hoch dynamisch. In anderen Worten: In jeder Ecke des Systems herrscht munteres Leben. Durch organische und anorganische Einflussfaktoren können sich Ökosysteme stark verändern und anpassen – sie sind quasi hochflexible Mitglieder von Netzwerken.

Ökosysteme sind hyperkomplex und vielfältig. Hyperkomplex, weil sie aus vielen interdependenten Akteuren und Business-Domänen bestehen, die besonders autonom und anpassungsfähig sind. In der Naturwissenschaft spricht man von komplexen adaptiven Systemen (Mplex Adaptive Systems Group, 2019).

In hochkomplexen Unternehmensökosystemen sind alle Teilnehmer und Agenten adaptiv. Sie passen sich an und lernen aus eigenen Fehlern oder den Fehlern anderer Teilnehmer. Damit können sie sich den neuen Heraus- und Anforderungen des gesamten Systems anpassen. Eine Domäne in einem Ökosystem entspricht somit einem adaptiven Markt, mit Akteuren, die sich besonders anpassungsfähig verhalten. In Anlehnung an die Theorie der komplexen adaptiven Systeme besitzen betriebswirtschaftliche Ökosysteme Eigenschaften wie Selbstreferenz und Autonomie.

Akteure eines betriebswirtschaftlichen Ökosystems sind durch wechselseitige und dynamische Interdependenzen vernetzt. Sie teilen Wissen, Kunden und Kapital untereinander. Sie können sich jederzeit verändern und anpassen. Denn: Neue Akteure können hinzukommen, bestehende können das Geflecht verlassen oder mit anderen Akteuren fusionieren. Auch die Konsumenten (oder Kunden) in einem Ökosystem sind hochflexibel. Sie sind frei in der Auswahl von Produkten und Anbietern, die ihnen den höchsten Mehrwert und Nutzen versprechen.

Ökosysteme sind selbstreferenziell. Das heißt, Entscheidungen wirken auf das Gesamtsystem und seine Mitglieder und werden zum Ausgangspunkt für künftige Entscheidungen. In selbstorganisierenden Ökosystemen erfolgt keine prinzipielle Trennung zwischen Produzenten und Komplementären. Sie wirken zusammen und ergänzen sich gegenseitig.

Akteure in einem Ökosystem sind autonom. Autonomie bezieht sich auf die kollektive Entscheidungsfindung hinsichtlich der strategischen Zielsetzung.

Beispiel: Mobilität und Automotive

Die Automobilindustrie besteht aus den Primärherstellern („original equipment manufacturers" oder OEM bzw. Erstausrüster), Automobilzulieferern (z. B. und u. a. „original equipment supplier", OES), rechtlich unabhängigen und finanziell selbstständigen Fachhandelspartnern, Endkunden und Influencern. Die Anwendung traditioneller Managementmodelle führt uns zur Definition von Wertschöpfungsketten. Dieses klassische Paradigma der Automobilindustrie ist vergleichbar mit einer Pyramide: An der Spitze steht der Automobilproduzent, umgeben von Zulieferern in mehreren Schichten (auch bekannt als „Tiers").

Die Komplementäre – also Komponenten- und Teilelieferanten sowie Händler und Geschäftspartner – bedienen weitere Lieferanten in der Kette. Wesentliches Merkmal eines solchen Netzwerks ist die Hyperkomplexität der Value Chain, geprägt von Wettbewerbskräften und -strukturen, Markt- und Kundensegmenten, kulturellen Eigenschaften oder Verhaltenskodizes für Governance und Compliance. Die Tab. 2.1 zeigt die Akteure im Ökosystem der Autobranche.

Das Ökosystem der Automobilhersteller, in dem es um das übergeordnete Thema Mobilität geht, ist um ein Vielfaches dynamischer. Das Mobilitätsökosystem ist in der Abb. 2.3 skizziert. Hier sieht man die Verbindungen und Verflechtungen zwischen Konzernen mit den freien oder eigenen Akteuren und Agenten. Diese Verflechtungen umfassen den Geldstrom sowie den Know-how-Transfer. Wichtig ist: Primärproduzenten, also die Konzerne, teilen ihr Know-how mit ihren Kooperationspartnern. Strategische Partnerschaften finden in solchen Geflechten zunehmend Anwendung. Die Autobauer Daimler und BMW z. B. haben mit ihren eigenen Free-Floating-Carsharing-Zweigen Car2Go und DriveNow eine gemeinsame Flotte geschmiedet. Das offizielle

Tab. 2.1 Ecosystem des Automobilherstellers

Primärhersteller	Komplementär	Influencer	Konsumenten
Ersthersteller	Zulieferer	Medien	Endkunden
Anteilseigner	Händler	Auto Clubs	Geschäftskunden
	Drittanbieter	Gesetzgeber	
	Werkstätte	Wettbewerber	
	Tankstellenvertrieb		
	Logistikpartner		
	Distributoren		
	Mobility Services		
	Versicherungen		
	Banken		

Abb. 2.3 Ökosystem der Automobilindustrie

Ziel dieses Pakts ist, einer der führenden Anbieter im Segment Mobility zu werden. Im Hintergrund wird fleißig an Synergien gearbeitet, sodass die Zusammenarbeit für die Beteiligten gewinnbringend sein wird. Die anpassungsfähigen Konsumenten – Millionen von Menschen mit Tausenden Autos in Großstädten weltweit – bilden ein offenes, adaptives und dynamisches Netzwerk. Die Kunden werden klar durch eine höhere Verfügbarkeit der beiden Flotten profitieren.

Diese Partnerschaft wird die beiden Erzrivalen im weltweiten Vergleich zum größten Anbieter von Free-Floating-Carsharing-Services machen. Komplementäre wie Sixt im Verbund mit DriveNow und EuropeCar mit Car2Go werden in gleichem Maß von diesem Pakt profitieren. Andere Konkurrenten, wie Flinkster (betrieben von Deutsche Bahn AG), Cambio oder Stadtmobil sind ebenso adaptive Spieler im Wettbewerb und gehen strategische Partnerschaften ein. Stadtmobil ist beispielshalber ein überregionaler Verbund selbstständiger Anbieter in Berlin, Hannover, Karlsruhe, Rhein-Neckar, Rhein-Main, Rhein-Ruhr, Stuttgart AG und Trier. Diese unabhängigen Firmen arbeiten in den Bereichen Beschaffung, Technologie und Vermarktung eng zusammen. Die Softwaretechnologie von Stadtmobil wird von der Firma Cantamen entwickelt und betrieben, die von über 25 Anbietern in Deutschland, Großbritannien, Norwegen, Portugal und Schweden genutzt wird.

Neben dem Free-Floating-Carsharing gibt es weitere Business-Modelle für Mobilität: die stationsbasierten Anbieter, Peer-to-Peer-Online-Netzwerke (z. B. drivy.de) und die gute alte Mitfahrgelegenheit (Blablacar) oder Ridesharing wie Uber.

Im Carsharing-Business-Modell stimmen Endkunden den allgemeinen Geschäfts-
bedingungen online zu. Wenn sie alle weiteren Voraussetzungen erfüllen, sind sie
berechtigt, beliebig oft und flexibel Fahrzeuge in jeder Klasse zu leihen. Bezahlt wird
immer online via Kreditkarte nach der Nutzung. Der Endkunde erhält per E-Mail
eine Übersicht der angefallenen Kosten. Alle Autos sind mit modernen GPS-Techno-
logien ausgerüstet und mit einem zentralen Servernetz verbunden. Die Operatoren im
Hintergrund sind immer über den Standort und den Zustand des gemieteten Wagens
in Realzeit informiert. Der Mehrwert für den Verbraucher liegt in der Flexibilität bei
der Anmietung. Somit sind spontane Fahrten von bis zu einer Stunde problemlos
möglich. Allein der administrative Aufwand bei der klassischen Vermietung über-
steigt oft schon diesen Zeitraum. Ridesharing funktioniert ähnlich wie Carsharing. Es
handelt sich dabei um Peer-to-Peer-Connectivity in einem Ökosystem für Mobilität:
Die autonomen Endkunden treten als Anbieter und Abnehmer auf und verhalten sich
hoch adaptiv.

Darüber hinaus arbeiten Großkonzerne gegenwärtig eifrig an einer neuen Stufe der
Fahrzeugvernetzung („connected cars"). BWM und IBM entwickeln gemeinsam Bausteine der künstlichen Intelligenz (Abb. 2.4). Mit dem System Watson sollen Autos
selbstständig die Verhaltensmuster der einzelnen Fahrer erkennen. Die Lernfähigkeit
des Systems bezieht sich primär auf Kundenpräferenzen und -gewohnheiten. Der Austausch mit dem Computer findet mehrsprachig statt. Watson AI kommt auch bei Olli
zum Einsatz; Olli ist ein US-amerikanischer autonom fahrender Minibus für bis zu
zwölf Fahrgäste. Laut Angaben des Herstellers sorgen die 30 integrierten Sensoren des
fahrerlosen Elektrobusses für höchste Sicherheit (Neumann, 2016).

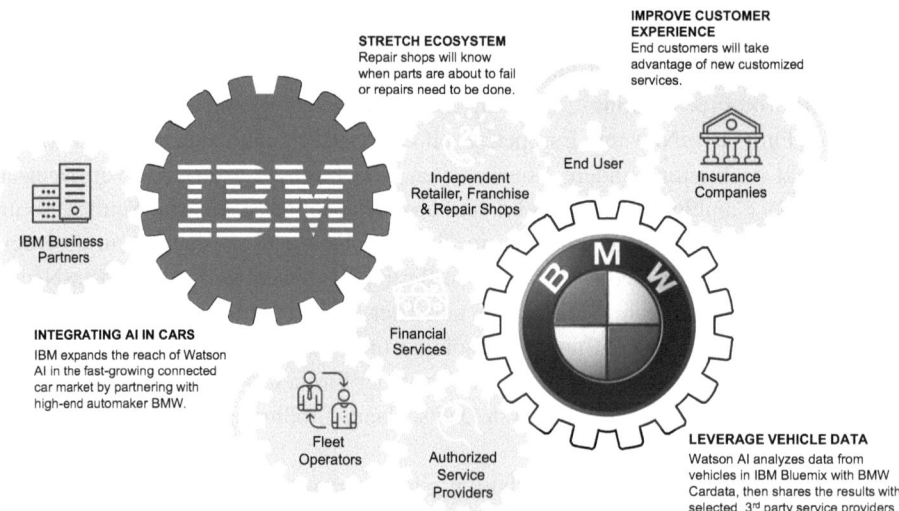

Abb. 2.4 BMW und IBM im branchenübergreifenden Ökosystem

Das Ökosystem eines Automobilherstellers ist offen. Er kann sowohl den Eintritt ins System als auch den Austritt von Teilnehmern nur bedingt beeinflussen. Kunden können sich die Anbieter frei aussuchen. Secondhand-Händler sind ebenso freie Unternehmen, die im gesamten Geflecht ihre eigenen Spielräume finden.

2.4   Externe Herausforderungen

Zahlreiche Beiträge in der Literatur diskutieren die aktuellen globalen Trends, die z. T. zur Entstehung von Ökosystemen beitragen:

- Globalisierung
- Weltweite Bevölkerung und demografische Entwicklung
- Künstliche Intelligenz und Digitalisierung
- Ressourcenknappheit
- Zunehmender Wissenstransfer

Unter Globalisierung versteht man die internationalen Verflechtungen zwischen Firmen und Sektoren. Die Herausforderungen der Globalisierung wurden in den 1960er-Jahren erkannt. Seit den 1990er-Jahren bekommt der weltweite Trend auch in Deutschland eine zunehmende Beachtung. Dadurch sind Menschen vermehrt gezwungen, soziale, ökonomische und insbesondere ökologische Aspekte zu berücksichtigen. Ein wichtiger Treiber ist das Bevölkerungswachstum. Bis 2050 erwarten die Vereinten Nationen etwa 10 Mrd. Menschen auf dem Globus. Man prognostiziert 11 Mrd. Menschen bis 2100.

Technische Fortschritte, künstliche Intelligenz, Digitalisierung, Produkt- und Prozessinnovationen, Wissenstransfer insbesondere in Kommunikations- und Transporttechnologien, Zunahme des Weltluftverkehrs wie aller Formen des Transports, Handel und Kooperation zwischen Staaten, weltweit auftretende Naturkatastrophen, Förderung und Liberalisierung des Welthandels, globale Konflikte und bewaffnete Auseinandersetzungen u. a. durch Terrorismus, sowie überregionale und kontinentale Armut in Afrika, Asien und Südamerika zwingen Firmen, sich den Herausforderungen der Globalisierung und des rasanten Wachstums der Weltbevölkerung zu stellen und anzupassen.

Für das Entstehen von Ökosystemen sind sowohl das Wachstum als auch die Vernetzung von Menschen von zentraler Bedeutung. Wichtig ist dabei der Anstieg der Verbraucherpopulation: Je größer die Weltbevölkerung, desto höher die Nachfrage nach globalen Produkten und Dienstleistungen für alle Bereiche des Lebens. Sogar Luxusprodukten kommt dieser Trend zugute. Denn: Produzenten von Luxusgütern setzen auf kontinuierliches Wachstum in den kommenden Jahren.

In der Summe gelten diese Entwicklungen als wesentliche Ursachen des steigenden Kohlendioxidgehalts der Atmosphäre und damit der globalen Erwärmung. Dem müssen auch die Unternehmen Rechnung tragen. So suchen Automobilkonzerne händeringend nach effizienteren Lösungen für einen geringeren Ausstoß von Treibhausgasen. Alle hoffen auf umweltfreundlichere Motoren. Deswegen investieren immer mehr von ihnen hohe Summen in die Entwicklung von Elektroautos. Ein paralleler Weg führt zur effizienteren Nutzung der Fahrzeuge: der bereits erwähnte Ausbau der Angebote an *Carsharing* und *Ridesharing*.

Im Ökosystem JPEG entstehen täglich Milliarden Bilder. Ein digitales Bild durchläuft einen komplexen Komprimierungsprozess. Mit mathematischen Verfahren wird die Datenmenge des Ur-Bilds beim Erstellen einer Bilddatei drastisch reduziert. Das meistgenutzte Bildkomprimierungsformat ist gegenwärtig JPEG, das in den 1970er-Jahren von der Joint Photographic Experts Group erschaffen wurde. Erfolgsfaktoren von JPEG sind die hohe Verbreitung des Standards, die zunehmende Nutzung von digitalen Kameras und die hohe Akzeptanz aller Technologieanbieter weltweit.

Mit seinem weitverbreiteten Verfahren erreicht das JPEG Governance Team Milliarden von Menschen täglich. Es gibt kaum eine Internetseite, aber auch kaum eine Zeitschrift oder ein Magazin ohne JEPG-Bilder. In Kinos findet auch das Bildformat JPEG 2000 Anwendung. Und im privaten Bereich entstehen Milliarden von Selfies mithilfe des JPEG-Formats.

Das Ökosystem JPEG ist dem des Walds nicht unähnlich. Es ist ebenfalls ein offenes, hoch dynamisches und hyperkomplexes System. Es ist offen, da jeder Hersteller und Anwender JPEG anwenden und integrieren kann. Auch der Wechsel zu anderen Formaten wie PNG ist durchaus zugelassen. Es ist hoch dynamisch, weil Millionen von Menschen die Anwendung täglich in Anspruch nehmen, indem sie Milliarden von Bildern produzieren. Es ist sehr komplex, da eine „Renovierung" dieses alten Formats längst überfällig ist, seine Weiterentwicklung jedoch vom Ökosystem und nicht etwa von den Machern des Formats im Hintergrund bestimmt wird.

Zahlreiche Versuche, das Format JPEG zu aktualisieren, sind fehlgeschlagen, weil ein Upgrade der darunter liegenden Technologie eine enorme Veränderung für die gesamte Community bedeuten würde. Im Übrigen werden Produzenten und Konsumenten der verschiedenen Produktspezies durch die Anwendung von JPEG standardisiert, sprich: miteinander kompatibel. Zwar herrscht auf dem Markt der Digitalkameras ein scharfer Kampf um Marktanteile. Doch die Konsumenten genießen die hohe Austauschbarkeit, Offenheit und Kompatibilität. All das macht die JPEG Community zu einem hoch dynamischen und flexiblen Ökosystem. Die Abb. 2.5 stellt die aktuellen globalen Trends grafisch dar.

2.5 Branchenübergreifende Ökosysteme

Im Jahr 2017 haben Microsoft und der Büromöbelhersteller Steelcase eine strategische Partnerschaft angekündigt. Gemeinsames Ziel war ein Konzept für das Büro der Zukunft. Berechtigt ist die Frage, was ein weltweit führender Softwareanbieter mit einem mittelständischen, allerdings globalen Möbelhersteller gemein hat. Denn die Unterschiede sind groß. Im Geschäftsjahr 2018 erzielte Steelcase einen weltweiten Umsatz von 3,1 Mrd. $

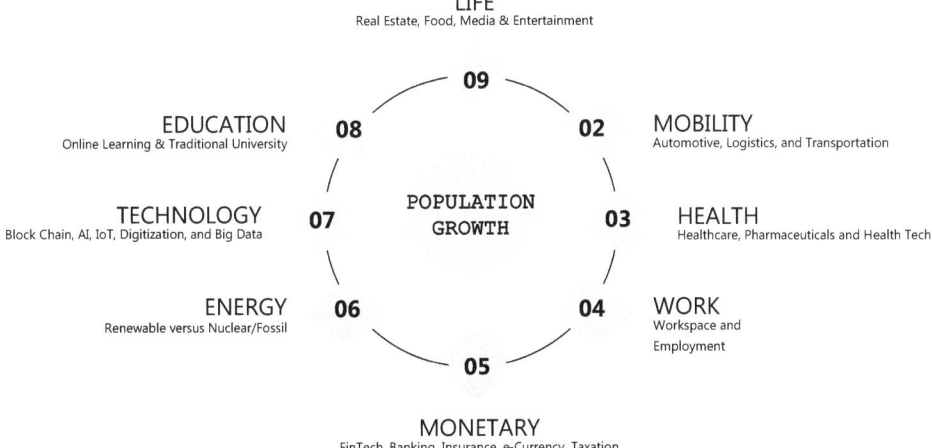

Abb. 2.5 Externe Herausforderungen und Trends

und einen Gewinn von 80,7 Mio. $. Microsoft hingegen erreichte im gleichen Zeitraum das Zehnfache, eine Rekordsumme von 110,1 Mrd. $ mit einem globalen Gewinn von 16,8 Mrd. $.

Betrachtet man diese Zahlen genauer, erkennt man, dass der Gewinn nach allen operativen Kosten und Steuern im Verhältnis zum Umsatz von Microsoft über 15 % lag, während Steelcase nur eine magere Zahl von 3 % aufweisen konnte. Zahlen lügen nicht: Auch der Marktwert der beiden Firmen unterscheidet sich und geht erheblich auseinander. Der Riese aus Redmond hat eine Marktkapitalisierung von etwa 852 Mrd. US-$. Steelcase tritt im Vergleich zu Microsoft mit einem Gesamtwert von etwa 1,3 Mrd. eher als ein Zwerg in Erscheinung.

Auch die darunter liegenden sektoralen Kompetenzen weichen voneinander ab. Möbelhersteller können durchaus kreativ sein. Doch ihre Produkte sind oft leicht kopierbar, selbst wenn der Herstellungsprozess sehr komplex sein mag. Dennoch: Die Komplexität der Endprodukte hält sich in Grenzen. Microsoft hingegen produziert Software auf der Basis von hochkomplexen Algorithmen. Jedes Softwaremodul in einem Programm geht durch eine große Anzahl von Pilottests. Microsoft nutzt ein offenes Entwicklernetzwerk für das Management der Produktinnovation. Steelcase hingegen macht aus seiner Forschung ein großes Geheimnis, da die Branche im Allgemeinen von Nachahmern bedroht wird.

Trotzdem entschieden sich die beiden Konzerne für eine enge Zusammenarbeit. Doch warum geht ein erfolgreicher Softwareriese eine strategische Partnerschaft mit dem US-amerikanischen Büromöbelhersteller ein? Die Antwort: Microsoft möchte einen exklusiven Zugang zur Plattform von Steelcase. Beide zusammen wollen ein branchenübergreifendes Ökosystem („cross-industry ecosystem") bilden – ein offenes, dynamisches und adaptives System, das seinesgleichen sucht (Abb. 2.6).

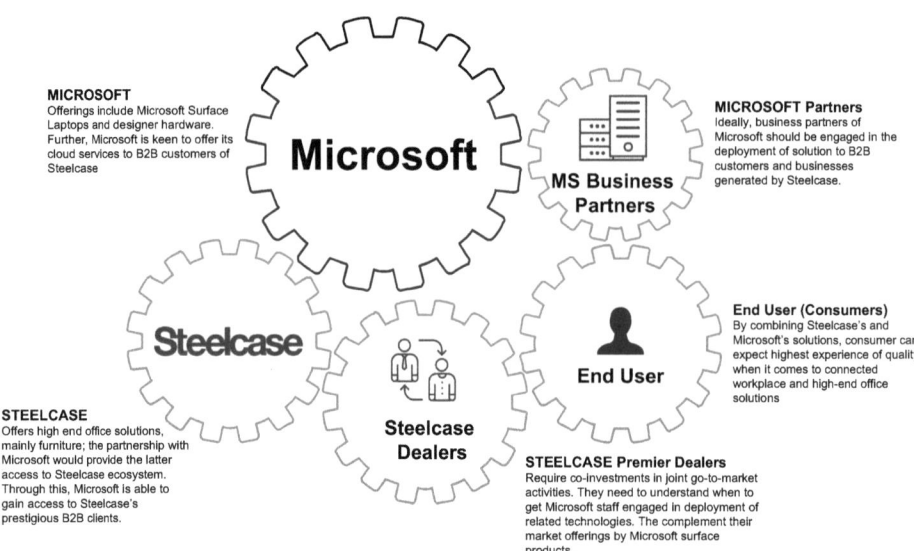

MICROSOFT
Offerings include Microsoft Surface Laptops and designer hardware. Further, Microsoft is keen to offer its cloud services to B2B customers of Steelcase

MICROSOFT Partners
Ideally, business partners of Microsoft should be engaged in the deployment of solution to B2B customers and businesses generated by Steelcase.

End User (Consumers)
By combining Steelcase's and Microsoft's solutions, consumer can expect highest experience of quality when it comes to connected workplace and high-end office solutions

STEELCASE
Offers high end office solutions, mainly furniture; the partnership with Microsoft would provide the latter access to Steelcase ecosystem. Through this, Microsoft is able to gain access to Steelcase's prestigious B2B clients.

STEELCASE Premier Dealers
Require co-investments in joint go-to-market activities. They need to understand when to get Microsoft staff engaged in deployment of related technologies. The complement their market offerings by Microsoft surface products.

Abb. 2.6 Steelcase-Microsoft-Partnerschaft

Steelcase ist ein B2B-Anbieter (Business-to-Business). Als solcher hat Steelcase Zugang zu vielen Großkonzernen, die Möbel des US-Traditionsunternehmens abnehmen. Das Unternehmen verfügt über eine seit Jahren etablierte Plattform mit über 600 Fachhandelspartnern weltweit. Diese Händler kann man als strategische Investoren mit besonderen operativen Fähigkeiten betrachten. Einige dieser Händler sind vor Jahrzehnten Kooperationspartnerschaften mit Steelcase eingegangen. Microsoft hingegen ist weltweiter Innovationstreiber für Software- und Hardwaretechnologien. Microsofts Plattform ist extrem groß. Allein in Deutschland spricht man von über 36.000 Partnern.

Mit 477 Tochtergesellschaften ist Microsoft der Innovationsmotor für Millionen von Anwendern weltweit. Mittlerweile kann kaum jemand auf den Einsatz von Microsoft Office verzichten. Der US-Konzern arbeitet mit Tausenden von Fachhändlern und beliefert Millionen von End-Usern mit seinem Betriebssystem Windows und den populären Anwendungsprogrammen wie MS-Office oder MS-Outlook. Auch mit dem Einstieg in die Cloud-Technologie mit MS Azure, ins Hardwaregeschäft mit den modernen MS Surface-Produkten sowie in das Fernseh- und Literaturgeschäft mit MS Press zeigt das Unternehmensportfolio der Redmonder beachtliche Vielfalt.

Microsoft versorgt Steelcase mit frischen Ideen und komplexen Technologien, die der traditionsreiche Möbelkonzern niemals allein bewältigen kann. Denn: Möbelhersteller sind keine IT- oder Digitalisierungsexperten. Sie brauchen aber moderne innovative Ansätze, um den zunehmenden Herausforderungen gerecht zu werden. Stichwort: Digitalisierung am Arbeitsplatz. Für Steelcase ist allein der gemeinsame Auftritt mit Microsoft im Rahmen von Kampagnen und Werbungen eine einmalige Gelegenheit, die eigene Bekanntheit weltweit zu steigern.

Allein von der gemeinschaftlichen Positionierung des Angebots kann sich Steelcase eine stärkere Profilierung gegenüber seinen Wettbewerbern in einem hochfragmentierten Markt mit vielen Anbietern versprechen. Zudem kann Microsoft der Möbelbranche mit ihren starren Erzeugnissen helfen, die Raumnutzung in Büros auf mobile Konzepte umzustellen.

Steelcase besitzt und verfolgt eine stringente Ökosystemstrategie mit über 600 unabhängigen Händlern (Stand 2019). Das Netzwerk von Steelcase bekommt Incentives für die Promotion und Vermarktung von Microsoft-Produkten. Microsoft dominiert mit einem Gesamtmarktanteil von mehr als 85 % eindeutig die professionellen und privaten Kundensegmente von PC und professioneller Software. Im Verbund mit über 800.000 Partnerunternehmen lautet das Motto des Microsoft Partner Networks: „Gemeinsam erreichen wir mehr" (Microsoft Newsdesk, 2018).

Verhält sich Microsoft wie ein starker Baum?
Im Jahr 1997 hielt Microsoft seinen heutigen Erzrivalen Apple am Leben; 1996 hatte Apple einen Verlust von 1,5 Mrd. $ erlitten – der Marktanteil ging von 15 auf 5 % zurück. Microsoft dominierte damals den Markt für PC-Software. Der Ausfall des Konkurrenten Apple im Fall einer Insolvenz hätte auch Microsoft nicht gutgetan, denn die Kartellbehörden erhöhten wegen seiner Dominanz am Markt zunehmend den Druck auf den Softwaregiganten. Um dem Gesetzgeber den Wind aus den Segeln zu nehmen, schloss Microsoft mit Apple ein Kooperationsabkommen. Ballmer, der damalige CEO von MS, kündigte an, dass künftige Versionen des Microsoft Office-Pakets auf Apple-Produkten lauffähig sein sollten. Diese Kooperation brachte Apple die notwendige Finanzspritze von 150 Mio. $ und somit die Voraussetzungen für eine Erholung. Heute zählt das Unternehmen zu den größten und erfolgreichsten Konzernen weltweit mit einem Unternehmenswert von über 1 Bio. US-$ (Stand 2018).

Kommt Ihnen diese Geschichte nicht bekannt vor? Ein großer Baum umsorgt und pflegt seinen Nachwuchs, die benachbarten Bäume, aber auch alte und kranke Nachbarn. Ähnlich diesem Muster verfolgt Microsoft eine inklusive Ökosystemstrategie, wenn auch nicht uneigennützig.

Nur am Rande: 2017 kündigte Microsoft die Einrichtung natürlicher Arbeitsräume in Redmond, WA an. Umgeben von riesigen Bäumen sind innovative Büros entstanden, um den Mitarbeitern die Möglichkeit eines aktiven Outdoor-Arbeitserlebnisses zu bieten. Dahinter steht die Annahme, dass eine Rückkopplung mit der Natur die Kommunikationsfähigkeit und das soziale Verhalten von Mitarbeitern verbessert und fördert.

2.6   Systemarchitektur

Ökosysteme im betriebswirtschaftlichen Sinn sind dynamisch. Sie verharren meist nicht in festen Strukturen, sondern es finden skalendynamische Entwicklungen statt. Solche Systeme wachsen oftmals rapide. Selbstorganisations- und Anpassungsprozesse können ein Ökosystem fortwährend verändern; einzelne Akteure haben nur in begrenztem Maß Kontrolle über solche Entwicklungen.

Das sog. branchenübergreifende Ecosystem ist offen, hyperkomplex und dynamisch. Offene Systeme erlauben die Aufnahme von neuen Akteuren aus beliebigen Branchen und den nahtlosen Übergang zu anderen Industrien. Offenen betriebswirtschaftlichen Ökosystemen sind keine Grenzen gesetzt. Solche Systeme leben vom aktiven Austausch zwischen verschiedenen Akteuren aus unterschiedlichen Branchen. In diesem Umfeld entstehen branchenübergreifende Innovationen.

Beispiel: 2016 wurde zum ersten Mal das Electronic-Tag-System des Reisegepäckherstellers RIMOWA vorgestellt. Das primäre Ziel war, aus einer Smartphone-App den digitalen Gepäckanhänger via Bluetooth auf das in den Koffer integrierte digitale Display zu übertragen.

Ursprünglich entwickelten die Ingenieure von RIMOWA, die Fluggesellschaft Deutsche Lufthansa, der Flugzeugbauer Airbus und der ICT-Dienstleister T-Systems das Bag2Go-Koffersystem, um das Einchecken am Flughafen effizienter zu gestalten. Damit sollte das Fliegen mit Gepäck erheblich komfortabler werden.

Ökosysteme sind überaus komplexe Strukturen, die im Lauf der Jahre verschmelzen können. Wesentliche Treiber dieser Komplexität sind die Vielfalt der Akteure mit individuellen Strategien und Zielsetzungen, hohe technische und prozedurale Interdependenzen sowie die Steigerung der Portfoliodiversifikation innerhalb des Ecosystems. Die Mitglieder eines Ökosystems sind durch gegenseitige Wechselwirkungen betroffen. Je größer die Zahl der Verflechtungen und Wechselwirkungen desto größer die Komplexität des Ecosystems. Das Management komplexer Ökosysteme ist eine große Herausforderung. Viele Manager sind darauf noch nicht ausreichend vorbereitet. Selbst Hochschulen und Universitäten scheinen mit solchen Ansätzen überfordert. Mit ihren linearen Prozessen und Denkmustern stoßen sie schnell an die Grenzen der Realität einer modernen Network-Economy.

Kontrollmechanismen

Entlang der Kette von Produzenten, Komplementären und Konsumenten werden die Dynamik und Struktur betriebswirtschaftlicher Ökosysteme durch zwei traditionelle Verläufe bedingt kontrollierbar gemacht: bottom-up und top-down. Der Kontrollmechanismus bottom-up (von unten nach oben) besagt, dass die Konsumenten das Ökosystem maßgeblich mit ihren Ideen versorgen. Die Produktion ist deshalb abhängig von der Rückkopplung mit den Kunden, wie z. B. das Open Operating System Linux. Im Jahr 1983 schuf Richard Stallman ein flexibles Betriebssystem. Sein primäres Ziel war es, ein freiverfügbares System für Personal Computer (PC) zu schaffen. Im Jahr 1991 begann Linus Torvalds in Helsinki mit der Entwicklung einiger Module zur Verwaltung des PC. Nach und nach entwickelte sich daraus das Betriebssystem Linux. Seine kommerzielle Nutzung war zu diesem Zeitpunkt nicht zugelassen. Um Entwicklern und Anwendern mehr Freiraum zu geben, wurde Linux das erste freie Betriebssystem, ein System, das auch externen Entwicklern und kompetenten Anwendern kontrollierte Modifizierungen erlaubte.

Ein weiteres Beispiel für Button-up-Ecosystems ist in der Gesundheitsversorgung unter dem Begriff evidenzbasierte Pharmaka zu finden. Die Idee beruht auf einer jüngeren

Entwicklungsrichtung in der Pharmaindustrie. Die Hersteller von Medikamenten streben durch eine enge Verbindung zum Konsumenten eine präzisere Entwicklung neuer Medikamente an, ebenso wie die Weiterentwicklung existierender Ansätze zu noch effizienteren und wirksameren Therapien. Große Datenmengen, über Patienten-Smartphones gesammelt, sollen den Pharmaherstellern Einblicke in die Echtzeitdaten von Patienten und die Krankheitsverläufe geben.

Auf diese Weise fördern die Medikamentenhersteller eine Art Open Innovation innerhalb des Gesundheitsökosystems. Moderne Unternehmen können solche Ansätze nicht ignorieren. Inzwischen wird das Konzept auf andere Bereiche des Gesundheitssystems wie Psychotherapie und Pädagogik übertragen. Top-down-Kontrollmechanismen (von oben nach unten) sind oft das Ergebnis eines zentralen Führungsmodells. Es handelt sich dabei um die Entscheidungsfindung durch eine zentrale Instanz. Steelcase ist ein klassisches Beispiel für ein solches System. Alles wird zentral durch Forschung und Entwicklung weiterentwickelt. Die Produkte werden an Fachhandelpartner weitergeleitet, die ihre Kunden selbstständig betreuen und beraten. Ein wesentlich größeres System, das an das Top-down-Prinzip angelehnt ist, ist die JPEG Community. Ein zentrales Team versucht durch Zusammenarbeit mit allen Akuteren, etwa den Herstellern von Hardware und Software wie Kameraherstellern, aber auch Google, Apple oder Microsoft, Updates des Bildkomprimierungsformats zu entwickeln. Aktuell arbeitet diese Community an einer neuen Version des alten Formats.

Fazit

Im globalen Wettbewerb sind Unternehmen heute gezwungen, Allianzen einzugehen, um beispielsweise Kosten zu senken, neue Märkte zu erschließen, innovative Produkte und Dienstleistungen zu entwickeln, Lücken im Portfolio zu schließen oder komplementäre Kompetenzen zu erlangen. Daher sind Allianzen aus der Unternehmenswelt kaum wegzudenken. Durch die aktuellen Trends Digitalisierung und Sharing Economy bewegen sich Allianzen in Richtung partnerschaftlicher Ökosysteme, die mehr als jemals zuvor auf gemeinsame Werte setzen. Wenn es Unternehmen nicht gelingt, ihre strategischen Partnerschaften aktiv zu managen, drohen ihnen über kurz oder lang unnötige Risiken und erratische Marktentwicklungen. Vor Jahren konnten Unternehmen wie Kodak mit wenigen Produkten am Markt bestehen. Doch die aktuellen Trends und die technologischen Fortschritte haben den Wettbewerb erheblich verändert. Firmen müssen auf ihre Kundenbeziehungen achten und diese langfristig pflegen. Währenddessen werden um Unternehmen herum Kundennetzwerke mit Influencern herauskristallisiert. Seit einiger Zeit gibt es Business-Ökosysteme, die den Wettbewerb maßgeblich verändert haben. Nun stellt sich eine wichtige Frage: Wie unterscheiden sich Ökosysteme von anderen Marktkonstellationen, darunter Industriesektoren, Allianzen oder komplexe Lieferketten? Ökosysteme sind von Konsumenten geprägte Marktstrukturen, die sich durch ihre modulare Systemarchitektur, hohe Dynamik und Anpassungsfähigkeit auszeichnen.

Literatur

Allen Overy. (2019). *GEM – Global Experts and Markets*. http://www.allenovery.com: http://www.
   allenovery.com/locations/Global-Markets/Pages/default.aspx . Zugegriffen am 29.02.2019.
Barney, J. B. (1991). Firm resources and sustained competitive advantage. *Journal of Management,
   17*(1), 99–120.
BBC. (2016). *BBC* (13. Sep. 2016). https://www.bbc.com/news/av/science-environment-37353570/
   how-trees-use-the-wood-wide-web. Zugegriffen am 29.02.2019.
Brandenburger, A. M., & Nalebuff, B. J. (1996). *Co-opetition: A revolutionary mindset that com-
   bines competition and cooperation in the marketplace*. Boston: Harvard Business School Press.
Brandenburger, A. M., & Nalebuff, B. J. (1997). *Co-opetition*. New York: Currency Doubleday.
Mancuso, S. (2018). *The revolutionary genius of plants: A new understanding of plant intelligence
   and behavior*. Simon and Schuster.
Mauborgne, R., & Kim, W. (2004). Value innovation: The strategic logic of high growth. *Harvard
   Business Review, 82*(7–8), 172–180.
Microsoft Newsdesk. (2018). *Microsoft fast facts*. Microsoft Corporate Homepage. https://news.
   microsoft.com/de-de/fast-facts/. Zugegriffen am 29.02.2019.
Moore, J. F. (1993). Predators and prey: A new ecology of competition. *Harvard Business Review*, 75–86.
Mplex Adaptive Systems Group. (2019). *Complex Adaptive Systems Group* (19. März 2019). IOWA
   State University. http://web.cs.iastate.edu/~honavar/alife.isu.html. Zugegriffen im März 2019.
Neumann, P. (2016). *Berliner Zeitung* (2. Dez. 2016). https://www.berliner-zeitung.de/berlin/ver-
   kehr/-olli%2D%2Derstmals-ist-in-berlin-ein-autonom-fahrender-bus-unterwegs-25205714.
   Zugegriffen am 29.02.2019.
Porter, M. E. (1985). *Competitive advantage*. New York: Free Press. isbn:0-684-84146-0.
Simard, S. (2014). *The networked beauty of forests* (4. April 2014). https://www.youtube.com/
   watch?v=dRSPy3ZwpBk. Zugegriffen am 29.02.2019.
Trout, J. (1969). „Positioning" is a game people play in today's me-too market place. *Industrial
   Marketing*, 51–55.
Webster, B. (1983). *Trees may alert other trees to danger, scientists believe* (6. Juni 1983). The
   New York Times. https://www.nytimes.com/1983/06/06/us/trees-may-alert-other-trees-to-dan-
   ger-scientists-believe.html. Zugegriffen am 29.02.2019.
Wohlleben, P. (2016). *Das geheime Leben der Bäume: Was sie fühlen, wie sie kommunizieren*. Mün-
   chen: Ludwig.

Referenzmodell des Business-Ökosystems

3

Zusammenfassung

Das zweite Kapitel war den Grundlagen von Business-Ökosystemen gewidmet. In diesem Kapitel wird nun der aktuelle Stand der Forschung zu diesem Thema skizziert. Gleichzeitig wird anhand eines aktuellen Beispiels ein Referenzmodell für die Analyse von Ecosystems vorgestellt.

3.1 Was sagt die Literatur?

Die theoretischen Grundlagen der Business- oder Unternehmensökosysteme finden ihren Ursprung in verschiedenen Disziplinen der Managementliteratur, u. a. auf den Gebieten Strategie, Organisation und Marketing.

3.1.1 Ökosysteme

Das Konzept der Ökosysteme wurde vom US-Amerikaner James F. Moore in seinem bahnbrechenden Artikel *Predators and Prey: A New Ecology of Competition* 1993 zum ersten Mal vorgestellt. Seine Theorie basierte auf der These, dass ein Business-Ökosystem seinen Ursprung in der Natur hat. Er postulierte, dass der künftige Wettbewerb von holistischen Kooperationen und Partnerschaften bestimmt sein würde. Moore ging davon aus, dass Firmen nur dann nachhaltig erfolgreich sein könnten, wenn sie im Wettbewerb durch eigene Innovationsfähigkeit und -kraft bestünden. Diese Fähigkeit müsse angelernt sein.

© Springer Fachmedien Wiesbaden GmbH, ein Teil von Springer Nature 2019
N. Farhadi, *Cross-Industry Ecosystems*,
https://doi.org/10.1007/978-3-658-26129-0_3

Moores Ansatz zeigt, dass Business-Ökosysteme generell vier Phasen durchlaufen:

- Geburt
- Expansion
- Systemherrschaft
- Erneuerungsphase

In der Geburtsphase formiert sich das Ökosystem, ausgehend von einer ausschlaggebenden Innovation aus dem Kern. Es handelt sich dabei um einen Primärproduzenten, der seiner Kundschaft den höchsten Mehrwert liefert und mit komplementären Partnern und Lieferanten zusammenarbeitet. In dieser Initialphase muss die innovative Kernidee von den Endkunden angenommen sowie vor der Konkurrenz geschützt werden.

In der zweiten Phase ist die Expansion oder Ausdehnung des Systems der dominierende Antrieb. Diese Phase wird primär von neuen Chancen auf dem Markt geprägt. Der Kernproduzent investiert massiv in die Ausdehnung seiner Märkte oder Business-Domänen. Auf dieser Entwicklungsstufe ist es ausschlaggebend für den Erfolg, dass Lieferanten und Geschäftspartner zur Steigerung des gemeinsamen Marktanteils beitragen. Dabei gilt es, das Entstehen substituierender Alternativen oder Geschäftsmodelle zu verhindern. Im günstigsten Fall werden die eigenen Ansätze zu elementaren Grundlagen der jeweiligen Branche, indem sie die anvisierten Märkte dominieren.

In der dritten Phase des Mooreschen Ansatzes geht es um die Marktführerschaft des Primärproduzenten samt seiner komplementären Akteure. Ein wichtiges Instrument dabei ist die kollektive Vision jener Teilnehmer, die im System proaktiv und profitabel mitwirken, also von dem Primärproduzenten wirtschaftlich und operativ abhängig sind. Sowohl die Endkunden als auch die Lieferanten müssen nun stärker denn je an den Kern des Gesamtsystems gekoppelt sein und mit ihm zusammenarbeiten.

Es muss sich so sehr lohnen, im kollektiven Kreis zu bleiben, dass der einzelne Teilnehmer in dieser Phase kaum an einen Ausstieg denkt. Das Gleiche gilt für die Konsumenten. Auch ihr Nutzen von dem Ökosystem sollte groß genug sein, um ihren Ausstieg zu verhindern. Insgesamt verstärken sich so die Interdependenzen zwischen allen Akteuren. Sache des Primärproduzenten ist es in dieser Phase, effektive Verhandlungsstrategien so einzusetzen, dass weder Lieferanten noch Endkunden einen Anlass sehen, ihre Beziehungen zum Ökosystem und seinem Kern zu verändern.

In der letzten Phase, der Erneuerung, geht Moore davon aus, dass nur innovationsfähige Ökosysteme nachhaltig und erfolgreich am Markt bestehen. Marktsysteme, die nicht in der Lage sind, neue Ansätze für eine Mehrwertsteigerung durch Innovation zu produzieren, stagnieren und sind zum Scheitern verurteilt. Am Ende verlieren sie ihre Systemherrschaft. Konkurrierende starke Unternehmen oder Systeme können gegebenenfalls die Teilnehmer des gescheiterten Ökosystems abwerben und an sich binden. Dies wäre das Ende des ersten Business-Ökosystems.

Grundsätzliche Definitionen von betriebswirtschaftlichen Ökosystemen lieferten u. a. Gossain und Kandiah (1998), Iansiti und Levien (2004) sowie Adner und Kapoor (2010). Diese Autoren haben im Wesentlichen die Charakteristiken der betriebswirtschaftlichen Ökosysteme beschrieben.

Der aktuelle Beitrag von David J. Teece und Greg Linden (2017) richtet den Fokus auf die Evaluierung von Business-Modellen gegenüber den zugehörigen Ökosystemen. Teece (2010) stellt in seinem früheren Beitrag „Business models, business strategy and Innovation" didaktische Fragen vor, u. a.:

- Welchen Mehrwert bringt das Angebot an Kunden?
- Wir wird das Angebot angenommen?
- Welche Bedürfnisse haben die Kunden? Was sind ihre tatsächlichen Erwartungen von einer Ware oder Dienstleistung?
- Wie groß ist der Markt?
- Hat das Produkt das Potenzial für Skaleneffekte?

In zahlreichen Publikationen wird ebenso nach einer plausiblen Antwort auf die Frage, wie solche Marktstrukturen entstehen, gesucht. Zwei Forscher der renommierten Harvard Business School, Marco Iansiti und Roy Levien (2004) versuchen, diese Frage in ihrem aktuellen Buch *The Keystone Advantage* gründlich zu beantworten (Iansiti & Levien, 2004). Iansiti und sein Co-Autor glauben, dass Ökosysteme offene Marktstrukturen sind, in denen die Schicksale aller Beteiligten voneinander abhängen. Die Autoren betonen immer wieder, wie wichtig der Produktionsfaktor Kultur in einem Business-Ökosystem ist. Sie beschreiben Ökosysteme als Hub-Spoke-(Nabe-Speiche-)Strukturen. Explizit stellen sie die Ökosysteme von Wal-Mart und Microsoft vor. Geprägt von einer eigenen Innovationskultur sollen Business-Ökosysteme den Wettbewerb durch enge Partnerschaften zwischen verschiedenen Produzenten und Konsumenten bestimmen. Iansiti und Levien verweisen in diesem Zusammenhang auf die wachsende Bedeutung von Plattformen. Verwirrend ist in ihren Beiträgen der Versuch, eine Abgrenzung der Definition zwischen Plattformen und Ökosysteme zu ziehen. Denn: Ihr Versuch, Plattformen mit Supply Chain Management (SCM) zu beschreiben, ist, meines Erachtens, weder gelungen noch nachvollziehbar. Die Kritik an den klassischen Theorien des SCM basiert v. a. auf zwei Argumenten:

1. Die klassischen SCM-Theorien befassen sich primär mit der Effizienzsteigerung und dem Informationsfluss oder mit den finanziellen Ressourcen.
2. Überwiegend sind SCM-Prozesse lineare Aktivitäten.

Deshalb können SCM-Theorien die Komplexität betriebswirtschaftlicher Plattformen oder Ökosysteme nicht überzeugend behandeln.

Beispiel: Nokia

Der weltweit tätige Telekommunikationskonzern Nokia aus Finnland ist ein perfektes Beispiel für die Entstehung und den Niedergang eines Ökosystems. Nokia hatte den Anspruch, Menschen zu verbinden. Das Unternehmen entwickelte sich zu einem Telekommunikationsanbieter und galt zwischen 1998 und 2011 als die globale Ikone seiner Branche. Aber: 2007 kam Apple mit dem ersten iPhone. Die Anwender weltweit waren begeistert, als die Leichtigkeit und die intuitive Nutzung von iPhones sichtbar wurden. Parallel erschien Samsung, der südkoreanische Innovationsmotor, mit seiner Produktreihe Galaxy auf dem Weltmarkt. Nokia verpasste es einfach, den innovativen Vorsprung seiner eigenen Produkte zu halten und verlor den Anschluss. Die Finnen reagierten unzulänglich auf die Umwälzung des Mobilfunkmarkts, verpassten die Trends und verloren rapide an globalen Marktanteilen. Heute sind Apple und Samsung die Vorreiter der Branche. Sie dominieren den Markt mit immer neuen Verbesserungen ihrer Produkte und Dienstleistungen und mit einer beachtlichen Reichweite ihrer weltweiten Ökosysteme. Möglicherweise haben sie aus den Fehlern von Nokia gelernt und machen vieles anders als der zerschlagene Wettbewerber. Der vormals erfolgreiche Holzstoffhersteller produziert heute u. a. Navigationstechnologien für Automobilhersteller.

3.1.2 Der Netzwerkeffekt

Das darunter liegende Netzwerk macht die Dynamik des gesamten Ökosystems aus. Der Netzwerkeffekt hat seinen Ursprung in der Telekommunikation. Zum Beispiel: Beim mobilen Telefon geht man davon aus, dass der Nutzen eines Smartphones von der Anzahl aller Nutzer mit vergleichbaren Mobiltelefonen abhängt. Die Größe der Gemeinschaft von Konsumenten wirkt also als der wesentliche Faktor, um Mehrwert für den einzelnen Nutzer zu generieren. Die gleiche Logik lässt sich auf alle sozialen Medien anwenden, wie etwa Facebook, Google Plus, Twitter, Instagram, WhatsApp, Telegramm, Signal oder Viber.

Beispiel Facebook: Die Anwender von Facebook haben den größten Nutzen, wenn viele Mitglieder dort zu finden sind. Je mehr Menschen sich in Facebook registrieren und sich dort aufhalten, umso wertvoller wird das Netzwerk für die Anwender. Soziale Medien sind Kollektive von Nutzern. Der Wert von Facebook steigt also mit der Anzahl der angemeldeten Mitglieder. Sollte Facebook nur einen Teilnehmer haben, wäre sein Nutzen gleich Null. Findet man dagegen viele seiner Freunde in Facebook, wird es zu einer sehr wertvollen Drehscheibe für den Austausch von Bildern und Informationen. Wahrscheinlich aus diesem Grund macht es der US-Konzern seinen Mitgliedern schwer, die Plattform zu verlassen.

Ursprünglich wurde diese Theorie für die Beschreibung der Mechanismen in der Telekommunikation entwickelt. Jeffrey Rohlfs war einer der Pioniere der Netzwerktheorie – 1974 untersuchte er das Konzept der kritischen Masse. In den 1990er-Jahren wurde der Ansatz weiterentwickelt. Später wurde das Metcalfe´sche Gesetz, bezeichnet nach dem US-Amerikanischen Wissenschaftler und Ethernet-Erfinder Robert Metcalfe, publiziert.

Nach diesem Gesetz beträgt der Gesamtnutzen eines Netzwerks

$$n \times \frac{(n-1)}{2},$$ (Gl. 3.1)

wobei n für die Zahl der Nutzer im Netzwerk steht. Erreicht man eine große Anzahl von Teilnehmern, wird von einer Wertsteigerung des Nutzens von n^2 ausgegangen. Ein weiterer wichtiger Faktor ist das Erreichen der kritischen Masse für die Profitabilität eines Netzwerks. Das heißt: Ein Netzwerk kann nur dann profitabel sein, wenn ein bestimmter Schwellenwert überschritten wird. Die folgende Abbildung veranschaulicht dieses Gesetz. Hier ist klar zu erkennen, dass der Wert eines Unternehmens mit dem Netzeffekt exponentiell wächst. Das Modell wird gern genutzt, um das Wachstum des Unternehmenswertes zu ermitteln (CockrellSchool, 2014). Die Abb. 3.1 präsentiert die Rechnungsgrundlage.

Beispiel: Apple

Mit 526 Mio. Endkunden hatte der US-Konzern einen Unternehmenswert von 235 Mrd. US-$. Im Jahr 2017 hatte der Konzern 611 Mio. Kunden. Wie hoch wäre die Marktkapitalisierung nach dem Metcalfe'schen Gesetz? Genau 317 Mrd. US-$. Aus den realen Zahlen wissen wir heute, dass dieser Wert Ende 2017 315 Mrd. US-$ betrug. Das Resultat: Der tatsächliche und berechnete Unternehmenswert sind konvergent.

Die Berechnung ist einfach und erfolgt nach der Gleichung:

$$\text{Ermittelter Wert nach Metcalfe} = \left(\frac{611}{526}\right)^2 \times 235 = 317$$

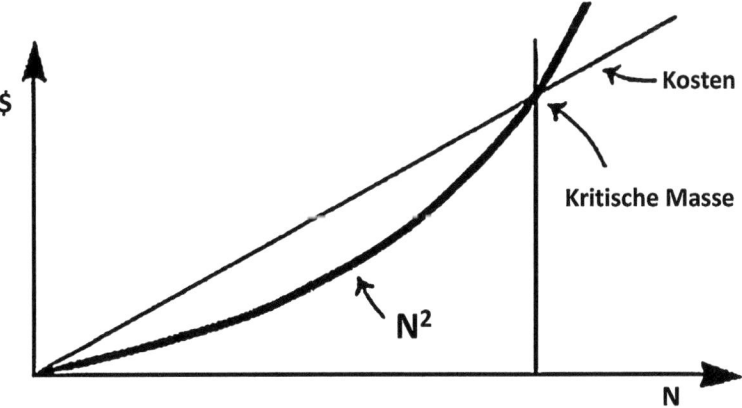

Abb. 3.1 Metcalfe'sches Gesetz. (Quelle: eigene Darstellung)

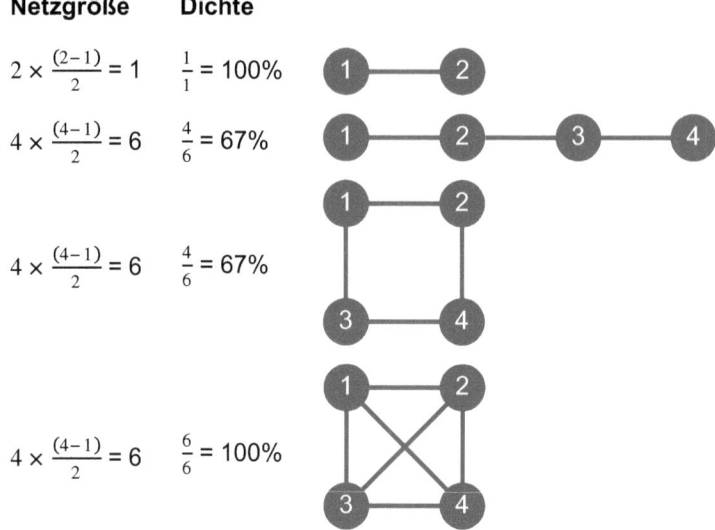

Abb. 3.2 Netzgröße und Dichte. (Quelle: eigene Darstellung)

Nicht minder wichtig ist allerdings die Effektivität des Netzwerks. Unter diesem Aspekt ist die Dichte des Netzwerks wichtiger als die Zahl der Teilnehmer. Facebook spricht von den aktiven Nutzern. Und in der Tat liefert die Messgröße Dichte oder „density" die tatsächliche Nutzung eines Netzes. Je höher die Dichte, umso größer ist die Effektivität eines Netzwerks. Seine Dichte wird wie folgt berechnet:

$$Dichte = \frac{Anzahl\ der\ Verbindungen\ im\ Netzwerk}{Anzahl\ aller\ möglichen\ Verbindungen\ im\ Netzwerk} = \frac{m}{n \times \dfrac{n-1}{2}}$$

Wobei n für die Zahl der Nutzer im Netzwerk und m für die Zahl der tatsächlichen Verbindungen stehen. Die Abb. 3.2 veranschaulicht die Berechnung am einfachen Beispiel mit vier Teilnehmern.

3.2   Referenzmodell

Wie im letzten Kapital diskutiert, werden Ökosysteme in vier Gruppen von Akteuren unterteilt:

- Primär- oder Hauptproduzenten
- Sekundärproduzenten (oder Komplementäre)
- Konsumenten (oder Kunden)
- Influencer (oder Einflussnehmer)

In diesem Buch werden diese Gruppen zugleich als Akteure oder Systemteilnehmer bezeichnet. Systemproduzenten sind Primär- und Sekundärhersteller. Aus der Summe der Konsumenten und der Produzenten ergibt sich der Netzeffekt, der den Unternehmenswert des primären Innovationsträgers im System bestimmt.

Nun stellt sich die Frage, wie diese Akteure im Rahmen einer betriebswirtschaftlichen Architektur zusammenkommen und welche Rolle sie jeweils spielen. Die Abb. 3.3 stellt ein gesamtheitliches Modell auf Basis mehrerer Schichten dar:

- Kern des Primärproduzenten (oder Keystone, Hub, Orchestrator, Primärpartner)
- Strategische Partnerschaften für Forschung und Entwicklung
- Strategische Partnerschaften für Einkauf, Logistik und Produktion
- Strategische Partnerschaften für Marketing und Vertrieb und Distribution
- Markt- oder Business-Domäne

3.2.1 Kern des Primärproduzenten – Keystone oder Hub

Im Kern eines Business-Ökosystems, im Hub, befinden sich die Assets, Organisationseinheiten, Prozesse und Führungsteams. Hierzu gehören z. B. die zentralen Abteilungen für die Informationstechnologie, Personalwesen oder Finanzen. Das Systemportfolio,

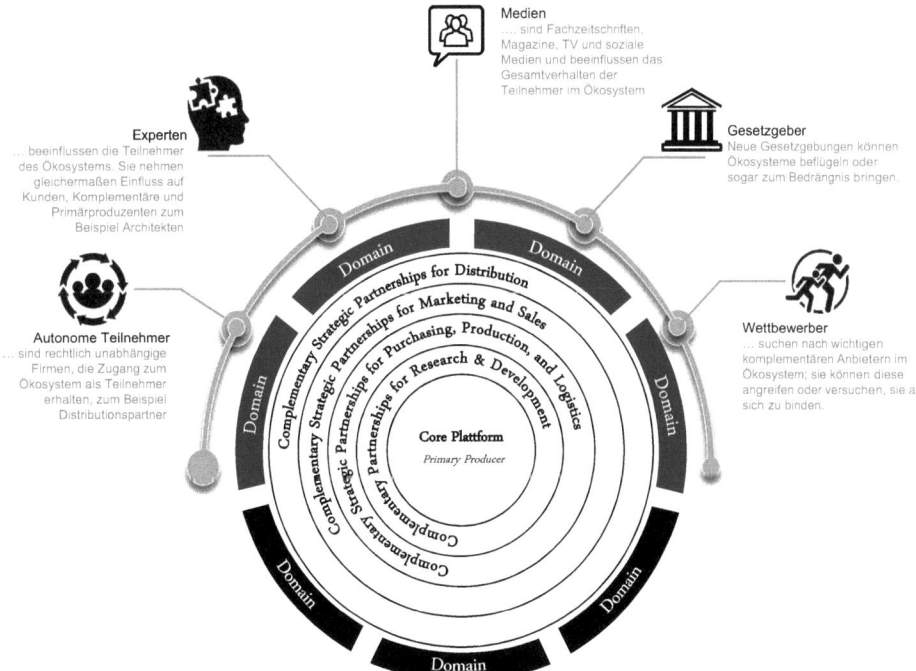

Abb. 3.3 Betriebswirtschaftliches Ökosystemmodell. (Quelle: eigene Darstellung)

bestehend aus Tochtergesellschaften, Beteiligungen und strategischen Partnerschaften, wird aus dem Kern heraus gesteuert, erweitert und optimiert. In der Regel bestehen die Partnerschaften innerhalb der zentralen Funktionen eines Unternehmens aus den klassischen Lieferantenbeziehungen. An dieser Stelle findet man die Wertschöpfungskette des Primärproduzenten im Ökosystem wieder. Diverse Ansätze liefern die Grundlagen für die Analyse und Entwicklung von operativen Unternehmensprozessen. In diesem Kontext gibt es zahlreiche Verfahren für die interne Analyse eines Unternehmens.

Der Hub beeinflusst maßgeblich die gemeinschaftliche Entstehung und Aufrechterhaltung der Kultur, Werte, Governance und Vision im System. Das Management im Hub entwickelt und implementiert Strategien des Wachstums durch strategische Partnerschaften oder Fusionen und Unternehmensübernahmen (Mergers & Acquisitions, M&A), optimiert das Portfolio durch M&A und Desinvestitionen, treibt die Innovation voran und sorgt für eine kontinuierliche Kapitalzufuhr und Investitionen in nachhaltige Technologien. Der Kern verwaltet die immateriellen Vermögenstände, wie Marke, Patente, Copyrights und Lizenzen. Der Kern ist also Impulsgeber, Eigentümer und Systemführer. Der Hub Orchestrator eines Ökosystems als interne Struktur und Organisation unterliegt der vollen Kontrolle des Primärproduzenten oder Orchestrator.

Beispiel: Bosch

Der Automobilzulieferer Bosch, im „Nebenberuf" Hersteller von Elektrowerkzeugen, Haushaltsgeräten und Marktführer im Bereich der Sicherheits- und Verpackungstechnologien, hat 2018 mit Amadeus und Chrome River eine Partnerschaft für umfangreiche Online-Geschäftsreiselösungen ins Leben gerufen. Weltweit sollen alle Bosch-Mitarbeiter Zugang zur Reisekostenmanagementsoftware von Chrome River bekommen. Während die Mitarbeiter geschäftlich unterwegs sind, werden sie zudem Zugang zu mobilen Push-/Pull-Services des Reisemanagementspezialisten Amadeus erhalten (boerse.de, 2018).

3.2.2 Partnerschaften für Forschung und Entwicklung

In der Unternehmenslandschaft ist es gang und gäbe, mit externen Forschung-und-Entwicklung(F&E)-Partnern zusammenzuarbeiten. Das gilt auch für Ökosysteme. Unmittelbar um den Kern eines Business-Ökosystems lässt sich eine erste Schicht für strategische Partnerschaften in F&E bilden. Hier sind i. d. R. Partner angesiedelt, die komplementäre Fähigkeiten für die Innovation in bestimmten Projekten mitbringen, Fähigkeiten, über die weder der Keystone noch andere Systemteilnehmer verfügen. Getrieben sind die gemeinschaftlichen Innovationsinitiativen hauptsächlich von zwei Motiven:

1. Durch gezielte Kooperationen werden finanzielle Forschungsrisiken unter äquivalenten Innovationspartnern geteilt; man spricht von operativen Synergien.
2. Als Folge der engen Abstimmung zwischen den Beteiligten fließt wertvolles Knowhow in alle Richtungen.

Allerdings: Damit haben mehrere Organisationen Zugriff auf die jeweilige Innovation.
Besteht unter diesen Umständen eine reale Erfolgschance?

Beispiel: Volkswagen und Apple

Seit Mai 2018 forschen Volkswagen und Apple gemeinschaftlich an Lösungen für
selbstfahrende Vans (Schmidt, 2018):

„Mit selbstfahrenden Autos hat Apple bereits seit 2015 eine wechselvolle Geschichte.
2015 begann das Projekt mit dem internen Titel ‚Titan‘, wie damals durchsickerte.
Damals noch wollte der Computergigant aus Cupertino ein eigenes Elektroauto bauen,
das autonom fahren sollte. Eine Vielzahl an Experten zum Bau solcher Wagen wurde
eingestellt, doch erkannte Apple bald, dass es einfacher wäre, mit einem Autohersteller
zu kooperieren, der etwas vom Fahrzeugbau versteht.“

Aktuell untersucht Apple, der US-Hersteller innovativer Smartphones und PC, mit dem
Wolfsburger Autobauer die Möglichkeiten des autonomen Fahrens. Apple verfügt kaum
über die Erfahrung, sichere Autos auf die Straße zu bringen. Die Kooperation mit dem Weltmarktführer in der automobilen Oberklasse wird dem Projekt neue Chancen verschaffen.

3.2.3 Partnerschaften für Einkauf, Logistik und Produktion

Unternehmen verfolgen generell das Ziel, die Effizienz in allen zentralen Bereichen zu
steigern. Die zweite Stufe des Referenzmodells beherbergt die Kooperationen der zentralen Funktionen Einkauf, Logistik und Produktion. Die Einwicklung und Aufrechterhaltung logistischer Fähigkeiten aus eigener Kraft stellt beachtliche Anforderungen an
Kapital und Personal. Deswegen lassen Firmen oft ihre logistischen Hausaufgaben von
zuverlässigen externen Geschäftspartnern erledigen. Diese Logik gilt ebenso für Einkauf
und Produktion.

Beispiel für Produktion: Bosch-Samsung und Bosch-SAP

Im Jahr 2018 begann das Traditionsunternehmen Bosch eine Kooperation mit dem chinesischen Elektroauto-Unternehmen NIO. Ziel der beiden Konzerne ist es, gemeinschaftlich innovative Produkte in den Bereichen Sensorik, automatisiertes Fahren,
Elektromotorsteuerung und intelligente Transportsysteme zu fertigen (Grill & Jingying, 2018). In diese Zusammenarbeit bringt Bosch Produkte und Kerntechnologien wie
Assistenzsysteme, Sensorik, Steuergeräte und elektromechanische Bremskraftver-
stärker ein. Nach dem gleichen Muster gründeten Bosch und Samsung 2008 eine Partnerschaft für die Fertigung von Lithiumionen-Batteriezellen für Hybrid- und Elektroautos. Das Bosch-Samsung Joint Venture wurde 2012 aufgelöst, nachdem der BMW i3
2013 in Serie gegangen war. Als Bosch und SAP ihre Zusammenarbeit auf dem Gebiet
der Industrie 4.0 ankündigten, lag ihr gemeinsamer Schwerpunkt auf der bidirektio-
nalen Integration der Entwicklungsplattform von SAP für Softwareanwendungen

HANA und die Bosch-IoT[1]-Suite. Auf diese Weise wollen beide Firmen ihr Angebot für Industrie 4.0 und IoT erheblich verbessern. Kooperationen im zentralen Bereich Einkauf zielen i. d. R. darauf, die Beschaffungskosten zu senken. Denn generell ist zu erwarten, dass Käufer mit besseren Konditionen rechnen können, wenn sie die Bestellmenge erhöhen.

Beispiel: Daimler-BMW

Die rivalisierenden Premiumhersteller BMW und Daimler – die Ikonen der deutschen Automobilbranche – bündeln ihre Einkaufskräfte seit Jahren. Ihr primäres Ziel ist es, ihre Beschaffungskosten niedrig zu halten. In Verhandlungen fordern die Erzrivalen als Partner gemeinsam Mengenrabatte von ihren (lokalen) Qualitätszulieferern in den Überseemärkten – insbesondere aus China, Indien und den Vereinigten Staaten. In der Industrie ist dies eine gängige Praxis, um steigenden Einkaufspreisen effektiv gegenzusteuern. In der Automobilindustrie kann es dabei um Millionensummen gehen (Der Tagesspiegel, 2018).

Auch im Bereich autonomes Fahren haben die beiden Konzerne eine strategische Partnerschaft geschmiedet. Nach dem Motto: Eklektisch, vernetzt und selbstfahrend bauen beide Konzerne ihre selbstfahrenden Fahrzeuge. Doch die Entwicklung eines solchen Roboters mit Reifen auf Straßen ist kostspielig. Mit der Kooperation wollen die beiden Autobauer eine flexible Plattform und kürzere Innovationszyklen herstellen. Vorstand von Daimler, Ola Källenius sagte hierzu: „Zusammen mit den richtigen Partnern wollen wir die Leistungsfähigkeit dieser Technologie maßgeblich vorantreiben und sicher auf die Straße bringen." Sein Pendant, Klaus Fröhlich, aus Bayerischen Motorenwerke betonte parallel: „[Wir, BMW] setzen Strategie einer skalierbaren Plattform konsequent fort und bringen Kompetenz von zwei Technologie-Führern zusammen."

3.2.4   Partnerschaften für Marketing, Vertrieb und Distribution

Kooperationen auf der Ebene Marketing und Vertrieb kommen häufig vor. Es handelt sich dabei um die Kommerzialisierung von Konzepten, die den Konsumenten im Business-Ökosystem spürbare Vorteile bieten. Beispiel: 2016 stellte die Deutsche Telekom gemeinsam mit ihrem US-amerikanischen Technologiepartner Cisco die Next Generation Enterprise Network Alliance – ngena – vor. Diese Allianz mehrerer national agierender Telekomanbieter will gemeinsam eine weltweite technische Plattform erstellen. Ziel ist es, den Kunden Zugang zu Virtual-Private-Network(VPN)-Diensten zu geben. Der Mehrwert: Die Konsumenten – Firmen aus allen Branchen – können ihre Unternehmensstandorte

---

[1] IoT: **Internet of Things** oder **Internet der Dinge**. Dabei geht es um die Vernetzung von realen und virtuellen Gegenständen in einer technologischen Infrastruktur.

kostengünstig online vernetzen. ngena übernimmt die Koordination der Plattform. Bis Ende 2018 zählte die Allianz 23 Technologie- und Marketingpartner. Der Vertrieb der VPN-Dienste erfolgt über das gesamte Netzwerk. Die eigentliche Innovation dieser Star Alliance der Telekombranche liegt in der Digitalisierung des VPN.

Distributionspartner sind Handelspartner, i. d. R. komplementäre Teilnehmer im Ökosystem, die über Kundenbeziehungen verfügen und Produkte im Ökosystem vermarkten. Sie sind strategische Partner im Vertrieb. Steelcase, der internationale Hersteller von Büromöbeln, verfügt über ein Portfolio von mehr als 600 Fachhandelspartnern, die ausschließlich für die Distribution von Steelcase-Produkten an Endkunden verantwortlich sind. Sie nehmen Bestellungen entgegen, übernehmen und steuern die Logistik, übernehmen die Zwischenfinanzierung, stellen Rechnungen aus, überwachen den Zahlungseingang, beraten die Kunden und entwickeln maßgeschneiderte Lösungen um die Standardprodukte herum, sorgen für die Kundenzufriedenheit, kümmern sich um die Entsorgung oder das Beschwerdemanagement. Somit übernimmt der Partner auf dieser Ebene operative und finanzielle Risiken am Markt und entlastet den Primärproduzenten bei der Vermarktung der eigentlichen Erzeugnisse.

Distributionspartner können dem Keystone angehören oder unabhängig sein. Apple Stores weltweit gehören zum US-Konzern und erwirtschaften mehr als 17 Mrd. US-$. Daimler arbeitete ebenso mit eigenen und unabhängigen Channel-Partnern. Im Jahr 2015 trennte sich der Stuttgarter Konzern von den meisten Niederlassungen, z. B. durch den Verkauf der ostdeutschen Filialen an den chinesischen Partner Lei Shing Hong (ntv.de, 2015).

Im Softwaresegment trifft man häufig auf unabhängige Spezialisten an, z. B. als Entwickler oder Dienstleister. Diese sind absolut gleichwertige Teilnehmer im Business-Ökosystem. Beispielsweise sind Tausende Spezialisten, u. a. als System Inegrators, Softwareentwickler, Resellers oder Trainer, um den Keystone Microsoft erfolgreich am Markt tätig.

3.2.5 Markt- oder Systemdomäne

Business-Ökosysteme können sich über mehrere Domänen erstrecken, sei es innerhalb ihrer eigenen Branche oder außerhalb in fremden Sektoren. Unter fremden Sektoren versteht man Marktsegmente, in denen der Kern nicht als Primärproduzent zu Hause ist. In diesem Fall entstehen oft Kooperationen mit komplementären Partnern aus den jeweiligen Branchen. Der Zusammenschluss von heterogenen Partnern kann zu weitreichenden Synergien führen.

Die Unternehmen verfolgen dabei das Ziel, mithilfe strategischer Partner aus verschiedenen Branchen neue Märkte zu erschließen. Man spricht unter diesem Aspekt von branchenübergreifenden Ökosystemen oder „cross-industry ecosystems". Ein wichtiges Motiv für deren Bildung ist es, durch branchenüberschreitende Innovationen Mehrwert für Endkunden zu schaffen. Gerade die Informationstechnologie hat ein beträchtliches Potenzial, traditionelle Produkte durch Digitalisierung bis hin zur künstlichen Intelligenz zu modifizieren und ihren ursprünglichen Funktionsumfang zu erweitern.

Der PC- und Technologiehersteller Apple beschäftigt sich seit 2015 mit dem autonomen Fahren. Eine Domäne, die nicht unbedingt im Portfolio von Apple zu erwarten ist. Wie erwähnt stellte der US-Gigant 2018 fest, dass er ohne einen Partner aus der Automobilindustrie nicht weit würde kommen können. So ließ er sich auf eine Partnerschaft mit Volkswagen ein. Apple ist ein ganz besonderer Fall von Business-Ökosystem. Denn das Unternehmen hat hunderte Millionen von Kunden weltweit und gilt als ein Innovationmotor seiner Branche. Das Wachstum des Unternehmens seit seiner Gründung 1977 bis heute ist und bleibt ein Phänomen. Sein Ökosystem beleuchten wir im folgenden Abschnitt.

3.3   Beispiel: Apple

3.3.1   Hintergrund

Der Gigant Apple verfügt über Produkte in jeweils eigenen Domänen wie iTunes und iPod für das Streaming, Apple Watch, ApTV sowie iPad, iMac und Macbook für den Bereich PC und Hardware. Besonders bekannt ist Apple mit seinem einst revolutionären Produkt iPhone. Durch die Kombination mit iCloud stellt Apple seinen Kunden eine weitere Domäne zur Verfügung. Hier liegt die besondere Innovation in der nahtlosen Integration und Verknüpfung der Cloud-Technologie mit den anderen Kommunikationsprodukten. Apples Produkte und Dienste sind rechtlich geschützt. Auf Downloads – Video oder Musik – kann der Kunde nur mit einem persönlichen Kennwort zugreifen. Damit sichert Apple die Copyrights. Der Nutzen der Verflechtung der verschiedenen Apple-Plattformen besteht in der Übertragbarkeit der Daten, Videos, Musikdateien und Bilder zwischen verschiedenen Geräten.

Seine Kunden im weltweiten Ökosystem kennt der US-Konzern sehr genau. Ihre persönlichen Daten ebenso wie ihr Kaufverhalten werden mithilfe statistischer Analysen segmentiert und ausgewertet. Innerhalb seines Netzwerks kennt Apple alle wertvollen Details, also wer, wann, wo was gekauft hat. Mit über 500 eigenen Apple Stores in 25 Ländern und durch die Kooperation mit autorisierten Handelspartnern wie Gravis hatte der US-Gigant 2016 über 580 Mio. Nutzer weltweit (Lewing, 2016). Apple konnte seit 2011 durchschnittlich über 70 Mio. Neukunden jährlich weltweit in den Segmenten Geschäftskunden und Konsumenten einfangen. Im Jahr 2018 verdiente Apple durchschnittlich mehr als 370 US-$ Umsatz pro Anwender. Der jährliche Zuwachs des Umsatzes bzw. der Anzahl der Apple-Konsumenten beträgt 19 % respektive 21 % von 2012 bis 2018.[2]

Apple besitzt ein Portfolio von zahlreichen Partnerschaften mit diversen Unternehmen aus verschiedenen Branchen, nämlich Automotive, Consumer Goods, Insurance, Financial Services oder Education. Der Konzern gibt seinen Kunden und unabhängigen komplementären Partnern, die jeweils autonom auf dem Markt agieren, regelmäßig Innovationsimpulse.

---

[2] Nach Angaben des US-Konzerns Apple betrug sein weltweiter Umsatz 2018 rund 265 Mrd. US-$ mit 769 Mio. Nutzern (Apple, 2019).

Mehr als 100 Partnerschaften wurden von 1977 bis heute gezählt. Diese sind offiziell bzw. öffentlich verkündet worden. Die tatsächliche Zahl der Partner von Apple muss deutlich höher sein. Denn kleinere Kooperationen finden keine Resonanz in der Presse. Unabhängig davon arbeiten tausende unabhängiger Softwareentwickler und Dienstleister weltweit für Apple-Produkte wie iPhone, iMac, Macbooks oder iPad (Abb. 3.4).

3.3.2 Apple Partnerschaften

Die wichtigsten Partnerschaften von Apple lassen sich wie folgt zusammenstellen:

- **Salesforce** (Software) – Mit Apple-Produkten, wie iPhone und iPad sollen individuelle Nutzer von Salesforce Zugang zum Customer Relations Management (CRM) bekommen. Salesforce ist weltweiter Marktführer im Segment CRM.
- **Mastercard** (Financial Services) – 2014 wurde Apple Pay als das Zahlungssystem für die Serie iPhone 6 und 6+, Smartwatch eingeführt. Heute ist der Dienst in vielen Ländern verfügbar. Er ermöglicht mobile Transaktionen. Bei solchen Transaktionen werden keine tatsächlichen Daten der hinterlegten Kreditkarten ausgetauscht, sondern zufällig generierte 16-stellige Pseudokreditkartennummern, die gesichert gespeichert werden. Die hinterlegten Kreditkarten können vom Nutzer (sogar remote über die iCloud-Einstellungen) gelöscht werden. Der Einsatz von iPhone im Zahlungsverkehr verbessert die Sicherheit von Kreditkarten. MasterCard ist dafür eine Partnerschaft mit Apple eingegangen. Für den Inhaber von Mastercard und iPhone ist die Nutzung der Dienste kinderleicht geworden.

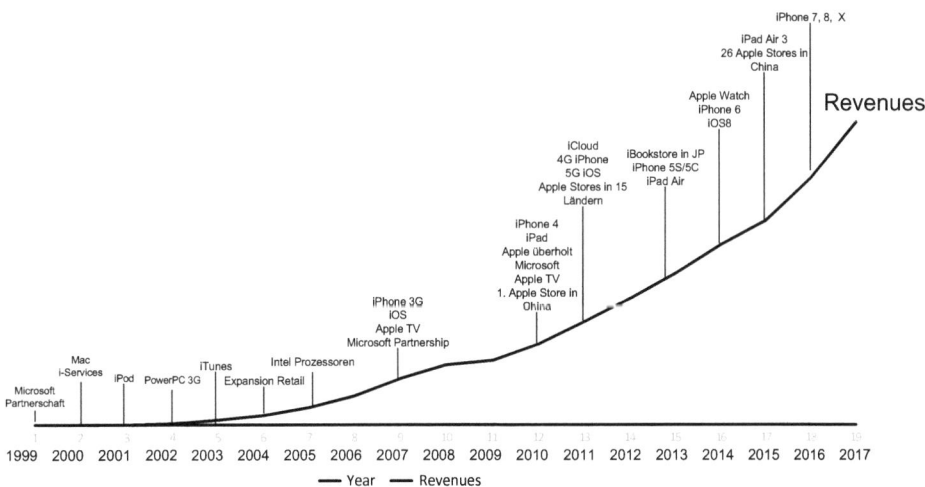

Abb. 3.4 Apple Marktumsatz weltweit in US-Dollar

- **Nike** (Consumer Goods) – Unter dem gemeinsamen Label Nike+iPod geht es um verschiedene Produkte für neuartige Sporterlebnisse. Am Anfang stand die Integration der Kollektion Nike+ mit dem iPod Nano. Zusammen entwickelten die beiden Konzerne u. a. den ersten kommunikationsfähigen Laufschuh der Geschichte (Shoul & Kerris, 2006).
- **AT&T** war einer der ersten Kooperationspartner von Apple. Von 2007 bis 2011 war der US-Telekommunikationsriese der Alleinanbieter von iPhone in den Vereinigten Staaten. Im Februar 2011 wurde Verizon Communications ein weiterer Partner im selben Segment mit der Autorisierung, iPhone 4 am US-Markt zu vermarkten. Beide Telekommunikationskonzerne profitierten immens von der Partnerschaft. In der starken Wachstumsphase von Apple erweiterten sie ihre weltweiten Ökosysteme rasant.
- **Foxconn Technology Group** pflegt ebenfalls eine florierende Geschäftsbeziehung zu Apple. Foxconn besitzt Fertigungsstätten für elektronische Produkte mit einem Jahresumsatz im dreistelligen Milliardenbereich. Zu Foxconns Klientel gehören weitere große Marken wie Hewlett-Packard, Dell, Nintendo, Microsoft und Sony.
- **TPK** ist der führende Hersteller von Touch-Screen-Bildschirmen mit Sitz in Taiwan. Das Unternehmen beliefert nicht nur Apple, sondern auch Automobilkonzerne wie Tesla, BMW oder Daimler.
- **Quanta Computer** – Der taiwanesische Hersteller von Computer Hardware fertigt Apples Macbooks in seinen Werken in Fernost. Zu seinen jetzigen oder ehemaligen Abnehmern zählen neben Apple Marken wie Dell, Hewlett-Packard und Lenovo. Der Entwickler des extrarobusten Schülerlaptops beschäftigt Tausende Mitarbeiter und erreicht Millionen von Konsumenten in einem stabil wachsenden Ökosystem.
- **Intel** – Der US-amerikanische Halbleiterhersteller aus dem Silicon Valley beliefert Apple mit Computer-Chips. Apple und Intel starteten ihre Geschäftsbeziehungen 2005. Seitdem floriert die Partnerschaft. Intel beliefert ebenfalls weitere namhafte Hersteller mit seinen innovativen Computer-Chips.
- **Samsung** – Apples Erzrivale Samsung ist u. a. eigentlich der Hersteller von mobilen Smartphones der Galaxy-Serien, und er bleibt der US-Konkurrenz dicht auf den Fersen. Dennoch finden diverse Komponenten der Südkoreaner Anwendung in Apple-Produkten, z. B. Chips und Flash Drivers. Samsung ist also ein wichtiger Zulieferer von Apple. Sie sind Erzrivalen, teilen sich aber den Smartphonemarkt mit wechselnden Anteilen. Zusammen werden sie allein in den USA bis 2020 auf einen Marktanteil von 92 % kommen (Statista, 2019).
- **Toshiba** – Der Japaner beliefert Apple mit LCD Panels und Flash Drives für das iPhone. Maßgeblich hat Toshiba zur Entwicklung der hochauflösenden Retina-Bildschirme von Apple beigetragen.
- **Catcher Technology** ist der taiwanesische Toplieferant von Metallgehäusen für Apple-Produkte. Es wird spekuliert, dass Catcher an der Innovation von Augmented-Reality-Brillen beteiligt ist.
- **Wintek**, ebenfalls ein taiwanesischer Produzent von Touch-Screens für iPhones, ist langjähriger Produktionspartner von Apple.

Diese und weitere Geschäftspartner werden in Tab. 3.1 zusammengefasst. Sie veranschaulicht das Ökosystem von Apple mit seinen wichtigsten Partnerschaften und Kunden. Wahrscheinlich ist die Zahl der Partnerschaften von Apple viel höher als hier gezeigt.

Die folgende Liste von Apple-Geschäftspartnern illustriert, wie wichtig branchenübergreifende Partnerschaften für den US-Giganten sind. Mehr als 100 große Partnerschaften

Tab 3.1 Auswahl wichtigster Partnerschaften von Apple im Kern

Partner	I	II	III	IV	V	Branche
Accenture	●					Professional Services
Acura			●			Automotive
Adobe		●				Software
Air France				●		Airline
Akamai		●	●			Utilities
AT&T					●	Telecoms
Alcoa, Rio Tinto, the Government of Canada	●					Aluminium, Public
Amazon.com					●	eCommerce
American Express					●	Financial Services
Amfeltec Corporation				●		Consumer Electronics
Analog Devices			●			Electronics
Ant Financial, Alibaba				●	●	Financial Services
Audi			●			Automotive
BBC					●	Media & Entertainment
Beats Electronics					●	Complementary
Beggars Group, Sanctuary Records Group and V2			●			Media & Entertainment
BioTelemetry		●				Healthcare
Carl Zeiss		●	●			Optics
Catcher Technology			●			Electronics
China Clean Energy	●					Erneuerbarer Energie
China Life	●					
China UnionPay			●		●	Financial Development
Chrysler					●	Automotive
Cisco				●	●	Informationstechnologie
Cisco	●		●		●	IT
Cisco, AON and Allianz		●			●	Informationstechnologie und Versicherungen
Citibank		●		●	●	Financial Services
City of Chicago	●					Education
Cochlear			●			Healthcare
Continental					●	Airline
Continental,						Automotive
Cool Holdings					●	Retail
Corning's Harrodsburg	●					Manufacturing

(Fortsetzung)

Tab 3.1 (Fortsetzung)

Partner	I	II	III	IV	V	Branche
Delta					●	Airline
Dentsu Group				●	●	Retail
Dexcom			●			Gesundheit
Didi Chuxing	●					Portfolio Management
District of Columbia					●	Public Services
Emirates					●	Airline
EMV, Rambus			●			Financial Services
Etsy		●	●			Insurance
Farfetch				●	●	Media & Entertainment
Ford					●	Automotive
Foxconn			●			Manufacturing
General Electrics			●			Manufacturing
General Motors					●	Automotive
Genius					●	Data
Glu Mobile					●	Video Games
Greenhouse Life Insurance				●	●	Insurance
Here Technologies		●	●	●	●	Software Services
Hertz		●				Mobility
Honda			●			Automotive
Iberdrola			●			Electric utility
IBM		●	●	●	●	Computing
IKEA		●	●	●	●	Consumer Goods
Integrated Device Technology		●	●			Semiconductors
Intel			●			Semiconductors
Jabil Circuit			●			Electronics
Karnataka Government			●			Public Services
KLM					●	Airline
LA School Board of Edu.					●	Community Education
Mastercard				●	●	Financial Services
Mazda					●	Automotive
Micron Technology			●			Electronics
Microsoft		●			●	Software
Mondadori Store					●	Retail
Montague Wind Power			●			Energy
Murata Manufacturing			●			Electronics
NBC					●	Media & Entertainments
Netflix					●	Media & Entertainment
Nidec			●			Electronics
Nike		●	●	●	●	Consumer Goods
Nokia			●			IT
NTT Docomo					●	Retail

(Fortsetzung)

Tab 3.1 (Fortsetzung)

Partner	I	II	III	IV	V	Branche
ORGANIC	●					Community Development
OTATAA					●	eCommerce
Paypal					●	Financial Services
Quanta Computer			●			Electronics
QardioArm			●	●		
Qualcomm			●			Electronics
Rokform				●		
Salesforce		●		●	●	CRM/Software
Samsung			●			Electronics
Sanctuary Records Group			●			Media & Entertainment
SAP		●	●		●	Community Education
Shopify		●			●	Handel
Sony			●			Consumer Electronis
Spotify					●	Media & Entertainment
STMicroelectronics			●			Electronics
Swedish Game Studio Bublar					●	Complementary
Swiss Re		●	●			Insurance
Texas Instruments		●	●			Semiconductors
T-Mobile					●	Telecom
Tele2					●	Telecom
TELUS					●	Telecommunications
Thread Group					●	Information Technology
TIM, Bite, U Mobile, Singtel and StarHub, Sunrise and O2					●	Telecom Career
Toshiba			●			Consumer Electronics
TPK			●			Electronics
Trimble		●	●			Software
United Airlines					●	Airline
Univ. of Naples Federico	●					Community Development
Univ. Village of Washington	●				●	Community Development
Upstate Medical Univ.					●	Healthcare Education
V2			●		●	Media & Entertainment
Verizon					●	Media & Entertainment
Volkswagen		●	●			Automotive
Wintek			●			Electronics
WWF			●			Komplementär

sind seit dem Start von Apple entstanden. Um den Bezug zum Referenzmodell der Business-Ökosysteme herzustellen, wird in der Tabelle der primäre Bezug zu den jeweiligen Teilnehmerschichten hervorgehoben. Die erste Schicht (römisch I) steht für den Kern des Unternehmens Apple. Schicht II ist die Ebene mit den strategischen Partnern für F&E. Schicht III führt Partnerschaften um Einkauf, Produktion und Logistik auf. Die nächsten Schichten IV und V beinhalten Kooperationen im Bereich Marketing, Vertrieb und Distribution. Jede Partnerschaft erweitert durch komplementäre Zwischenprodukte oder Dienstleistungen die Handlungsmöglichkeiten von Apple.

3.4   Warum entstehen Ökosysteme?

Die aktuelle Umfrage eines Unternehmensberaters führte zu dem Ergebnis, dass etwa zwei Drittel der befragten Unternehmen aktiv nach Ökosystemen suchen; 54 % der Manager würden der Innovation zuliebe auf Strukturen und Strategien der Unternehmensökosysteme eingehen, 85 % der Entscheidungsträger gehen sogar davon aus, dass wegen der zunehmenden Entstehung von Ökosystemen die aktuellen Business-Modelle an Bedeutung verlieren werden. Nun gibt es (noch) kein Kochbuch für die konzeptionelle Entwicklung von Ökosystemen und auch kein Rezept für die praktische Umsetzung.

Ökosysteme werden immer interessanter, weil Unternehmen mit ihren traditionellen Business-Modellen nicht mehr weiterkommen, u. a. als Folge des schnellen Zugangs zu Informationstechnologien und zur mobilen Telekommunikation, die auch die Industriespionage erleichtern. So werden heute Produkte binnen weniger Wochen von (oft ausländischen) Konkurrenten kopiert und in kürzester Zeit auf den Markt gebracht. Möbelhersteller etwa beklagen Nachahmerprodukte (Me-too-Produkte) aus China oder Ost-Europa, wo die Löhne unter dem westlichen Niveau liegen. Bevor sie überhaupt mit der Einführung und Vermarktung ihrer Produktideen begonnen haben, arbeitet die Konkurrenz schon fleißig an den Plagiaten.

Daher sehen sich Unternehmen zunehmend gezwungen, Ihre Wettbewerbslage und Marktposition zu überdenken und neue Paradigmen für eine nachhaltige Konkurrenz zu entwickeln. Mit einem erfolgreichen Produkt allein kann heute kein Unternehmen mehr dauerhaft überleben. Nach der Vorstellung des ersten iPhones dauerte es nicht mehr lange, bis der finnische Mobiltelefonhersteller Nokia allmählich vom Markt verdrängt wurde. Ein Szenario, das wenige Jahre zuvor kaum vorstellbar war, denn noch 2007 war Nokia der Weltmarktführer im Segment des mobilen Telefons.

Mit dem Vordringen neuer Managementansätze nach dem Anfang des Jahrtausends, wie etwa der *Blue Ocean Strategy* von Chan Kim und Renée Ausborgen 2004, verlagerte sich der Schwerpunkt von Innovationen auf den Mehrwert für Endkunden („value"). Gerade der Mehrwert ist auch der Hauptantrieb für die Teilnehmer von Ökosystemen. Um den höchsten Mehrwert zu liefern, arbeitet beispielsweise der Walldorfer Softwarehersteller SAP eng zusammen mit Tausenden von Geschäftspartnern.

Doch was bedeutet Mehrwert in der Praxis? Dazu zwei Beispiele: Wer die aktuellen Strategien des Daimler-Konzerns beobachtet, bemerkt eine latente Restrukturierung des Produktportfolios, eine Metamorphose der Traditionsplattform. Es geht nicht mehr nur um Automobile, sondern um Mobilität, um neue Modelle der Fortbewegung. Und ein internationaler Büromöbelhersteller wie Steelcase spricht nicht mehr von Möbeln im traditionellen Sinn, sondern von effizienter Raumgestaltung und Arbeitsplatznutzung. Die

Unternehmen sehen eine stetige Verbesserung des Mehrwerts durch enge Kooperation und Abstimmung zwischen Primärproduzenten und Komplementären. Denn gerade die kontinuierliche Steigerung des Mehrwerts entscheidet über die nachhaltige Wettbewerbsfähigkeit.

Ökosysteme setzen voraus, dass diese neuen Ansätze durch komplementäre Produktideen und innovative Business-Modelle Anwendung finden. So möchte z. B. Steelcase seinen Kunden den größten Mehrwert bieten. Dabei spielen die mehr als 600 Händler weltweit eine wichtige Rolle. Ihre Kunden und deren Innenarchitekten sind auf eine ausführliche Beratung bei der Raumgestaltung angewiesen. Gerade die Händler haben auf diesem Gebiet die größte Erfahrung. Ihr Netzwerk sorgt dafür, dass die Endkunden den geforderten Mehrwert in Sachen Raumgestaltung und -nutzung erhalten.

Dabei ist nicht zu vergessen, dass multinationale Unternehmen auf die Belange und kulturellen Aspekte ihrer lokalen Kunden eingehen müssen. Auch hier geht es nicht ohne die lokalen Partner, die den Wettbewerb und die Endkunden (oft sogar persönlich) kennen und das notwendige Wissen über den lokalen Markt haben. Diese Sammlung wichtiger Fähigkeiten zur Vermarktung von Produkten steht nur in einem globalen Netzwerk lokaler Partner zur Verfügung. Was das Kernunternehmen nicht kann, übernehmen seine strategischen Partner.

Ebenfalls interessant ist in diesem Zusammenhang die 2017 entstandene Partnerschaft zwischen Steelcase und Microsoft. Der Softwareriese gibt dem Hersteller starrer Objekte Zugang zu seinen dynamischen Produktreihen. Dabei trägt der vor 100 Jahren gegründete Stahlboxhersteller überschaubare Risiken für die Vermarktung komplementärer Informationstechnologien. Die laufenden Risiken, etwa von Kundenzahlungen, Marketingmaßnahmen, Verwaltungskosten, Promotionsaktivitäten und Werbungskosten, diversen Ausgaben für Zwischenfinanzierung und Versicherung sowie Logistik, übernehmen die Händler. Dafür wird der Gewinn fair verteilt.

Ein weiterer Aspekt, der hervorsticht, ist das Immunsystem der Plattformstrukturen. Während das Kopieren von Produkten selten schwerfällt, ist es kaum möglich, ein Ökosystem zu kopieren. Eine Plattform lässt sich sehr schwer durchschauen und nachbilden. Wer könnte z. B. ein Unternehmen wie Steelcase mit seiner Unternehmenskultur und einer Vielzahl von komplementären Lösungsansätzen als Plattform kopieren? Es würde Jahre dauern, um den jetzigen Stand dieses Konzerns zu erreichen. Außerdem verändern sich Ökosysteme so rasant, dass eine Kopie schon wieder veraltet wäre, sobald sie an den Markt käme. Darum verfolgen ernstzunehmende Wettbewerber von Steelcase eigene Plattformstrategien, um dem Marktführer Paroli zu bieten.

Aus diesem Grund bündeln Unternehmen ihre Kräfte. Dabei entstehen größere Plattformen mit erheblich größeren Reichweiten – vielfach größer als die, die der einzelne Akteur allein erreichen könnte.

Unternehmen im Verbund sind außerdem attraktiver für Talente, sorgen für einen kontinuierlichen Wissenstransfer und somit steigende Innovationsfähigkeit. Auch im Einkauf schmieden Firmen Allianzen. Großkonzerne, die eine stringente Einkaufsstrategie verfolgen – wie Unternehmen aus dem Deutschen Aktienindex (DAX) – gehen gemeinsam einkaufen. Das Beispiel der Erzrivalen Daimler und BMW haben wir erwähnt. Nach dem Motto „gemeinsam sind wir stärker" bündeln die Beteiligten von Ökosystemen ihre Kräfte, um ihren Kunden maximalen Mehrwert zu bieten.

Fazit

Ökosysteme entstehen i. d. R. durch Stärke eines Primärproduzenten, der von zahlreichen komplementären Partnern und einem großen Kundennetzwerk umgeben wird. Alle Teilnehmer stehen in Wechselwirkung mit Influencern. Ökosysteme sind offene und hoch dynamische Marktstrukturen. Sie besitzen i. d. R. ein wachsendes Immunsystem, das seine Akteure vor dem möglichen Angriff durch Wettbewerber von außen schützt. Ökosysteme sind sehr schwer oder sogar gar nicht imitierbar. Sie tragen eine eigene DNA. Die Struktur der Ökosysteme lässt sich in vier Schichten ordnen. Im Kern steht der Hub oder Keystone, umgeben von strategischen Partnerschaften im Bereich Forschung und Entwicklung (Schicht 1), Beschaffung, Produktion und Logistik (Schicht 2), Marketing und Vertrieb (Schicht 3) sowie Distribution (Schicht 4). Im nächsten Kapitel werden wir die verschiedenen Archetypen der Ökosysteme unter die Lupe nehmen.

Literatur

Adner, R., & Kapoor, R. V. (2010). Value creation in innovation ecosystems: How the structure of technological interdependence affects firm performance in new technology generation. *Strategic Management Journal, 31*, 306–333.

Apple. (2019). *Annual reports 2011–2018*. Cupertino: Apple.

boerse.de. (2018). *Bosch, Amadeus und Chrome River digitalisieren die Geschäftsreise* (18. Nov. 2018). https://www.boerse.de/nachrichten/Bosch-Amadeus-und-Chrome-River-digitalisieren-die-Geschaeftsreise/7980448.

CockrellSchool. (2014). *Metcalfe's Law after 40 years of ethernet* (7. Mai 2014). https://www.youtube.com/watch?v=f6CJA421aUo.

Der Tagesspiegel. (2018). *BMW und Daimler kooperieren beim autonomen Fahren* (28. Feb. 2018). https://www.tagesspiegel.de/wirtschaft/autobauer-bmw-und-daimler-kooperieren-beim-autonomen-fahren/24049738.html.

Gossain, S., & Kandiah, G. (1998). Reinventing value: The new business ecosystem. *Strategy & Leadership, 26*(5), 28–33.

Grill, A., & Jingying, L. (2018). *Bosch and NIO sign strategic partnership agreement* (9. Juli 2018). Bosch Corporate Site. https://www.bosch-presse.de/pressportal/de/en/bosch-and-nio-sign-strategic-partnership-agreement-164672.html.

Iansiti, M., & Levien, R. (2004). *The keystone advantage: What the new dynamics of business ecosystems mean for strategy, innovation, and sustainability*. Boston: Harvard Business School Press.

Lewing, K. (2016). *Investors are overlooking Apple's next $50 billion business* (4. April 2016). Business Insider International. https://www.businessinsider.de/credit-suisse-estimates-588-million-apple-users-2016-4?r=US&IR=T. Zugegriffen im Feb. 2019.

ntv.de. (2015). *ntv* (19. Juni 2015). https://www.n-tv.de/wirtschaft/Chinesen-uebernehmen-das-Zepter-article15339911.html.

Schmidt, H. (2018). *Apple kooperiert mit VW bei selbstfahrenden Vans* (24. Mai 2018). Neuer Züricher Zeitung. https://www.nzz.ch/mobilitaet/auto-mobil/apple-kooperiert-mit-vw-bei-selbstfahrenden-vans-ld.1388274.

Shoul S., & Kerris, N. (2006). *Newsroom – Pressemitteilung* (23. Mai 2006). https://www.apple.com/de/newsroom/2006/05/23Nike-and-Apple-Team-Up-to-Launch-Nike-iPod.

Statista. (2019). *Smartphone user penetration as share of population in the United States from 2017 to 2023*. Hamburg: Statista DMO.

Teece, D. J. (2010). Business models, business strategy and innovation. *Long Range Plan, 43*(2), 172–194.

Archetypen der Ökosysteme

4

Zusammenfassung

In den letzten Kapiteln wurden wesentliche Grundlagen der betriebswirtschaftlichen Ökosysteme erörtert. Nun befassen wir uns mit den Typologien von Ökosystemen. Hierbei geht es darum, die marktorientierten Ökosystemcluster zu unterscheiden und diese explizit voneinander abzugrenzen. Sie werden nun die Archetypen der Ecosystems kennenlernen. Der Begriff Systemarchetyp wurde ursprünglich von Peter M. Senge zur systemischen Beschreibung generischer Verhaltensmuster von Menschen entwickelt. Ziel ist es, die jeweils zugrunde liegenden Strukturen als leicht verständliche Modelle zur Systemanalyse zu definieren. Dieses Kapitel geht auf die Interaktionen zwischen verschiedenen Akteuren mit dem Keystone-Orchestrator ein.

Oft sind Entscheidungsträger nicht in der Lage, ihr eigenes Ökosystem ausreichend zu beschreiben. Sie sind sich nicht im Klaren über den Inhalt des Begriffs Ökosystem. Die meiste Verwirrung entsteht, weil es noch keine Theorie der Ökosystemstrukturen gibt. Grundsätzlich fehlt eine formale Taxonomie. Darüber hinaus mangelt es vielen Führungskräften an Kompetenzen, strukturierte Strategien für dieses neue Gebiet zu entwickeln und deren Wirkungen zu evaluieren.

Ökosysteme und damit verbundene Innovationen sind in unserem Alltag immer mehr verbreitet (z. B. Sensoren, die in unseren Laufschuhen eingebettet sind). Der Begriff Ökosystem ist fast allgegenwärtig geworden und taucht in der Produktentwicklung (Lehnerd & Meyer, 1997), in der Technologie (Gawer & Cusumano, 2008) und in der Industriewirtschaft (Armstrong, 2006) auf.

In seinem Buch *The Competitive Advantage of Nations* (Porter, 1990) hat Michael Porter die sog. Business-Cluster oder Industriecluster vorgestellt. Darin stellt er einen Bezug zwischen der Entwicklung von Firmen und ihrer regionalen Zugehörigkeit her. Porter geht

© Springer Fachmedien Wiesbaden GmbH, ein Teil von Springer Nature 2019
N. Farhadi, *Cross-Industry Ecosystems*,
https://doi.org/10.1007/978-3-658-26129-0_4

davon aus, dass Cluster die Wettbewerbsfähigkeit durch neue Produkte (Innovation), neue Business-Modelle (Unternehmensformen) oder höhere Produktivität positiv beeinflussen.

Cluster sind formale regionale Strukturen, zumindest aus der Sicht von Porter. Die Entwicklung von Clustern ist seit Langem ein wichtiger Bestandteil der globalen Wirtschaftspolitik. Die ursprüngliche Idee der *Agglomeration Economies* wurde zuerst 1890 von Alfred Marshall postuliert. Bekannte Beispiele für Cluster sind Shenzhen (für die IT) in China, Silicon Valley (für die Internet- und Informationstechnologien) in den Vereinigten Staaten und Berlin (für Start-ups) in Deutschland.

Wenn Firmen Cluster bilden, sich also zu Netzwerken formieren, fließen Informationen zwischen den Beteiligten. Das führt zu Skaleneffekten und damit zu betrieblichen Gewinnen. Dieser Agglomerationseffekt entsteht nur dann, wenn das Clustering auch zu höherer Effizienz führt.

Der Ansatz von Porter beruht hauptsächlich auf der Annahme, dass betriebswirtschaftliche Erfolge auf soziale Aktivitäten und Netzwerke in jeweils einer bestimmen Region zurückführen sind. Daher: Cluster führen zu verstärkten Kooperationsinitiativen zwischen Unternehmen und sogar Wettbewerbern (Arboníes & Moso, 2002, S. 374). Die Kooperationen entstehen als vertikale und horizontale Verflechtungen in der Region, oft angestoßen von den treibenden Industrien (Tallman, Jenkins, Henry, & Pinch, 2004). Häufig kommt es zum freiwilligen Know-how-Transfer zwischen den Akteuren oder zur kollektiven Diffusion innovativer Produktansätze innerhalb eines Clusters (Porter, 1990, S. 152).

Die Bildung von Clustern oder Hubs führt zu einer Steigerung der Attraktivität eines Business-Systems. Denn oft entstehen in solchen Strukturen günstige Rahmenbedingungen für individuelle Entwicklungen. Nach Porter (S. 152) ermöglichen Cluster den Informationsfluss zwischen Herstellern, Lieferanten und Kunden durch persönliche Netzwerke und wechselseitige Beziehungen. Auch die Rolle von Bildungsstätten und Universitäten wird in diesem Zusammenhang erwähnt. Denn Cluster sorgen für die Konvergenz von Menschen und Ideen.

Ein weiterer sehr verbreiteter Ansatz in der Literatur betrifft die sog. Value Networks. Es handelt sich dabei um ein Zusammenspiel von Prozessen, Technologien und Beziehungen zwischen verschiedenen Marktakteuren. Der Mehrwert lässt sich nur durch Teamarbeit und den Aufbau synergetischer Beziehungen realisieren. Generell ist anzunehmen, dass Kollaboration zu mehr Gewinn durch niedrigere Kosten, höhere Umsätze oder beides führt (Haglind & Helander, 1998). Darüber hinaus sind die Kunden der entscheidende Faktor, nach dem sich die Firmen ausrichten.

Ehe es zu Value Network kam, dominierte der Ansatz Value Chain – die logische und trennbare Abfolge von Prozessen und Verantwortlichkeiten im Unternehmen. Die wesentliche Schwäche der Value Chain ist jedoch die Tatsache, dass immaterielle Faktoren, etwa Wissen, Know-how, persönliche Beziehungen usw. in diesem Modell nahezu bedeutungslos sind, also auch nicht in strategische Überlegungen eingehen.

Im Jahr 1990 sagte Rotschild: „*A capitalist economy can best be comprehended as a living ecosystem. Key phenomena observed in nature – competition, specialization, cooperation, exploitation, learning, growth, and several others – are also central to business life*" (Rotschild, 1990). Damit begann der gedankliche Vormarsch der Ökosysteme. Drei Jahre später kam Moore, wie schon früher erwähnt. Sein wesentlicher Beitrag war die Idee, dass die modernen Kommunikationstechnologien die Bedeutung regionaler Territorien mindern, wenn nicht gar aufheben. Die Konsequenz: Business Cluster müssen sich von regionalen Barrieren befreien. Unternehmen müssen sich neu aufstellen und ihre Strukturen und Domänen um die Kundenbedürfnisse herum bilden. Hier ist auch die Co-Evolution ein entschiedener Faktor (Kelly, 1994).

Es gibt drei vorherrschende Ökosystemarchetypen, die entweder intern (unternehmensspezifisch) oder extern (branchenübergreifend) ausgerichtet sind:

- Hub- und Spoke-Ökosysteme (zentrales Modell)
- Multiple Keystones (orchestriertes Multihubmodell)
- Offene Ökosysteme (selbstorganisiertes Modell)

Ökosysteme entwickeln sich im Lauf der Zeit weiter. Sie sind dynamisch und offen. Die Archetypen sind nur Momentaufnahmen; die Akteure sind oft abhängig voneinander. Die Prozesse sind verschachtelt und verflochten. Es gibt dynamische Interdependenzen im Gesamtsystem, die durchaus vom Verhalten der Systemakteure abhängen. Sie können verschiedene Bereiche berühren – mit anderen Worten: sie sind multisektoral.

Die Abb. 4.1 präsentiert die verschiedenen Typen.

4.1 Hub- und Spoke-Ökosysteme

In Anlehnung an Iansiti und Levien (2004) steht „Hub and Spoke" für die strukturelle Verbindung der Akteure über den Keystone oder Zentralknoten, die Nabe („hub"). **Hub- und Spoke-Ökosysteme haben einen klaren Veranstalter, den Keystone, der die Regie führt und die Interaktionen zwischen vielen Teilnehmern ermöglicht**, die erforderlich sind, um die kollektiven Ziele des Ökosystems zu erreichen. Die Art und Weise, wie seine Teilnehmer individuell arbeiten, darf er weder kontrollieren noch lenken. Die Teilnehmer interagieren i. d. R. nicht nur untereinander, sondern primär mit dem Veranstalter. Will der Keystone innovative Produkte und Dienstleistungen auf den Markt bringen, muss er seine Markt- bzw. Systemteilnehmer von den Vorteilen und den partnerschaftlichen Zielen überzeugen. Diese Überzeugungsarbeit ist notwendig, denn die Kosten und Risiken der Vermarktung neuerer Produkte verteilen sich kollektiv auf alle Schultern.

Ein Beispiel ist der Möbelhersteller Steelcase mit seinen mehr als 600 komplementären Fachhandelspartnern. Es gibt kaum Geschäftsaktivitäten, die nicht über die Vertragshändler laufen. Steelcase als Keystone zwingt seine Partner zu keinerlei Aktivitäten im Netzwerk. Der Hub versorgt seine Partner lediglich mit innovativen Produkten und Marketingansätzen, Trainingsmaßnahmen oder gemeinschaftlichen Strategien zur Geschäftsentwicklung. Untereinander tauschen die einzelnen Händler kaum Ressourcen aus. Die Aufgaben des Primärproduzenten oder Hubs variieren je nach den Anforderungen, die

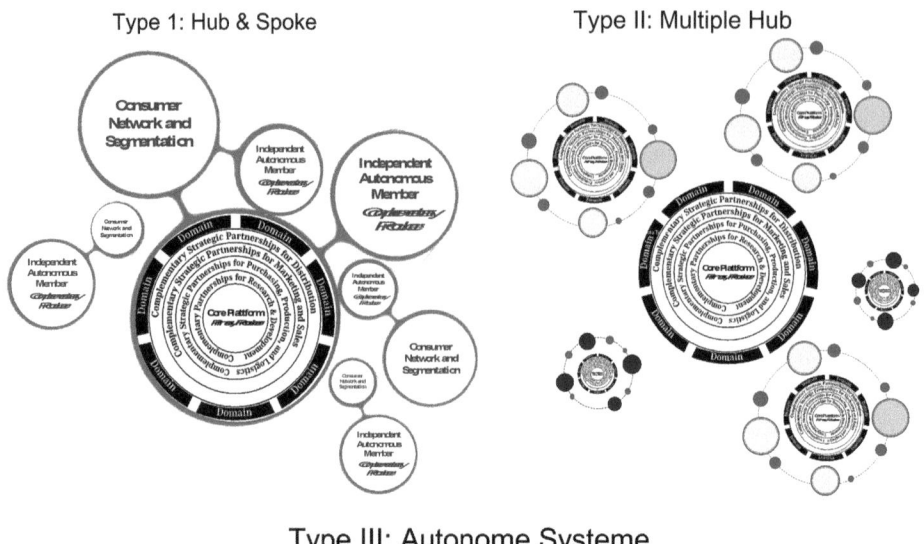

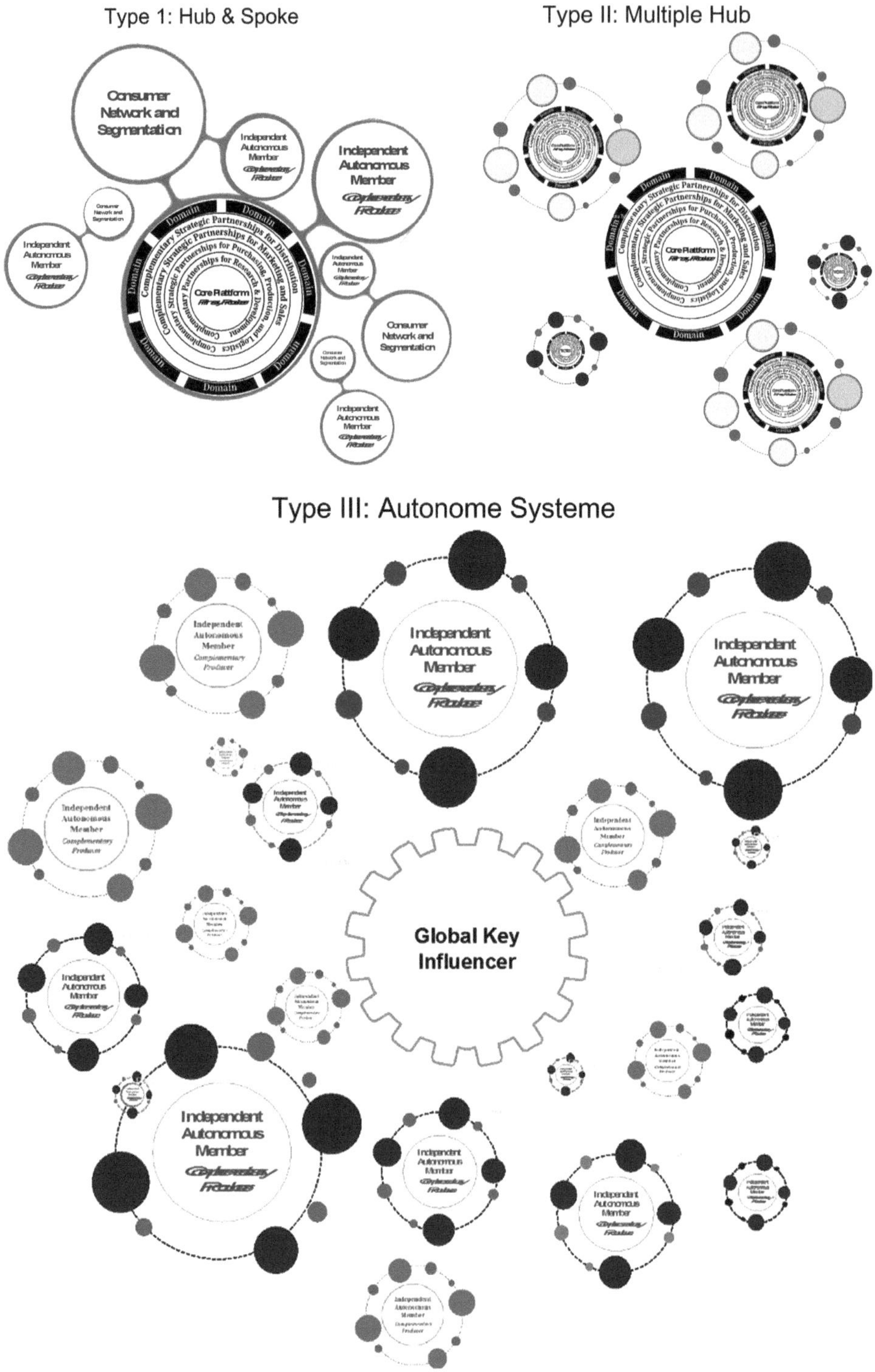

Abb. 4.1 Archetypen der Ökosysteme

vom Netzwerk des Ökosystems ausgehen. Die Teilnehmer im Ökosystem (die Komple-mentäre), im Fall von Steelcase die Fachhandelspartner, besitzen ihre eigenen Kundenbe-ziehungen und übernehmen freiwillig Transaktionskosten und Geschäftsrisiken. Alle Sys-temteilnehmer sind bestrebt, die Kosten und Gewinne möglichst fair untereinander aufzuteilen.

Die Abb. 4.2 visualisiert den Primärproduzenten als einzigen und damit dominierenden Innovationstreiber und Orchestrator. Diese Struktur hat ihren Ursprung in der Luftfahrt, im Transportwesen, in der Telekommunikation sowie in der Informationstechnologie, dort als Client-Server-Netzwerk besonders augenfällig. Der Hub ist somit der Kern des gesam-ten Systems mit allen seinen Fähigkeiten und Ressourcen. Auf dem Orbit um den Kern bewegen sich sekundäre Produzenten oder Komplementäre. Kollektives Ziel ist es, den Mehrwert für den Endkunden zu maximieren – und am Erfolg der erfüllten Kundenwün-sche gemeinsam zu partizipieren.

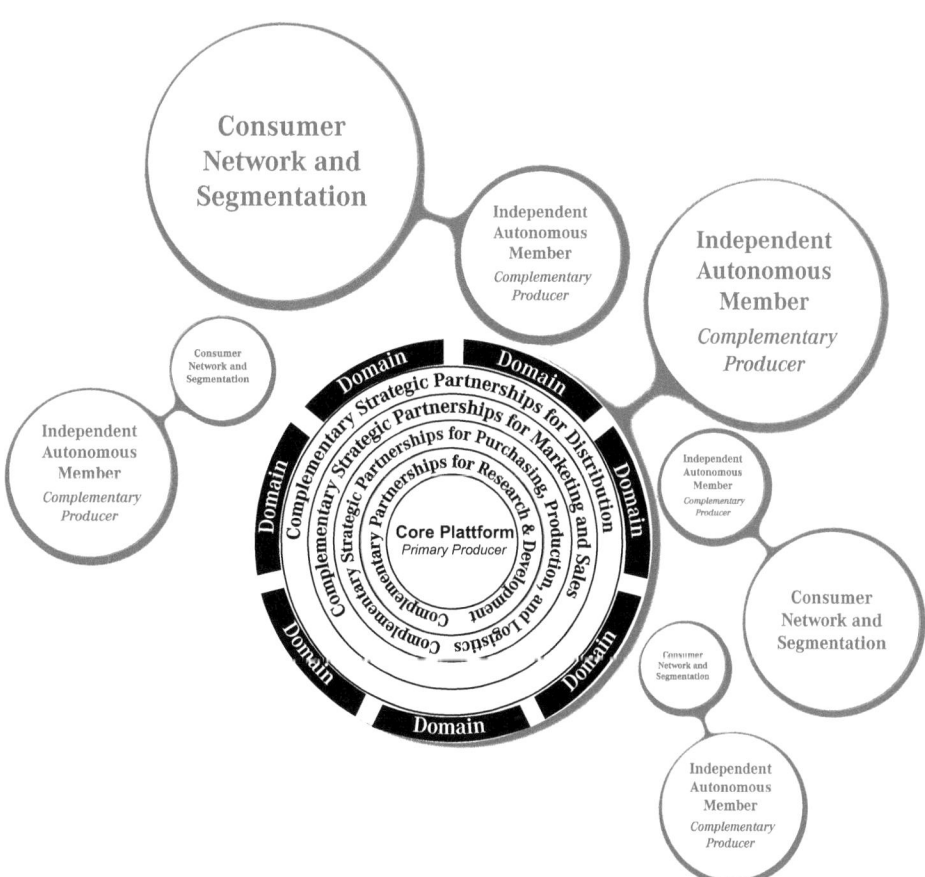

Abb. 4.2 Type I – Hub- und Spoke-Ökosystem. (Quelle: eigene Darstellung)

Der Hub wirkt als die treibende Kraft und beeinflusst maßgeblich alle Mitglieder seiner Branche. Die Marktdomänen im Sinn von Porters Theorie entstehen in einer dominierenden Industrie – hier findet man also einen starken Bezug auf einen Sektor. Für den Hub ist die sektorale Innovation das A und O seines Markterfolgs. Antriebsmotor des gesamten Systems bleibt der Primärproduzent.

Solche Systeme entstehen rund um große, aber auch mittelständische Konzerne mit hohem Innovationspotenzial. Sie können Haupttreiber in einer primären Branche sein. So ist es z. B. im Fall von Apple, IBM oder SAP. Diese Konzerne sind hoch innovative Organisationen und weltweite Marktführer in ihren Segmenten. Mit ihren Value-Innovation-Strategien legen sie den Schwerpunkt auf den Value – also den Mehrwert – für die Kunden. Und sie besitzen eine sehr starke Identität. Als klare Marktführer weltweit prägen sie das Design von Geräten, Arbeitsräumen oder auch die Entwicklungen von Megatools wie der künstlichen Intelligenz. Was dabei immer auch eine Rolle spielt, ist die Integrationsfähigkeit ihrer Systeme. Ist das typische Verhalten im Hub und Spoke auf gegenseitige Teilnahme der Akteure im System ausgerichtet, gestaltet der Hub als **Keystone** die Interaktionen durch Governance und Interaktionsprotokolle. Hätte Steelcase Interaktionen im Bereich der Geschäftsentwicklung (z. B. durch „cross sales") oder Wissensteilung zwischen den strategischen Partner gefördert, hätte das Netzwerk der Händler viele Vorteile. Das Netzwerk würde so eine Größe von

$$Scale = \frac{n \times (n-1)}{2},$$

wobei n für die Anzahl der Mitglieder des Ökosystems steht. Ein weiteres Beispiel eines Hub- und Spoke-Ökosystems ist die Allianz von Marktteilnehmern, die zusammen ein neues Geschäftsmodell bilden. Die Allianzpartner sind gleichberechtigte Mitglieder eines Netzes. Sie generieren jeweils Mehrwert für die anderen Teilnehmer, aber auch für ihre eigenen Kunden. Der Kern des Systems ist im Grunde genommen die operative Einheit, die die Kooperation und die Co-Evaluation im Ökosystem vorantreibt und koordiniert.

Die Star Alliance – der Verband der weltweit führenden Luftfahrtgesellschaften, darunter die Deutsche Lufthansa – ist ein Paradebeispiel für solche Ökosystemallianzen. Star-Alliance-Fluggesellschaften arbeiten strategisch und operativ zusammen, koordiniert durch einen kollektiven Hub im Kern der Plattform. Auch die bereits vorgestellte Allianz von Deutscher Telekom und Cisco, ngena, weist die Eigenschaften eines derartigen Ökosystems auf. Eine Allianz ist also ein Zusammenschluss mehrerer Keystones. Diese Keystones bleiben selbstständig. Doch sie gründen gemeinsam einen kollektiven Hub, der das Ökosystem mit Steuerungsmaßnahmen, Kennzahlen, Zielen und operativen Vorgaben versorgt, ohne die Absicht die Teilnehmer zu kontrollieren oder sie direkt zu lenken. Das Hauptmotiv der Kooperation ist es, realisierbare Synergien zu erreichen. Die Abb. 4.1 veranschaulicht diese Struktur eines Ökosystems.

4.2   Multiple Keystone Ecosystems

Solche Unternehmensökosysteme sind i. d. R. von Innovationen getrieben, die von einem Keystone allein doch nicht zu bewerkstelligen ist. Wenn Unternehmen ihre eigenen Industriedomänen verlassen und den Schritt in neue Branchen wagen, entstehen Ökosysteme mit mehreren Primärproduzenten oder Keystones. Wir bezeichnen solche Systeme als Multiple Keystone Ecosystems. Multiple Keystones können branchenübergreifend sein, also Einfluss auf Teilnehmer aus verschiedenen Branchen nehmen. Im Idealfall wird jede beteiligte Branche einen eigenen Beitrag zur gemeinschaftlichen Innovation leisten. Die involvierten Primärproduzenten sind bereit, ihre Ressourcen und Kompetenzen freiwillig mit den anderen Teilnehmern zu teilen, um neue Strukturen abzubilden. Ziel ist es, innovative Produkte zu entwickeln, die nicht leicht zu imitieren sind (Abb. 4.3).

Abb. 4.3 Type II – Multiple Keystone Ecosystem. (Quelle: eigene Darstellung)

Aktuelle Beispiele: Adidas entwickelt Laufschuhe in Zusammenarbeit mit Continental und BASF, Nike tut das Gleiche mit Apple. In Kooperation mit BASF hat Adidas neue Laufschuhe mit dem Dämpfungsmaterial Boost ausgestattet.

> Die Eigenschaften, die Boost [...] nachgerühmt werden, sind neben seiner Leichtigkeit, der besseren Haltbarkeit und Unempfindlichkeit gegen Temperaturschwankungen vor allem die größeren Rückstellkräfte. Von Energie-Rückgewinn ist die Rede, was paradox klingt. (Pardey, 2013)

Nike, der US-amerikanische Sportwarenhersteller, hat keine Kompetenzen in der Entwicklung mobiler Technologien, Apple hat keine Erfahrung im Sportwarengeschäft. Doch gemeinsam schufen sie die nächste Stufe der digitalen Sportwaren wie etwa Apple Watch Nike+, der wasserdichte Fitness-Tracker. Doch auch diese Beziehung hatte ihre Höhen und Tiefen.

4.3   Offene selbstorganisierte Ökosysteme

Offene oder selbstorganisierende Ökosysteme sind rein partizipativ, mit zahlreichen Verbindungssträngen zwischen den Teilnehmern, die – auf unterschiedlichen Ebenen – alle zusammenkommen, um ein gemeinsames Ziel zu erreichen. In einem solchen offenen Marktsystem geht es darum, umfassende, womöglich weltweit gültige Standards und Vorgaben zu definieren und zu etablieren. Die globale Community für Computerspiele von Microsoft X-Box ist ein Beispiel für selbstorganisierende Ökosysteme, die eine große Anzahl von Teilnehmern ohne zentrale Organisation umfassen. Die Open Software Community von Linux ist ebenfalls ein Musterbeispiel für offene Systeme.

Ein weiteres ist JPEG. In diesem Fall geht es um Bildformate und Komprimierungsverfahren. Die digitalen Kameras nahezu aller Hersteller unterstützen das beliebte JPEG-Format. Die Gruppe, die sich mit der Weiterentwicklung von JPEG als globalem Standard befasst, besteht aus Hochschulprofessoren und großen Herstellern von Computern und Softwareprodukten. Diese tauschen sich regelmäßig aus, um die JPEG-Normen weiterzuentwickeln. Nach Einschätzung ihres derzeitigen Präsidenten ist die JPEG Community das größte Ökosystem der Welt. Milliarden von Menschen produzieren und teilen täglich digitale Bilder. Permanent werden Tausende von Produkten verkauft, die JPEG-fähig sind – ohne Berücksichtigung der Marken und Präferenzen der Hersteller von digitalen Kameras (Abb. 4.4).

4.4   Klassifikation der Ökosysteme

Wenn Firmen aus unterschiedlichen Ökosystemen kooperieren, handelt es sich um branchenübergreifende Partnerschaften. In der Regel sind das hochkomplexe und innovative Geschäftsumgebungen, die nur entstehen, wenn Unternehmen die Grenzen ihrer ursprünglichen Branchen durchbrechen, um neue Lösungen in einem fremden Sektor zu generieren. Ihr Ziel ist es, dauerhaft Mehrwert für ihre Klientel zu generieren.

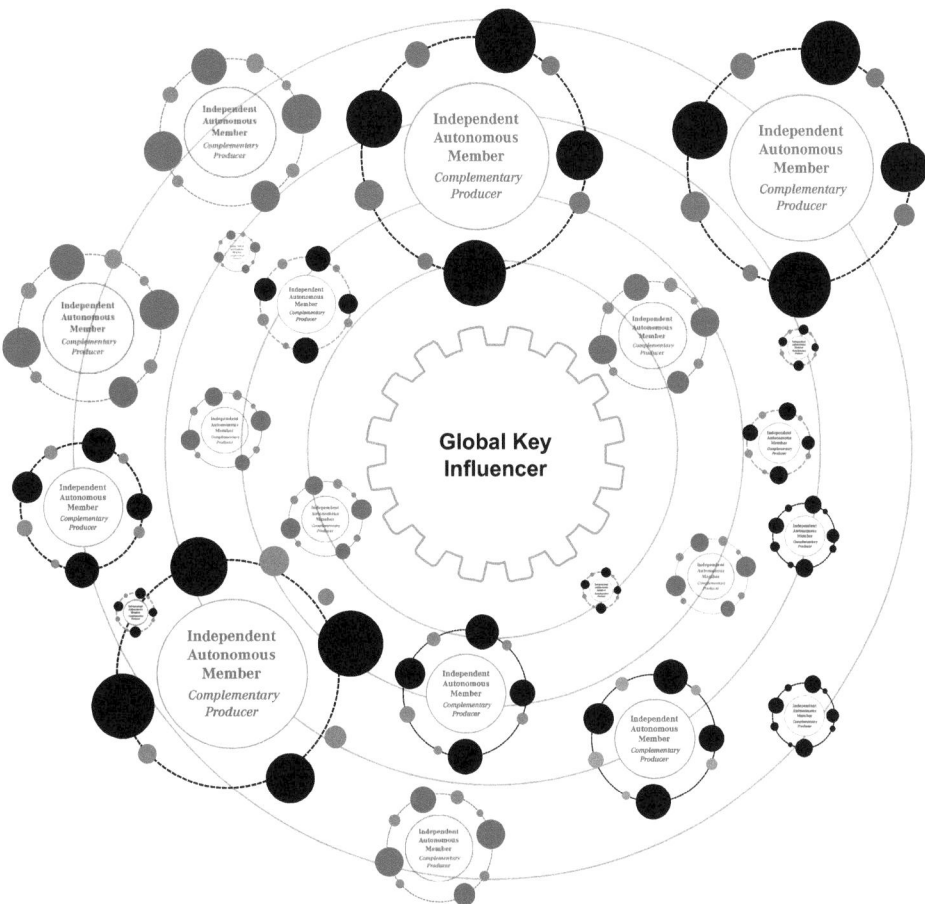

Abb. 4.4 Type III – Offenes Ökosystem. (Quelle: eigene Darstellung)

Generell werden Ökosysteme nach zwei Kriterien eingeordnet: In welchem Sektor und an welchem Ort formiert sich das Ökosystem? Ökosysteme entstehen in einem (Unisektor) oder mehreren (Multisektor) Sektoren oder als offene (Omnisektor) Systeme. Omnisektorökosysteme haben zumeist eine weltweite Domäne – z. B. die JPEG- oder die LINUX Community. JPEG und LINUX sind beide weitverbreitete technologische Standards mit globaler Reichweite. Weder für das JPEG-Format noch für das Linux-Betriebssystem gibt es technische oder operative Einschränkungen. Gleichzeitig spielt es eine Rolle, in welchem Markt diese Ökosysteme zu finden sind: lokal, regional oder weltweit. Unter regionalen oder lokalen Aspekten können Omnisektorökosysteme beispielsweise rechtliche Standards wie der Datenschutz sein oder Communities, die einen starken regionalen oder lokalen Bezug haben, etwa Sportvereine oder regionale Produzenten von News oder Nachrichten.

Die sog. Multisektorökosysteme sind Plattformen, die Sektoren verbinden. Sie haben Teilnehmer – Primärproduzenten oder Komplementäre, die aus heterogenen Industrien kommen. Oft dominieren die Primärproduzenten in ihrer primären Branche. Apple oder Google sind die stärksten Anbieter ihrer Branchen weltweit. Wenn diese Konzerne aus ihren eigenen Territorien ausbrechen, suchen sie echte Innovationen. Google z. B. arbeitete mit Novartis an digitalen Kontaktlinsen, vornehmlich für Diabetiker (Wirtschaftswoche, 2014). Solche Verbindungen führen zu den sog. Cross-Industry Ecosystems. Interdisziplinär nach Innovationen zu suchen, ist einer der großen Trends der Gegenwart.

Auch Firmen, die eher einen regionalen Bezug haben, wie der Mittelständler Dätwyler aus Altdorf in der Schweiz, verlassen ihren sicheren Hafen, um innovativ zu sein. Der Industriezulieferer, der sich international in mehr als 100 Ländern engagiert, besitzt ein diversifiziertes Portfolio in den vier Bereichen Kabel, Gummi, pharmazeutische Verpackungen und technische Komponenten (Lambrecht, Geschäftsbericht, 2018). Dätwyler erfüllt den Typ I, Hub- und Spoke-Ökosystem-Modell; der mittelständige Konzern ist als komplementärer Partner und Lieferant globaler Primärproduzenten in diversen Industrien bzw. Business-Domänen aktiv: Healthcare, Civil Engineering, Automotive, iCloud/Data Management, Energy and Utilities oder Consumer Goods.

Uniökosysteme entstehen i. d. R. ohne große Vorplanung. Hier handelt es sich um Unternehmen, die sich ausschließlich in ihren eigenen Branchen bewegen. Hierzu zählen Großkonzerne wie SAP oder Steelcase. Lokale Uniökosysteme sind eher Unternehmen, die sich in ihrem Gebiet erfolgreich durchsetzen. Beim nächsten Besuch in Ihrem Lieblingseinkaufsladen schauen Sie genau hin, was die Kundschaft verbindet; kennen sie sich? Wie macht dieser Anbieter Werbung, z. B. durch Mundpropaganda? Wenn ja, dann haben Sie ein lokales Uniökosystem vor sich. Ökosysteme sind eben nichts Neues.

Fazit

Wie in Abb. 4.5 zu sehen ist, gibt es lokale, regionale und globale Ausrichtungen bei allen Ökosystemen. Sie sind skalierbar und ermöglichen ein hohes Maß an Interaktion zwischen den Systemteilnehmern. Darüber hinaus haben sie das Potenzial, vertiefte, vertrauensvolle Beziehungen zwischen ihren Teilnehmern zu entwickeln und die notwendigen Anreize für die Kooperationen zu schaffen, um eine breite und vielfältige Gruppe von Teilnehmern anzuziehen. Unternehmen haben nun zunehmend die Möglichkeit, sich von traditionelleren, statischen Organisationen zu leistungsfähigeren Akteuren in dynamischen Ökosystemen zu entfalten.

Abb. 4.5 Ökosystemtaxonomien. (Quelle: eigene Darstellung)

Literatur

Arboníes, A., & Moso, M. (2002). Basque Country: The knowledge cluster. *Journal of Knowledge Management, 6*(2), 347–355.

Armstrong, M. (2006). Competition in two-sided markets. *RAND Journal of Economics, 37*, 668–691.

Gawer, A., & Cusumano, M. (2008). How companies become platform leaders. *MIT Sloan Management Review, 49*(2), 28–35.

Haglind, M., & Helander, J. (1998). Developmentof value networks – An empirical study of networking in Swedish manufacturing industries. *EEE International Engineering Management Conference* (S. 350–358).

Iansiti, M., & Levien, R. (2004). *The keystone advantage: What the new dynamics of business ecosystems mean for strategy, innovation, and sustainability*. Boston: Harvard Business School Press.

Kelly, K. (1994). *Out of control: The new biology of machines, social systems, and the economic world*. Cambridge: Perseus Books.

Lambrecht, D. (2018). *Geschäftsbericht*. Altdorf UR, Schweiz: Dätwyler Corporate Communication.

Lehnerd, A., & Meyer, M. (1997). *The power of product platforms: Building value and cost leadership*. New York: Free Press.

Pardey, H. (2013). *Frankfurter Allgemeine* (24. Aug. 2013). https://www.faz.net/aktuell/technik-motor/technik/adidas-schuhe-boost-mit-der-kraft-der-energiekapseln-12537560.html.

Porter, M. E. (1990). *The competitive advantage of nations*. New York: The Free Press.

Rotschild, M. (1990). *Bionomics: Economy as ecosystem*. New York: Henry Holt and Company.

Wirtschaftswoche. (2014). *Novartis und Google tüfteln an Kontaktlinse* (15. Juli 2014). Wirtschaftswoche.de. https://www.wiwo.de/technologie/forschung/ungewoehnliche-partnerschaft-novartis-und-google-tuefteln-an-kontaktlinse/10204932.html.

Strategische Partnerschaften

Zusammenfassung

Auf der Suche nach Wachstum oder Innovation wird es für Unternehmen zunehmend schwierig, alle Ziele im Alleingang zu verfolgen. Als Ausweg bieten sich strategische Partnerschaften an. In jüngerer Zeit kommt in diesem Zusammenhang eine neue Variante ins Spiel: betriebswirtschaftliche Ökosysteme. Sie entstehen i. d. R. durch die Bildung strategischer Partnerschaften. Obwohl die Primärproduzenten gemeinsam mit ihren komplementären Partnern als eigenständige Unternehmen individuelle Ziele verfolgen können, teilen sie das gleiche Schicksal. Unternehmensökosysteme bestehen aus Akteuren, die Leistungen als Gemeinschaft erbringen wollen. Jeder Teilnehmer kann neben den Beziehungen zu den Lieferanten und Kunden eines Systems Verbindungen auch zu anderen Ökosystemen unterhalten. In diesem Kapitel durchleuchten wir das Phänomen der Kooperation zwischen unabhängigen Partnern. Dabei liegt der Fokus auf den strategischen Aspekten von Partnerschaften.

Für die Entwicklung von Ökosystemstrategien gibt uns der ressourcenbasierte Ansatz in der Managementliteratur („resource-based view", RBV) erste Anhaltspunkte. Im Kern eines Ökosystems werden verschiedene zahlreiche Ressourcen eingesetzt (Barney, 1991). Diese materiellen und immateriellen Produktionsfaktoren sind also die Basis des wirtschaftlichen Erfolgs. In der Zusammenschau von Prozessen, Systemen und Ressourcen spricht man von Kompetenzen und Fähigkeiten („capabilities").

Prahalad und Hamel (1990) gehen davon aus, dass Kompetenzen letzten Endes den Kundennutzen steigern. Diese Kompetenzen sind nicht leicht zu erlangen. Ihre Entwicklung und Reife erfordern langfristige Planung. Nach dieser Auffassung sind die Ressourcen und Kompetenzen die wichtigsten Wettbewerbsfaktoren eines Unternehmens am

© Springer Fachmedien Wiesbaden GmbH, ein Teil von Springer Nature 2019
N. Farhadi, *Cross-Industry Ecosystems*,
https://doi.org/10.1007/978-3-658-26129-0_5

Markt. Wenn ein Unternehmen jedoch nicht selbst über die notwendigen Ressourcen und Kompetenzen verfügt, geht es entweder auf Einkaufstour oder sucht sich strategische Partner für den jeweiligen Bedarf.

Strategische Partnerschaften und Allianzen sowie Übernahmen und Fusionen (oder M&A) sind im Allgemeinen gängige Ansätze im Unternehmensumfeld, um die folgenden Ziele zu erreichen:

- **Organisches/anorganisches/partnerschaftliches Wachstum**: Internes Wachstum ist aus eigener Kraft mit eigenen Ressourcen und Kompetenzen zu erreichen. Das kann auf Märkten mit wenig Konkurrenz zum Erfolg führen. Anorganisches, externes Wachstum ist durch Übernahmen oder Fusionen möglich. Partnerschaftliches Wachstum kann erreicht werden, wenn mindestens zwei selbstständige Teilnehmer an der Entwicklung eines neuen Markts, eines neuen Produkts oder an der gemeinschaftlichen Vermarktung ihrer Produkte mitwirken.
- **Steigerung von Wirtschaftlichkeit und Rentabilität**: Synergieeffekte entstehen, wenn organisatorische oder prozessuale Ineffizienz durch M&A oder strategische Kooperationen abgebaut werden. Ebenso kann der gezielte Transfer von Wissen und gegenseitiges Teilen von Kompetenzen und Ressourcen, z. B. Kapital oder Personal, zu mehr Marktmacht und somit Wirtschaftlichkeit führen. Zu Ineffizienzen kann es kommen, wenn Abteilungen nach einer Fusion konsolidiert werden.
- **Kosten- und Risikoverteilung auf mehrere Partner**: Damit werden die Risiken für die Akteure überschaubarer.

Jährlich finden Tausende von M&A-Transaktionen statt. Dabei entsteht immer wieder das Problem, dass Übernahmen und Zusammenschlüsse mit erheblichen Risiken befrachtet sind. Denn sie sind hochkomplexe Vorgänge, deren Komplexität mit der Größe der beteiligten Unternehmen wächst. Diese Komplexität kann sogar zum völligen Scheitern führen, wie die Fusion von Daimler und Chrysler demonstriert hat. Nach neun Jahren unglücklicher Ehe mussten sich die beiden Konzerne voneinander trennen. Die teure Entflechtung – das Kappen aller Verbindungen vom Einkauf bis zum Vertrieb und zur IT nach nur einer Dekade halbherziger Integration – war schmerzhaft. Bei Daimler und Chrysler dauerte es mehrere Jahre, bis die letzten operativen Einheiten entflochten waren.

Die anorganischen Wachstumsstrategien durch M&A geraten nicht selten in eine Sackgasse. Ihr Ziel ist es zumeist, das eigene Unternehmen besser im Markt zu positionieren (Weber, 2006). Doch attraktive Übernahmeobjekte werden immer knapper – und teurer, wie der 66-Milliarden-Dollar-Kauf von Monsanto durch Bayer oder die Akquisition des spanischen Windkraftanlagenbauers Gamesa durch Siemens deutlich gemacht haben.

Zur aktuellen Preisentwicklung deutscher und europäischer Unternehmen hat auch der in den vergangenen Jahren gewachsene Appetit ausländischer Investoren, nicht zuletzt z. B. aus China, beigetragen. Akademiker klagen oft über den negativen Einfluss des Kaufpreises auf die Post-M&A-Performance des Käufers. In der Praxis aber sind Manager bereit, für ein vielversprechendes Unternehmen trotz eventueller Bewertungsprobleme Geld in die Hand zu nehmen.

Es ist kein Geheimnis, dass nahezu drei von vier M&A-Transaktionen ihre Ziele de facto verfehlen. Nur im ersten Jahr nach dem Abschluss der Transaktion kommt es zu einem anfänglichen Wachstumsschub, stellten Park und Jang fest. Schon nach zwei Jahren schwindet der Effekt dieses anorganischen Wachstums. Synergieeffekte hingegen lassen nicht selten jahrelang auf sich warten. Auch die interne Entwicklung neuer Prozessansätze scheint hochkomplex zu sein und eine lange Zeit in Anspruch zu nehmen.

Das Misslingen ist aber nicht nur eine Frage der quantitativen Ausgangssituationen. Wenn Unternehmenskulturen, technische Konzepte, Vertriebsstrategien oder Marktphilosophien inkompatibel sind, ist das Scheitern geradezu programmiert. Fazit: Es ist nicht von der Hand zu weisen, dass M&A mit hohen Risiken verbunden sind. Diese sind umso gravierender, je größer die beteiligten Unternehmen sind. Das hat sich offenbar herumgesprochen. Die Alternative, organisch weiter zu wachsen, scheint jedoch gerade für große Konzerne keine leichte Aufgabe zu sein.

5.1 Strategische Partnerschaften

Vor der Küste von Florida jagen gelegentlich gewiefte Delfine. In der Regel verhalten sich diese Säugetiere nach einem bestimmten Muster: Sie jagen nicht allein, sondern im Verbund. Ihre Strategie: Während ein treibender Delphin die Beute verfolgt, versucht die Gruppe intuitiv und gemeinschaftlich, eine Mauer zu bilden, die nicht so leicht von kleineren Habitaten zu durchschwimmen ist. So gelingt es den Tümmlern, erfolgreich im Pazifik zu jagen, und gemeinsam erfolgreicher, als es jedes einzelne Tier sein könnte. Eine erhebliche Rolle dabei spielen die natürliche Intuition und die Programmierung der intelligenten Jäger.

Die Natur macht es vor: Strukturierte Kooperation zwischen mehreren Akteuren führt i. d. R. (insbesondere, wenn sinnvoll umgesetzt) zu gemeinschaftlichen Vorteilen, die im Alleingang nicht möglich wären. Daher bekommen strategische Partnerschaften und Allianzen eine zentrale Bedeutung für das nachhaltige Wachstum und die Entwicklung von Alleinstellungsmerkmalen von Unternehmen. Schon vor Jahren sagte Peter Drucker eine weltweite betriebswirtschaftliche Restrukturierung in Gestalt von Allianzen und Partnerschaften voraus.

In der Automobilindustrie z. B. haben sich, von der Öffentlichkeit weitgehend unbemerkt, ganze Netze partnerschaftlicher Verbindungen entwickelt. Für die Partner stehen dabei Kostensynergien im Vordergrund. Wettbewerbserwägungen spielen eine untergeordnete Rolle, z. B. wenn Daimler und BMW eine Reihe von Komponenten gemeinsam einkaufen.

Der amerikanische Automobilkonzern General Motors (GM) pflegt strategische Partnerschaften weltweit. Um Risiken zu reduzieren, die eigenen Unternehmensziele zu erreichen und nicht zuletzt, um neue geschäftliche Chancen wahrzunehmen, die im Alleingang nicht zu realisieren wären, arbeitet GM mit ausgewählten Partnern zusammen. Oft sind dies Wettbewerber wie Ford, Renault, Honda, PSA oder SAIC. Aber auch Unternehmen mit neuen Mobilitätsideen wie das Privatfahrtvermittlungssystem Lyft haben ihren Platz in diesem Set.

Mit dieser Strategie verfolgt GM ganz unterschiedliche Ziele, z. B. Entwicklungs- und Investitionsausgaben und die damit verbundenen Risiken zu teilen, durch gemeinsamen Einkauf Mengeneffekte zu realisieren, an der Entwicklung von Spitzentechnik beteiligt zu sein und sich mit alternativen Ideen auseinanderzusetzen oder – ganz prosaisch – um die Präsenz in schrumpfenden Marktsegmenten aufrechtzuerhalten. Derartige Partnerschaften existieren und funktionieren – meistens. Wenn sie jedoch nicht funktionieren, sind sie ohne extremen Aufwand aufzulösen, wie seinerzeit die Motorenbaukooperation zwischen BMW und Peugeot. Ein solches Risiko hält sich für alle Beteiligten in überschaubaren Grenzen.

Der Begriff Partnerschaft beruht auf dem Konzept der Kooperation. Schon oft wurden Partnerschaften bzw. Kooperationen unabhängig voneinander definiert.

- **Kooperationen** sind im betriebswirtschaftlichen Sinne eine Art freiwillige Zweckbeziehung zur Steigerung der Wettbewerbsfähigkeit zwischen wirtschaftlich, rechtlich und organisatorisch verschiedenen, selbstständigen und unabhängigen Gesellschaften.
- **Partnerschaften** basieren auf (implizit oder explizit) wechselseitigen Absprachen zwischen wirtschaftlich selbstständigen Akteuren – sowohl Organisationen als auch Einzelpersonen, die auf der Basis vertraglicher Vereinbarungen zusammenarbeiten. Partnerschaften sind nur dann **strategisch**, wenn sie vergleichbaren oder gar überlappenden Zielen der beteiligten Parteien entspringen. Also, wenn finanziell, rechtlich und organisatorisch selbstständige Unternehmen gemeinsame Ziele freiwillig definieren und verfolgen.

In diesen Definitionen fällt schnell die Betonung von Selbstständigkeit und Freiwilligkeit der teilnehmenden Partner ins Auge. Beteiligungen an Drittunternehmen oder eigene Töchter im Unternehmensportfolio sind von dieser Definition ausgeschlossen. Dennoch können strategische Partner genauso wichtige und unverzichtbare Positionen im Vergleich mit dem eigenen Portfolio einnehmen. Denn: Partner teilen ihr Schicksal.

Eine Kooperation ist also eine gemeinschaftliche Investition in die Zukunft, getragen von Teilnehmern, die jeweils ihre eigenen betriebswirtschaftlichen Ziele verfolgen. Wichtig ist dabei die Erkenntnis, dass eine Partnerschaft nicht für immer gilt. Sinngemäß wird der Zeitraum der Partnerschaft vertraglich von allen Parteien festgehalten und getragen. Scheidet ein Partner vorzeitig aus der Gemeinschaft aus, können Kosten für alle Beteiligten entstehen. In einem Ökosystem mit vielen Akteuren fallen zwar solche einzelnen Ausfälle nicht auf, dennoch hinterlassen sie ihre Spuren in den jeweiligen Aufgabengebieten.

Im Ökosystem sind Hersteller, Lieferanten und Kunden nicht mehr isolierte Akteure, die sich strikt gegeneinander abgrenzen. Im Gegenteil, sie sind integrierte Mitglieder eines partnerschaftlichen Systems, in dem die reale Erfüllung von Kundenwünschen als Maxime gilt. Gerade die kooperative Einstellung zur Kundenzufriedenheit im Ökosystem ist für das gemeinschaftliche Vorankommen der einzelnen Akteure unabdingbar. Selbstständige Akteure als Kooperationspartner agieren daher in gegenseitigen, jedoch freiwilligen Abhängigkeiten. Denn ihr Schicksal hängt von dem gemeinsamen Erfolg ab.

Kooperationen und Partnerschaften können, müssen aber nicht, zu Wettbewerbsvorteilen führen. In einem überbetrieblichen, mehrsektoralen Business-Ökosystem kommen freiwillige und selbstständige Teilnehmer aus verschiedenen Branchen zusammen, die trotz aller Unterschiede durch konvergente Innovationsfähigkeiten den maximalen Nutzen für Kunden und Konsumenten erzielen wollen.

Diese Grundannahmen schließen Partnerschaften innerhalb des Konzernportfolios aus. Denn: Die Selbstständigkeit der Tochtergesellschaften im wirtschaftlichen Sinn hat kaum Einfluss auf die strategischen Zielsetzungen des Hubs eines Ökosystems. Gerade die Tochtergesellschaften des primären und komplementären Produzenten – die möglicherweise rechtlich und wirtschaftlich selbstständig sind – gehören zur Plattform des Systems und befolgen i. d. R. die zentralen Entscheidungen des primären Systemträgers. Es ist wichtig dabei zu berücksichtigen, dass Kooperationen den kontinuierlichen Transfer von Ressourcen wie Informationen, Know-how und Kapital zwischen den Beteiligten erfordern und fördern. Partnerschaften dürfen nicht mit innerbetrieblichen Kooperationen verwechselt werden. Gerade diese zentrale Annahme macht den Unterschied zwischen einem Unternehmensportfolio und einem Unternehmensökosystem aus.

Ökosystemmanager ziehen Partnerschaften vor, da nur Kooperationsansätze sinnvolle Vorteile mit überschaubarem Aufwand mit sich bringen. Sie sind mit kalkulierbaren Risiken verbunden und i. d. R. – aber nicht zwangsweise – schneller umsetzbar. Die selbstständigen Partnerorganisationen konzentrieren sich auf gemeinsame Ziele zur Steigerung der Kundennutzen, anstatt auf die oft schwierige Integration zur Harmonisierung unternehmerischer Strukturen. Eine Aufgabe, an der Unternehmensübernahmen und Zusammenschlüsse häufig scheitern. Es gibt eine Vielzahl akademischer Untersuchungen zu diesem Zusammenhang. Ein weiterer, enorm wichtiger Grund für die inkrementelle Entstehung von strategischen Partnerschaften im Ökosystem ist die unverzichtbare Forderung nach Skaleneffekten des Netzwerks.

Wir haben bereits erörtert, dass sich ein Ökosystem nur in Form eines mehr oder minder großen Netzwerks herausbilden kann. Beleuchten wir das Ganze anhand des Beispiels von Apple: Bereits in Kap. 2 haben wir zahlreiche Apple-Partner aufgezählt, die in ihrem jeweiligen Geschäftsumfeld individuell sehr umfangreiche Netzwerke steuern.

Man stelle sich vor, Apple würde für den Aufbau seines Ökosystems Serienakquisitionen einsetzen. Ungeachtet seiner finanziellen Puffer und der zahllosen unkalkulierbaren Integrationsrisiken sowie der enormen kartellrechtlichen Barrieren könnte Apple eine solche Strategie niemals erfolgreich implementieren. Dem US-Konzern dürfte schon nach der ersten theoretischen Übernahme seines Erzrivalen Samsung die Puste ausgehen – die Idee eines weltweiten Ökosystems würde im Keim ersticken. Der Kauf einer großen Zahl von Kooperationspartnern wäre schlicht und einfach nicht machbar. Ihre Übernahme der Kooperationspartner im Rahmen von Serienkäufen würde keinen Sinn machen. Daher sind Selbstständigkeit und Freiwilligkeit die wichtigsten Voraussetzungen für die Entstehung von Ökosystemen.

Ein weiteres aktuelles Beispiel: Unter den zahlreichen Nachrichten aus der Telekombranche sticht die erfolgreiche Allianz zwischen Cisco und der Deutschen Telekom besonders ins Auge. Anfang 2016 haben die beiden Marktführer in den Bereichen Mobilfunknetze und IT-Technologien auf dem Mobile World Congress in Barcelona ihre globale Partnerschaft in der weltweiten Allianz *ngena* (Next Generation Enterprise Network Alliance) bekanntgegeben (Berke, 2016): „Der Newcomer will in den nächsten Jahren 20 weitere Telekom-Konzerne aus aller Welt aufnehmen. Entstehen soll dadurch so eine Art United Nations of Telecom-Operators, die sich gegenseitig helfen beim Ausrollen von Unternehmensnetzen bis in die entlegensten Winkel der Welt. ‚Sharing von Netzen‘, nennt der Konzernchef Höttges. Die Idee baut auf den Prinzipien der Shared Economy auf.“

Nun stellen Sie sich vor, wenn in einem gewagten hypothetischen Szenario die Deutsche Telekom ihre 20 Konkurrenten weltweit zu übernehmen versucht hätte, um die Kernidee von ngena als globale VPN-Innovation auf die Beine zu bringen. Abgesehen von den Kapitalanforderungen oder kartellrechtlichen Barrieren wäre dieses Szenario nicht realisierbar. Denn: Ein solch umfangreiches M&A-Programm hätte innerhalb von nur zwei Jahren keinesfalls zustande kommen können.

5.2   Synergien

„Das Ganze ist mehr als die Summe seiner Teile." (Aristoteles)
Synergien sind eines der unentbehrlichen Ziele von strategischen Partnerschaften in Unternehmens-Ökosystemen. Unter dem Begriff Synergie („συνεργία" oder die Kollaboration) versteht man das fruchtbare Zusammenwirken von Fähigkeiten und Ressourcen, die sich gegenseitig ergänzen.

Strategische Partnerschaften in Ökosystemen basieren auf einem weitverbreiteten Grundkonzept: **Materialisierung von Synergien**. Sie werden oft begründet mit dem Zugang zu neuen Märkten, dem Ausbau von Distributionskanälen, dem Zugang zu neuen Kundensegmenten, dem Zugriff auf immaterielle Vermögensgegenstände, z. B. Patente, Lizenzen oder geschützte Marken oder auch mit der Lastenteilung und Kostensenkung in Einkauf oder Produktion.

Synergien entstehen durch einen oder mehrere der folgenden Wirkmechanismen:

- **Skaleneffekte** („economies of scale"), wenn Kostenvorteile durch niedrige Herstellungskosten pro Einheit erreicht werden, da erwartungsgemäß die Durchschnittskosten bei einer großen Produktionsmenge sinken. Skaleneffekte haben Einfluss auf die Beschaffungskosten, da z. B. Mengenrabatte beim Einkauf zu erlangen sind.
- **Verbundeffekte** („economies of scope"), wenn Kostenvorteile durch die Vielfalt von Produkten entstehen, weil die Stückkosten durch eine bessere Kapazitätsauslastung sinken
- **Dichtevorteile** („economies of density"), wenn Kostenvorteile durch geografische Konzentration der Nachfrage zu erwarten sind.
- **Investitionsvorteile,** wenn allgemeine Kosten und Risiken unter Kooperationspartnern fair geteilt werden, insbesondere bei Investitionen, die mit hohen Fixkosten verbunden sind.

- **Netzeffekte**, wenn eine kritische Zahl von Netzteilnehmern erreicht wird, sodass das Netzwerk den höchsten Nutzen und Mehrwert für seine Mitglieder erzeugen kann.
- **Zeitvorteile,** wenn Unternehmen ihre Ziele durch Kooperationen schneller realisieren als im Alleingang („make") oder anderweitig mithilfe von Unternehmensakquisitionen oder Zusammenschlüssen („buy").
- **Marktvorteile**, wenn Unternehmen Zugang zu neuen Märkten und Kunden erlangen und sich gegenseitig bei der Bewältigung der Herausforderungen unterstützen.
- **Wissensvorteile**, wenn Unternehmen Zugang zu neuem Know-how bekommen.

Dyer, Kale und Singh (2004, S. 111) identifizieren drei Synergietypen: modulare, sequenzielle oder reziproke Synergien. **Modulare Synergien** entstehen unabhängig von den jeweiligen Partnern. Sie kommen quasi modular zustande. **Sequenzielle Synergien** sind zu erwarten, wenn Partner ihre Ergebnisse (z. B. Gewinn) als gemeinsamen Beitrag betrachten und untereinander aufteilen. **Wechselwirkende oder reziproke Synergien** entstehen, wenn unabhängige Partner eng zusammenarbeiten und die Synergieeffekte ohne eine besondere Sequenz oder Modularität durch ihre Wechselwirkungen erreichen.

Strategische Partnerschaften können dauerhafter Bestandteil von Unternehmen sein und sogar das Business-Modell ausmachen. Gegenwärtig sind zwei Entwicklungen zu beobachten. Eher technisch induziert ist das Bemühen, Wachstum durch gezielte, branchenübergreifende Vorstöße zu gewinnen. Und dabei achten die Akteure auf die gegenseitigen Einflüsse auf das Wachstum des Ökosystems.

Zwei Beispiele: Der Automobilkonzern Daimler dringt immer stärker in den Bereich digitaler Technologien vor, zunehmend auch weit über die reine Fahrzeugtechnik hinaus. Anfang 2017 gab Daimler eine Partnerschaft mit Uber bekannt – erst zwei Jahre zuvor hatten die Stuttgarter den Konzern RideScout (den Wettbewerber von Uber) und Intelligent Apps (den Softwarehersteller der mytaxi App) gekauft. Umgekehrt dehnt der Digitalkonzern Google zusehends seine Aktivitäten im Mobilitätsgeschäft aus, bis hin zum selbstfahrenden Auto. Beide verfolgen ihre Wachstumsziele als Störenfriede in anderen Branchen. Und beide setzen bei ihren Vorstößen auf die Antriebskraft der Digitalisierung.

Die zweite Entwicklung verläuft oft parallel zur ersten: Unternehmen teilen ihre Ergebnisse und wertvolles Wissen mit anderen Partnern unter dem Stichwort Sharing Economy. Während die Digitalisierung unsere Welt schneller, kleiner und unberechenbarer macht, sorgt Sharing Economy für ein offenes Verhalten zwischen Firmen und Akteuren.

Kooperationen können also die Marktposition von Unternehmen verbessern. Der Zugang zu wichtigem Know-how und die Vermarktung oder Diffusion innovativer Produkte sind die wesentlichen marktorientierten Vorteile einer Partnerschaft. Die Bildung eines partnerschaftlichen Ökosystems kann einem Unternehmen helfen, einen weiteren Schritt zu gehen, um Marktstandards zu setzen. Deswegen hat beispielsweise der Elektroautohersteller Tesla nach dem Motto „Alle unsere Patente gehören Euch" seine sämtlichen Patente für die Öffentlichkeit freigegeben. Vielleicht wollte Tesla mit dieser Aktion die Entstehung des Ökosystems für Elektroautos fördern. Während die Digitalisierung unsere Welt schneller, kleiner und unberechenbarer macht, ermöglicht Sharing Economy ein dynamisches Verhalten zwischen Firmen als offene Verhandlungspartner im Ökosystem.

Beispiel: Branchenübergreifende Partnerschaften

„Für uns war es der Griff nach den Sternen – und deshalb nannten wir unser Bündnis auch Star Alliance." Jürgen Weber, früherer CEO der Deutsche Lufthansa AG (Kewes, 2007)

Wenn Unternehmen aus verschiedenen Sektoren zusammenkommen, muss es dafür triftige Gründe aus der Sicht aller Beteiligten geben.

Der Automobilhersteller Toyota arbeitet derzeit an der Innovation der Mobilität. Der Japaner will nicht nur Autos der Zukunft bauen, sondern auch rollende Arbeitsräume für Arztpraxen, Apotheken, Büros, Restaurants, Spielhallen, Hotelräume oder Einzelhändler maßgeblich mitprägen. Mit dem Konzept e-Palette beschreibt Toyota die Mobilität der Zukunft mit einem autonomen Mehrzweckfahrzeug, das beliebig eingesetzt werden kann. „Heute müssen Sie zum Laden fahren, morgen kommt der Laden zu Ihnen", nannte es Firmenchef Akio auf der CES 2018.

„Die Fahrzeuge können zu Ketten verbunden und immer wieder um- und neukonfiguriert werden. Eingesetzt werden soll alles zu den Olympischen Spielen 2020 in Tokio" (dpa, 2018). Der Primärhersteller der Serie e-Palette, Toyota, würde mit diesem innovativen Produkt die Mobilität in höchstem Maß neu definieren. Das mobile Fahrzeug soll durch die innovativen Technologien von Toyota, *Guardian und Chauffeur*, autonom fahren können. Die rollenden Arbeitsplätze der Zukunft sind umweltfreundlicher denn je, da sie nur elektrisch angetrieben werden.

In Partnerschaft mit dem Fahrdienstvermittler Uber, dessen Konkurrenten Didi Chuxing aus China, Pizza Hut und dem Online-Händler Amazon will Toyota ein einmaliges Konzept realisieren. In einem hypothetischen Zukunftsszenario bestellt der Konsument Fastfood von Pizza Hut – die online Bestellung läuft bei Amazon ein. Die Lieferung übernehmen Didi und Uber mit den Autos von Toyota. Im nächsten Schritt wird es möglich sein, dass der Fahrgast als Kunde von Pizza Hut im mobilen Restaurant bedient wird.

Bei genauerem Hinsehen erkennt man, dass die beiden Wettbewerber, Didi und Uber, in einem aufkommenden Ökosystem mitspielen wollen und ihren festen Platz suchen. Beide Akteure besitzen eigene Mobilitätsplattformen. Und hinter beiden steht derselbe Finanzinvestor, SoftBank, als wichtiger Anteilseigner und Geldgeber. Softbank ist auch an dem größten Wettbewerber von Amazon, der chinesischen Alibaba Group, beteiligt (Stand: Juni 2016). Alibaba soll ebenfalls an der Weiterentwicklung des Ökosystems mit Toyota interessiert sein.

Das Geflecht ist also äußerst vielschichtig. Und es zeigt, dass sogar Erzrivalen wie Didi und Uber Interesse haben können, sich an derselben Kooperation zu beteiligen. Der Grund: Kein einzelner Akteur in diesem Zukunftsszenario – weder der Primärproduzent noch ein Komplementär – ist allein in der Lage, eine derartige Effizienzmaschine darzustellen. Kein Wunder: Toyota versteht nicht viel von italienischem Fastfood und besitzt kein eigenes Netzwerk von Pizzalieferanten oder Transportexperten für die Auslieferung an die Endkunden. Umgekehrt haben die anderen Teilnehmer keine Erfahrung in der Entwicklung hochkomplexer Mobilitätstechnologien.

Toyota ist einer der größten Automobilhersteller weltweit. Der Konzern hat seinen Hauptsitz in der gleichnamigen japanischen Provinz Toyota und ist eines der größten börsennotierten Unternehmen der Welt. Der Toyota-Konzern mit seinen Tochterunternehmen hat insgesamt Hunderttausende von Mitarbeitern und produziert außer in den japanischen Werken an internationalen Standorten in vielen Ländern.

Pizza Hut ist eine auf Pizza spezialisierte Franchise-Schnellrestaurantkette, die vielerorts auch Lieferservice anbietet. Die US-Kette hat eigene Distributionswege bzw. ein großes Netzwerk von Kunden und Händlern. Mit rund 13.000 Restaurants ist es in 130 Ländern vertreten. Die Mutter Yum! Brands, Inc. gehört zur Gruppe Yum! Sie ist die weltgrößte Unternehmensgruppe für Systemgastronomie mit mehr als 42.500 Restaurants in 130 Ländern. Neben Pizza Hut gehören zur Unternehmensgruppe unter anderem KFC und Taco Bell. Das typische Pizza Hut ist eine klassische Gaststätte mit Bedienung am Sitzplatz. Einige Filialen liefern Pizza nach Hause. Manche Filialen sind mit den Expressversionen von KFC oder Taco Bell kombiniert oder befinden sich innerhalb von KFC- oder Taco-Bell-Filialen. Manchmal bieten auch die klassischen Pizza-Hut-Restaurants zusätzlich ein Expressformat an.

Uber und Didi sind US-amerikanische und chinesische Dienstleistungsunternehmen für Mobilität. Diese Konzerne sehen sich im direkten Wettbewerb um die Technologieherrschaft bei Online-Vermittlungsdiensten zur Personenbeförderung. Beide Konzerne wollen Marktführer im Bereich Mobilität werden. Didi – der chinesische Wettbewerber von Amazon – gehört zu Alibaba, dem Gegenstück zu Amazon im Fernosten. Der japanische Investor SoftBank hat bedeutende Beteiligungen an beiden Konzernen. Die eigentliche Innovation besteht in der grundlegenden Idee, dass diese Konzerne ihre Stammkunden in ein gemeinsames Ökosystem einführen.

Beispiel: Star Alliance als ein synergetisches Netzwerk unter den Gleichen

Strategische Partnerschaften und Allianzen sind Kooperationsvorhaben zwischen zwei oder mehr wirtschaftlich selbstständigen und rechtlich voneinander unabhängigen Firmen; diese können entweder auf dem gleichen Markt oder auf unterschiedlichen Märkten tätig sein. Man spricht von horizontalen oder diagonalen Allianzen, wenn Firmen sich auf dem gleichen oder fremden Markt einbringen (Sell, 2002). Allianzen werden aus verschiedenen Motiven heraus gebildet. Die ursächliche Absicht dabei ist, die Wettbewerbsposition der Allianzpartner durch gemeinsames finanzielles Kapital, Produktionsfaktoren, Produktsynergien oder Wissenstransfer auszubauen. Allianzpartner in einer formalen Kooperation verfolgen festgelegte Ziele, die sie allein so nicht erreichen würden. Deshalb bündeln sie ihre Ressourcen und Kräfte. Dabei hoffen sie auf Synergien und größere Erfolgschancen. Sie unterscheiden sich daher kaum von strategischen Partnerschaften.

Strategische Partnerschaften sind kein neuer Denkansatz. Schon seit 20 Jahren existiert die Luftfahrtkooperation Star Alliance. Sie zielte von Anbeginn auf Synergien, auch durch einen gemeinsamen Auftritt gegenüber den Kunden. Aus dem Code Sharing der fünf Gründer-Airlines unter Ägide der Lufthansa ist inzwischen ein ganzes Bündel partnerschaftlicher Aktivitäten geworden. Dieses reicht von gemeinsamen Angeboten für Vielflieger und abgestimmte Linienflüge innerhalb eines weltweiten Netzwerks über gemeinsame Lounges und Terminals bis hin zum gemeinsamen Flottenleasing und der gemeinsamen Nutzung von Streckenrechten und Slots.

Ausgangspunkt der Allianz war die zunehmende Deregulierung der Luftfahrtbranche weltweit. Zudem führte die Globalisierung dazu, dass Firmen aus allen Branchen neue regionale Märkte suchten. Immer mehr Unternehmen sahen sich gezwungen, eine weltweite Präsenz anzustreben. Der Schritt in immer neue Märkte erforderte die Anwesenheit der Manager an Standorten über die klassischen Reiseziele hinaus, wie etwa New York, Paris oder Frankfurt. Diesem Trend mussten die Fluggesellschaften mit einem erweiterten Angebot an Destinationen folgen. Fusionen und Übernahmen kamen dafür kaum infrage – sie sind in der Luftfahrtbranche eine Rarität. Internationale Vorschriften erlauben es nur, dass Fluggesellschaften von ausländischen Wettbewerbern einfach übernommen werden.

• Die Regulierungen in der Branche lassen anorganische Maßnahmen nicht zu. Die Märkte sind verschlossen und starr. Unternehmen wie die Deutsche Lufthansa können laut internationalen Vorschriften nicht einfach in einem anderen Land fliegen. Ein direkter Flug der Deutschen Lufthansa von Paris nach Peking wäre schlichtweg nicht machbar.
• Unternehmensübernahmen und Fusionen in der Luftfahrtbranche erfordern ein sehr umfangreiches Kapital. Heute wissen wir, dass die Lufthansa zum Zeitpunkt der Entstehung von Star Alliance nicht über das notwendige Geld verfügte.

Unter diesen Voraussetzungen agierte die Deutsche Lufthansa vorsichtig. Im ersten Anlauf suchte sie sich drei weitere Gründungspartner aus Amerika, Asien und Skandinavien. Schließlich, im Jahr 1997, gründeten sie das Sternbündnis. Die strategische Partnerschaft mit weiteren Airlines führte zur Verbesserung der Angebote der beteiligten Fluggesellschaften. Die erste Synergie erreichten die Mitglieder der Star Alliance mit dem sog. Streckennetz. Jeder Partner konnte auf die fremden Streckennetze zugreifen. Eine einfache Addition, die den Kunden erheblichen Mehrwert brachte. Der Reisende sucht sich ein Reiseziel im Streckennetz der Allianz. Er sammelt dabei Meilen, ist berechtigt, Partnerlounges zu besuchen und an jedem Standort von den Star-Alliance-Partnern abgefertigt zu werden. Diese Flexibilität bringt nicht nur den Reisenden Vorteile. Die Fluggesellschaften profitieren ebenfalls – mit erheblichen Kosteneinsparungen. Die marktorientierte Synergie ist vielversprechend. Denn im Vordergrund stehen das Wohlbefinden und die Flexibilität der Kunden. Bei näherer Betrachtung wird klar, dass es sich hierbei um ein offenes Ökosystem handelt.

Die Star Alliance ist ein Verbund ohne einen dominanten Teilnehmer

Der ehemalige Vorstand der Lufthansa, Jürgen Weber, und Architekt der Star Alliance schrieb 2006 einen Beitrag, in dem er retrospektiv die strategischen Aspekte des Sternbündnisses näher erläuterte (Weber, 2006). Wir fassen seine Aussagen zusammen und kommentieren diese wie folgt:

Die Mitglieder üben keinen gegenseitigen Druck aus. Sie sind quasi gleichberechtigte Partner in einer *Alliance of Equals*. Die teilhabenden Fluggesellschaften haben keine wechselseitigen Beteiligungen („equity swap") und nehmen somit keinen direkten oder indirekten Einfluss auf die Partner. Die mehrseitige Zusammenarbeit zwischen den Allianz-Gefährten kann nur freiwillig und ohne gegenseitigen Zwang entstehen.

Die wichtigsten Bausteine des Zusammenschlusses im Ökosystem der Star Alliance sind:

- Gemeinsame Vision des weltweit größten Streckennetzes und eines Verbunds von Premieranbietern
- Gegenseitiges Vertrauen zwischen allen Netzpartnern
- Konvergente Systemkultur und -architektur durch eine holistische Firmenpolitik
- Kultivieren der persönlichen Beziehungen zwischen den Entscheidungsträgern im Netz
- Vermeiden von Machtgefällen – kein Partner möchte und kann Dominanz gegenüber den anderen Teilnehmern ausüben. Deswegen: es gibt keine finanzielle Beteiligung zwischen den Star Alliance Partnern, wie es etwa bei dem konkurrierenden Verbund Oneworld der Fall ist. Die Oneworld-Mitglieder nehmen durch finanzielle Beteiligungen als Anteilseigner Einfluss auf ihre gegenseitigen Strukturen, Machtverhältnisse und Entscheidungsfindungen. Ein Szenario, gegen das sich die Gründungsmitglieder der Allianz der Sterne bewusst entschieden haben.
- Kompatible Werte und Firmeninteressen
- Faires Teilen von Kosten und Risiken zwischen allen Kooperationspartnern
- Sharing Economy, d. h. partnerschaftlicher Einsatz von Ressourcen aller Akteure, z. B. der Streckennetze oder des Bodenpersonals
- Customer Experience: Der Kunde steht im Mittelpunkt – alle Gesellschaften wollen vergleichbar hochwertige Dienstleistungen bieten. Dabei achten sie auf die Konsistenz der Kundenerfahrung mit allen Allianzpartnern.
- Skalen- und Dichteeffekte durch eine gezielte und synergieorientierte Auswahl von Streckennetzen der Partnergesellschaften

Das Ökosystem Star Alliance ist ein offenes Netz mit jährlich Millionen von Passagieren. Das Ergebnis überzeugt: Die Mitglieder der Allianz erwirtschaften durch die Zusammenarbeit mehr Gewinn als die Wettbewerber im gleichen Segment. Die Star-Alliance-Mitglieder konnten im vergangenen Jahr zum Beispiel mehr als 170 Mrd. US-$ Überschuss verbuchen. Lufthansa ist mittlerweile die größte Fluggesellschaft in Europa. Im Jahr 2018 flog sie an allen DAX-30-Konzernen vorbei mit einem satten Gewinn pro Aktie und der niedrigsten Volatilität im Portfolio.

Heute besteht die Allianz aus 28 Mitgliedern. Nimmt man diese zusammen, ergibt sich ein imposantes Netzwerk: 1300 Flughäfen in 190 Ländern werden mit 4631 Flugzeugen bedient. 446.093 Angestellte kümmern sich um das Wohl von fast 699 Millionen jährlichen Passagieren, welche aus 1100 Lounges auswählen können. Der kumulierte Umsatz der Mitglieder beträgt 173,94 Milliarden US-Dollar. Die Anzahl Passagierkilometer beträgt aktuell rund 1351,94 Milliarden – das entspricht rund 3,3 Millionen Mal dem Umfang des Äquators. (TravelNews, 2017)

Kollektive Synergien der Star Alliance
Im Fall der Fluggesellschaften sind erhebliche Wachstumsbarrieren zu berücksichtigen. Dazu gehören nicht zuletzt länderspezifische Regulierungen und immense, zunehmend volatile Kostenbelastungen. In dieser Situation eröffnet die Star Alliance dem deutschen Konzern und seinen Partnern neue Freiräume:

* **Optimierung des Streckennetzes** – Durch den Beitritt von 28 Partnergesellschaften seit der Gründung 1997 hat sich die Star Alliance als Weltmarktführer mit der größten Netzdichte positioniert. Die Verbundeffekte unter den Fluggesellschaften generieren Mehrwert für die Kunden. Passagiere können bei allen Flügen der Star Alliance Bonusmeilen sammeln und diese beliebig im Verbund der Sterne ausgeben. Das gemeinsame Angebot führt zu einer weltweiten Marktpenetration. Eine Meisterleistung, denn kaum eine Fluggesellschaft hat in über 159 Ländern eigene Stationen aufgebaut.
* **Kooperative Ausgaben (Investition und Einkauf)** – Die Partner haben gemeinsam elektronische Reservierungssysteme entwickelt und die Kosten entsprechend auf alle Allianzmitglieder verteilt. Ebenso kaufen die Fluggesellschaften gemeinsam ein, wie etwa den teuren Treibstoff, Druckmaterial, Computer und Smart Devices, Medienwerbung, Catering und sogar Flugzeuge.
* **Bessere Nutzung von knappen Ressourcen** – Ob Personal oder Fluggeräte – die Airlines können Stationen in den Heimatländern ihrer Partner schließen, da sie sich gegenseitig vertreten. Die Kooperationen mit United Airlines und SAS z. B. haben es der Lufthansa erlaubt, auf den Auf- oder Ausbau zahlreicher Stationen zu verzichten. Dieses Vorgehen bringt den jeweiligen Partnergesellschaften eine höhere Auslastung und somit eine größere Profitabilität.
* **Schnellere Expansionsmöglichkeiten** – Ohne höheren Kapitaleinsatz können die Fluggesellschaften ihren Kunden weltweit neue Angebote mit neuen Reisezielen unterbreiten. Unmittelbar nach der Geburt der Star Alliance erzielte die Lufthansa eine ruckartige Verbesserung ihrer Ergebnisse um rund 500 Mio. € (Weber, 2006, S. 1298).

Fazit

Die 1970er-Jahre waren geprägt von Innovation und Produktion. In den 1980er- und 1990er-Jahren waren Skaleneffekte und der Wunsch nach der Erweiterung der Kernkompetenzen die Haupttreiber von Allianzen. Seit der Jahrtausendwende gehören auch die strategischen Partnerschaften und Kooperationen im Netzwerk zur Managementphilosophie.

Durch die aktuellen Trends der Digitalisierung und der Sharing Economy entwickeln sich Allianzen in Richtung partnerschaftlicher Ökosysteme, die mehr als jemals zuvor auf gemeinsame Werte setzen. Diese Partnerschaften bilden jeweils ein Portfolio. In solch einer Partnerschaft machen gemeinsame Werte und Ziele das Zusammenwirken zwischen verschiedenen Akteuren reibungslos. Sie sind das Schmieröl im Allianz-Getriebe.

Während Produkte heutzutage leichter kopierbar sind, bleiben strategische Allianzen und Partnernetzwerke schwer nachahmbar. Wettbewerbsvorteile bringen z. B. Händlernetzwerke von Automobilherstellern, die den Kontakt zu den Endkunden mit Sorgfalt pflegen und dauerhafte Kundenbeziehungen entwickeln wie etwa „Share of Mind" und „Share of Heart". Im globalen Wettbewerb sind Unternehmen heutzutage gezwungen, Allianzen einzugehen, um Kosten zu senken, neue Märkte zu erschließen, innovative Produkte und Dienstleistungen zu entwickeln, Lücken im Portfolio zu schließen oder komplementäre Kompetenzen zu erlangen. Daher sind Allianzen aus der Unternehmenswelt kaum mehr wegzudenken.

Dagegen machen Akquisitionen und Fusionen aus strategischen, rechtlichen oder finanziellen Gründen nicht immer Sinn. An dieser Stelle müssen weitergehende Ansätze, z. B. strategische Partnerschaften und Kooperationen gefunden und implementiert werden. Moderne Manager sind eher risikoavers – sie versuchen, riskante Unterfangen zu vermeiden. Deshalb vermeiden sie große M&A und gehen lieber strategische Allianzen ein.

Strategische Partnerschaften gelten deshalb als echte Alternative zu Unternehmensübernahmen und -zusammenschlüssen. Sie sind geeignet, um die Komplexitäten von M&A zu vermeiden und die geschäftlichen Risiken einer Strategie auf mehrere Schultern zu verteilen. Noch besser: Sind sie richtig gestaltet, eröffnen sie den Partnern die gleichen Chancen von Wachstum und Synergien wie die feste Bindung.

Trotz all dieser Vorzüge bleibt die Frage: Was lässt sich an der Idee strategischer Partnerschaften noch verbessern? Die Antwort: die Systematik, solche Partnerschaften gezielt als Instrumente für das gemeinsame Wachstum in unternehmerischen Ökosystemen zu entwerfen und zu planen. In einer funktionierenden Partnerschaft gibt es nur Gewinner. Das heißt: Wer ein partnerschaftliches System mit dem Ziel des Wachstums entwirft, muss dafür sorgen, dass alle Beteiligten mithilfe dieses Systems mehr Wachstum generieren können, als es jeder Einzelne allein erreichen würde. Der Vergleich mit dem großen Garten, in dem Bäume und Sträucher, Blumen und Gemüsepflanzen gemeinsam gedeihen, weil sie sich gegenseitig schützen und ergänzen, mag romantisch klingen. Doch er beschreibt den Idealzustand strategischer Partnerschaften treffend.

Literatur

Barney, J. B. (1991). Firm resources and sustained competitive advantage. *Journal of Management,* *17*(1), 99–120.

Berke, J. (2016). *WirtschaftsWoche* (23. Feb. 2016). https://www.wiwo.de/technologie/gadgets/deutsche-telekom-das-ganz-neue-ding-fuer-die-grosskunden/13002560.html. Zugegriffen im Feb. 2019.

dpa. (2018). *futurezone.de* (18. Jan. 2018). https://www.futurezone.de/science/article213053103/e-Palette-Toyotas-autonomes-Mehrzweckfahrzeug.html?ref=sec.

Kewes, T. (2007). *Handelsblatt* (15. Mai 2007). https://www.handelsblatt.com/unternehmen/handel-konsumgueter/erfolgsgeschichte-star-alliance-griff-nach-den-sternen/2808178.html. Zugegriffen im Feb. 2019.

Prahalad, C. K., & Hamel, G. (1990). The core competence of the corporation. *Harvard Business Review, 68*(3), 79–91.

Sell, A. (2002). *Internationale Unternehmenskooperationen* (Bd. 2). München/Wien: Oldenbourg.

TravelNews. (2017). *174 Milliarden dollar umsatz pro jahr* (18. Mai 2017). https://www.travel-news.ch/specials/20jahrestar/5537-id-174-milliarden-dollar-umsatz-pro-jahr.html. Zugegriffen im Feb. 2019.

Weber, J. (2006). In W. Herausgeber (Hrsg.), *Handbauch mergers & acquisitions management.* Wiesbaden: Gabler.

Phasenmodelle von Partnerschaften

6

Zusammenfassung

In einem Ökosystem sind die wesentlichen Erfolgsfaktoren die Kompatibilität der Strategien und eine konsistente Zielsetzung. Darüber hinaus streben alle Beteiligten gezielt die kulturelle Konvergenz ihrer Werte an. Je höher die Zahl der an einem Ökosystem beteiligten Parteien, umso schwieriger ist diese Aufgabe. Sie zu lösen, erfordert gewisse Managementkompetenzen wie strategische Weitsicht und Planungsfähigkeiten sowie konsistente Prozesse und Verfahren zur Umsetzung strategischer Maßnahmen und Ziele. In diesem Kapitel erörtern wir schrittweise die einzelnen Kernkompetenzen, die für die Planung und Implementierung strategischer Partnerschaften notwendig sind.

6.1   Einleitung

Im Ökosystem der strategischen Partnerschaften sind Primärproduzenten und Komplementäre nicht mehr isolierte Einheiten, die sich strikt gegeneinander abgrenzen. Im Gegenteil: Sie betrachten sich gegenseitig als Partner. Diese zugewandte Einstellung ist geprägt von gemeinsamen Wertvorstellungen und gegenseitigem Vertrauen, und sie ist unabdingbar für ein kollektives Vorankommen. Betrachtet man strategische Partnerschaften und Allianzen als Kollaborationsportfolios, lassen sich Wettbewerbsvorteile durch gezielte Partnerschaftsszenarien und -strategien erzielen.

Wichtig ist dabei: Wachstumsstrategien sind nicht mehr individueller und streng gehüteter Besitz, sondern gemeinschaftlich genutztes Systemeigentum aller Partner. In einer solchen Beziehung von zwei oder mehr Beteiligten geht es nicht um Ökoromantik, sondern um ganz konkretes Geschäft. Das heißt: Innerhalb der Partnerschaft bedarf es klarer, eindeutiger Spielregeln. Diese gibt es sowohl für den alltäglichen geschäftlichen Umgang miteinander als auch für den Fall des Scheiterns. In diesem Zusammenhang sollten einige Fragen möglichst im Vorfeld des formellen Zusammengehens geklärt sein.

Zum Beispiel:

- Ist man sich einig über die gemeinsamen Ziele?
- Haben die Partner gemeinsame Werte und die Bereitschaft zu gegenseitigem Engagement?
- Gibt es eine gemeinsame Kultur der gleichberechtigten Partnerschaft?
- Herrscht Einigkeit über den Umgang mit Fehlschlägen, zum Beispiel mit geeigneten Managementansätzen?
- Gibt es Vorstellungen zur fairen Verteilung von Risiken und Investitionen?
- Hat die Partnerschaft eine Equity Story oder Investment-These, die alle überzeugt?

Doch wie kann ein Unternehmen überhaupt die geeigneten Partner finden? Nach welchen Kriterien wählt es sie aus? Es gibt zahlreiche Beiträge in der Managementliteratur zum Thema Auswahlprozess und Management von Partnerschaften. Insbesondere Unternehmensberater haben eine Vielzahl von Marketingbroschüren, Werbematerial und Publikationen hierzu veröffentlicht. Ihre bisherigen Ansätze ähneln sich im Wesentlichen mit linearen und verwechselbaren Prozessen. Und sie alle haben eines gemeinsam: Sie betrachten die Akteure im Ökosystem als jeweils in sich abgeschlossene Organisationseinheiten mit abgrenzbaren Aktivitäten.

Moderne Partnerschaften sind ein Mittel, gemeinsam einen Mehrwert für alle Beteiligten zu schaffen. Sie erfordern im Vorfeld – lange bevor sie entstehen – eine kohärente Equity Story für die Allianz der (rechtlich) unabhängigen und (strategisch und finanziell) selbstständigen Firmen. Eine solche Equity Story beschreibt nicht nur die Partnerschaftsgründe und -ziele, sondern auch den Weg zu gemeinsamem Wachstum und konvergenten Wettbewerbsvorteilen, die beispielsweise durch gegenseitige Kundensegmentierung oder gemeinsame Marketingmaßnahmen zu erreichen sind. Dabei handelt es sich aber nicht um eine Integration wie im Fall eines Mergers.

6.2   Roadmap

Die Entwicklung oder Umsetzung einer strategischen Partnerschaft in einem Unternehmensökosystem basiert auf einem definierten Prozess. Vertreter des strategischen Managements untersuchen die beteiligten Firmen oder Kooperationskandidaten nach dem folgenden prozessualen, aber nicht starr vorgegebenen Verfahren:

- Externe oder Umfeldanalyse
- Interne oder Unternehmensanalyse
- Strategische Optionen und Szenarien
- Strategische Planung

- Implementierung von Partnerschaften
- Governance

Die Auswahl und Aufnahme eines Partners ist verbunden mit einer ersten detaillierten Prüfung der Ausgangsituation – in diesem Buch beschreiben wir diesen Prozess als die **Strategische Überprüfung** („**strategic assessment**") – in der Praxis auch oft als „**Due Diligence**" (**sorgfältige Prüfung**) bezeichnet. Mithilfe eines solchen Verfahrens lassen sich die Risiken und Chancen einer möglichen Partnerschaft ermitteln. Es handelt sich dabei um die internen und externen Analysen des Unternehmens, das zur Partnerschaft bereit ist. Bestehen die Kandidaten den Stresstest, ist der Weg frei für die akribische Planung des Beitritts.

Der nächste Schritt Strategische Planung beginnt mit der eigentlichen Konzeption der Kooperationspartnerschaft. Während der Planungsphase spielen die Identifikation und Implementierung realistischer Synergien eine zentrale Rolle. Hier kooperieren die unabhängigen Partnerschaftskandidaten im Kontext einer hypothetischen Allianz. Dabei muss das Ergebnis stimmen – für alle. Sollten Verbesserungen, beispielsweise der Planung, erforderlich sein, ist es möglicherweise sinnvoll, aber nicht immer notwendig, den Prozess durch Rückkopplung abermals zu durchlaufen.

Der Gesamtprozess wird anschließend und i. d. R. durch die Festlegung eines Governance-Modells (oder die Bildung eines Lenkungsausschusses) abgerundet. Damit wird das strategische Controlling installiert. Das dient zum einen dazu, gegebenenfalls Prämissen aus der Umfeld- oder Unternehmensanalyse zu hinterfragen. Zum anderen beinhaltet es eine Umsetzungskontrolle. Dieser Prozess wird v. a. dann von großer Bedeutung sein, wenn der angestrebte Erfolg nicht im vollen Umfang erreicht wird.

Die Abb. 6.1 veranschaulicht den gesamten Prozess in seinen einzelnen Schritten.

6.3   Phase I: Strategie

Die Entwicklung einer Partnerschaft ist eine Frage der Strategie. Ziel ist es, die eigene Marktposition zu evaluieren, Wettbewerbspotenziale durch Kooperationen zu identifizieren sowie kollektiven Ziele für das Unternehmensökosystem abzuleiten. Diese stellen die Wertsteigerungspotenziale einer Partnerschaft dar. Zu diesem Zweck werden u. a. Informationen zur aktuellen Situation der Partnerschaftskandidaten sowie zu deren unternehmerischer Umwelt gesammelt.

Ein immer wiederkehrendes Thema in diesem Buch ist die Frage der Visionen und Ziele. Ein wichtiger Faktor in diesem Zusammenhang ist das Wettbewerbsumfeld, in dem der Kern des Ökosystems und seine Partner tätig sind. Anhand der Darstellung der Kreislauf- und Managementprozesse (eigenes Schaubild) lässt sich die Struktur des Wettbewerbsumfelds in vier diskrete Kategorien aufteilen:

- Märkte mit perfektem Wettbewerb
- Monopolistisch wettbewerbsfähige Märkte

Stage 1 Strategic assessment	Stage 2 Strategic planning	Stage 3 Partner Engagement	Stage 4 Implementation	Stage 5 Governance
• Identify system transformation • Identify risks, challenges and opportunities • Compile investment thesis • Prioritize investment objectives • Select objectives based on resource constraints and requirements • Choose the form on investments • Select partnership criteria and requirements • Allocate resources and budget	• Compile long list • Develop equity story and partnership proposal • Decide on and establish organizational / management buy-in • Document and validate partnership plan • Compile short list • Conduct scenario planning, including ROI analysis and risk assessment • Identify strategic partnership candidate	• Approach prospective strategic partners • Sign Non-Disclosure Agreement (NDA) • Establish mutual understanding • Ensure strategic and cultural alignment • Identify financial, strategic, operational, commercial risks, gaps, chances and strengths • Identify collaborative cost or revenue synergies • Sign Letter of Intent (LOI) or Memorandum of Understanding (MoU) • Negotiate terms and conditions for investments, timing, resources and exit transactions	• Develop joint financial and business plan, including customers, markets, products, R&D, resource allocation • Make external and internal announcement • Closing • Define roles, responsibilities, • Define and roll out financial controls • Launch partnership and projects in scope •	• Establish organizational structure, including joint steering committee accountable for oversight and strategic decision making and for liaising with partner organization management teams • Assign alliance leader with responsibility for managing the initiatives and for reporting on KPIs • Perform exit transaction in case of initiative failure

Abb. 6.1 Strategische Partnerschaft als Prozess. (Quelle: eigene Darstellung)

- Oligopolistischer Wettbewerb
- Monopole

Perfekt wettbewerbsfähige Märkte bestehen aus zahlreichen kleinen Firmen mit identischen Angeboten oder homogenen Produkten. In solchen Märkten hat kein Unternehmen Kontrolle oder Dominanz über den Preis. Der wird lediglich durch das Zusammentreffen von Angebot und Nachfrage am Markt bestimmt. **Monopolistisch wettbewerbsfähige Märkte** entstehen da, wo es zwar viele Anbieter, aber nur eine geringe Produktdifferenzierung gibt. Hier können die Konsumenten jederzeit auf alternative Angebote umsteigen. Beispiele: Lebensmittel werden durch den Einsatz von (auch Eigen-)Marken, Verpackungen und Werbung vermarktet. Autoreparaturanbieter können sich nur über ihr (meist qualitätsbedingtes) Image differenzieren.

Oligopolistisch wettbewerbsfähige Märkte – auch bekannt als unvollkommen wettbewerbsfähige Märkte – entstehen dort, wo es eine kleine Anzahl relativ großer Unternehmen gibt, die sich gegenseitig von den Handlungen und Entscheidungen der anderen Marktteilnehmer beeinflussen lassen. Grundsätzlich können die angebotenen Produkte undifferenziert sein. So kontrollieren die Big Four über 80 % der weltweiten Märkte für Wirtschaftsprüfung, Transaktionsberatung und Steuerberatung.

Monopole Märkte werden von einem Anbieter oder dem Monopolisten dominiert, der einen Marktanteil von mindestens 25 % hat. Im Extremfall steht dem Monopolisten keine Konkurrenz gegenüber. Er kann de facto den Preis diktieren. Ein prominentes Beispiel: Die Deutsche Bahn dominiert den Markt für Schienenverkehr in Deutschland mit regelmäßigen Preiserhöhungen.

Die Analyse der Marktstruktur lässt sich sinnvoll in das Model der Five Forces von Michael Porter von der Harvard University überführen. Porter postuliert, dass die Profitabilität v. a. eine Funktion der jeweiligen Branchenstruktur ist. Dieses Modell wird kontrovers in zahlreichen Beiträgen der Managementliteratur diskutiert. Es beschreibt verschiedene Marktsituationen:

• Verhandlungsmacht von Konsumenten
• Verhandlungsmacht von Lieferanten
• Bedrohung durch Neueinsteiger
• Bedrohung durch Substitutionsprodukte
• Wettbewerbsintensität und Rivalität auf dem Markt.

Die Wechselbeziehungen zwischen diesen fünf Kräften bestimmen die Profitabilität. Porter argumentiert, dass das Zusammentreffen dieser Kräfte letzten Endes den Wettbewerb bestimmen wird.

Um ein tiefergehendes Verständnis des Umfelds von strategischen Partnern zu entwickeln, können weitere Analysemodelle eingesetzt werden. Die **Political-Economic-Sociological-Technological(PEST)**-Analyse ist ein weitverbreitetes Modell für die Evaluierung der Unternehmensumwelt. Es beschäftigt sich mit den wichtigsten Umweltaspekten, die Veränderungen des Ökosystems bewirken. Diese Analyse bietet sich sowohl Primärproduzenten als auch komplementären Kooperationspartnern an, die in einem Ökosystem zu Hause sind oder in ein neues expandieren wollen. Das Resultat weist die möglichen Risiken und Chancen dieses Ökosystems aus. Es hilft dem Management, Systemveränderungen rechtzeitig zu erkennen.

Die Systemtransformation wird i. d. R. durch externe Faktoren, wie etwa technologische Fortschritte und Innovationen, Veränderungen in der Gesetzgebung, demografische und soziökonomische Zyklen und Veränderungen im politischen System ausgelöst. Der Begriff Transformation (lateinisch „transformare", aus: „trans" für hinüber und „formare" für formieren) steht für umwandeln, umformen, umgestalten.[1] Darunter versteht man den Prozess des Wandels – mit dem Schwerpunkt auf der Zukunft. Eine Transformation bezieht sich immer auf eine Veränderung – weg von einem Ist-Zustand hin zu einem Soll-Zustand.

Im Allgemeinen sind Transformationen in der heutigen Zeit unausweichlich. Denn globale Trends wie Digitalisierung, künstliche Intelligenz oder Sharing Economy sind die Treiber des weltweiten Strukturwandels. In einer aktuellen Studie der Unternehmensberatung Roland Berger spielen z. B. drei Treiber eine immer größere Rolle bei der Transformation der Automobilindustrie: Autonomes Fahren, Car Sharing Economy und Connected Cars. Auch die Industrie 4.0 – getrieben von kommunikationstechnischen Innovationen – ist einer der großen Treiber industrieller Veränderungen (Krys, 2018).

---

[1] Siehe die Übersetzung von Duden.de, https://www.duden.de/rechtschreibung/transformieren.

Transformationen im Ecosystem sind globale Phänomene, die häufig gleichzeitig in einem weltweiten Kontext zu betrachten sind. Moderne Technologien verbinden Menschen und Märkte, und sie beschleunigen die Kommunikation. Aufgrund der Verflechtungen innerhalb der weltweiten Marktstrukturen kann man immer wieder beobachten, dass sich Systemveränderung innerhalb kürzester Zeit global verbreiten. Die Entwicklung der demografischen Strukturen in allen Ländern und die Urbanisierung zwingen Konsumenten und Unternehmen, die bestehenden Produkte und Dienstleistungen zu justieren.

Im Ökosystem sollte klar zu erkennen sein, welche Vorteile die jeweilige strategische Partnerschaft im Hinblick auf die anstehenden Veränderungen verspricht. Im Anschluss an diese Analyse gilt es, die internen Ressourcen und Fähigkeiten zu bewerten. Das Gesamtergebnis fließt in eine SWOT-Analyse (SWOT steht für „strengths" [Stärken], „weaknesses" [Schwächen], „opportunities" [Chancen] und „threats" [Risiken]), die die Untersuchungsergebnisse der externen und internen Fragestellungen und Trends zusammenführt. Die SWOT-Analyse führt den (auch potenziellen) Partnern die Ursachen von guter oder schlechter Performance vor Augen. Und sie gibt ihnen Hinweise, wie sie ihre künftige Wettbewerbsfähigkeit durch strategische Partnerschaften oder Allianzen im Ökosystem nachhaltig sicherstellen können. Die Analyse hilft den Partnern zu erkennen, womit sie sich ergänzen wollen und welche Ressourcen sie dafür benötigen. Die Beteiligten bekommen gegenseitigen Einblick in ihre organisatorischen Stärken und Schwächen. Mit einem klaren Verständnis der Branchenstruktur und des externen Umfelds sowie einer kritischen Bewertung der internen Stärken und Schwächen der Kooperationspartner kann man strategische Partnerschaften wirksam gestalten.

Michael Porter geht davon aus, dass Firmen drei Strategien für nachhaltige Wettbewerbsfähigkeit verfolgen: Kostenführerschaft, Differenzierung und Fokus. Dies gilt auch für strategische Partnerschaften. Mithilfe einer Kostenführerschaftsstrategie wollen Partner gemeinsam den niedrigsten Preis für ein ansonsten undifferenziertes Produkt anbieten. Im Rahmen einer Differenzierungsstrategie kann eine Firma durch Produktentwicklung, Markenbildung, Werbung, Dienstleistungen etc. Konsumenten langfristig binden. Ein differenziertes Produkt lässt sich zu einem Premiumpreis verkaufen.

Die Fokusstrategie setzt voraus, dass die Partner entweder die Kostenführerschaft oder die Differenzierung als Strategie in einem abgrenzbaren Marktsegment verfolgen. Sollten die Kooperationspartner jedoch unterschiedliche Strategien im Sinn haben, besteht die Gefahr, dass sie sich in der Folge nicht ergänzen und eine sinnlose Inkonsistenz ihrer Erscheinung am Markt verursachen. Das wiederum kann zum Verlust der Wettbewerbsfähigkeit und Profitabilität der Partnerschaft führen. Daimler z. B. könnte niemals mit Werkstätten und Fachhändlern der unteren Preisklasse zusammenarbeiten.

Wenn z. B. das US-Unternehmen Steelcase seine betriebswirtschaftliche, makroökonomische oder politische Umwelt analysiert, bezieht es das Netzwerk seiner Fachhandelspartner, die im Wesentlichen für den indirekten Vertrieb der Steelcase-Produkte verantwortlich sind, in die Analyse mit ein. Ist z. B. eine Veränderung des Datenschutzgesetzes in Sicht, berücksichtigen die Business-Architekten den neuen Einfluss auch auf das Dealer-Netzwerk. Unternehmen dieses Zuschnitts verfügen über Kommunikationskanäle und Schulungsplattformen, die Händler auf die bevorstehenden Veränderungen unmittelbar vorbereiten oder diese sogar mit weitreichenden Investitionen begleiten.

Beispiel: Gesundheit

Nehmen wir in diesem Zusammenhang die Veränderungen und Transformationen in der Gesundheitsindustrie als wichtiges Beispiel unter die Lupe. Derzeit ist es die Entwicklung der Informationstechnik, die eine zentrale Rolle bei der Transformation des Ökosystems Gesundheit oder „healthcare" spielt. Fünf Treiber sorgen für die Dynamik der aktuellen Transformation:

- Lifestyle
- Zugang zu Patientendaten
- Alterung der Bevölkerung
- Kostspielige klinische Innovationen
- Zunahme der chronischen Erkrankungen

Gleichzeitig steigen die weltweiten Ausgaben für Prävention – Schulungen, Kampagnen und Impfungen – begleiten die Patienten fast täglich. Im Gesundheitswesen gewinnt die Vorsorge zunehmend an Bedeutung. Und die hohen Kosten klinischer Studien bei der Entwicklung neuer Medikamente führen dazu, dass globale Pharmaunternehmen immer häufiger strategische Partnerschaften eingehen. Allerdings ist zu beobachten, dass Übernahmen und Fusionen in der Pharmaindustrie auf erhebliche kartellrechtliche Hindernisse stoßen. Das weltweite Bevölkerungswachstum und die immer wichtigere Rolle von Big Data – etwa bei der großflächigen Auswertung von Patientendaten – sorgen für den umfangreichsten Umbau in der Geschichte der Gesundheitsbranche (Abb. 6.2).

Die PEST-Analyse punktet zwar mit einer relativ einfachen Methodik. Doch das Analysemodell hat auch seine Schwächen. Wenn die PEST-Analyse für Ökosysteme eingesetzt wird, besteht die Gefahr, dass das Modell die Risiken und Chancen nur unvollständig

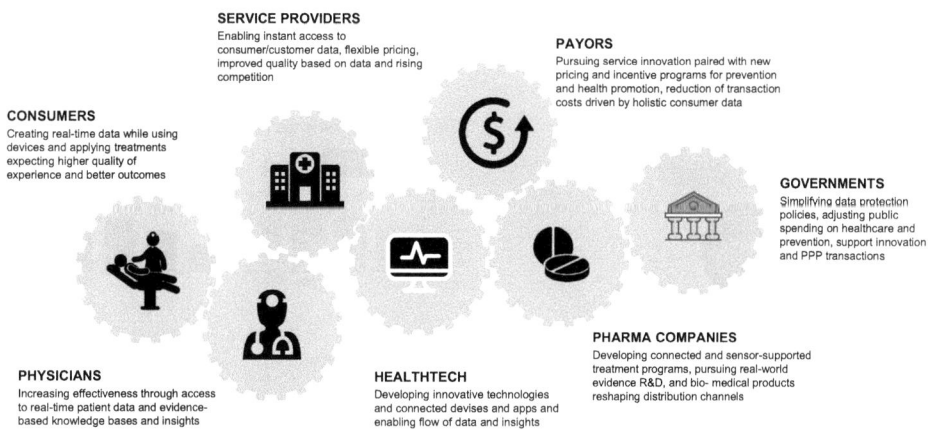

Abb. 6.2 Das Ökosystem der Gesundheitsindustrie. (Quelle: eigene Darstellung)

ermittelt. Es kann auch nicht den schnellen Veränderungen Rechnung tragen, die aufgrund der zunehmenden Komplexität von Ökosystemen entstehen. Was heute im Rahmen der PEST-Analyse ermittelt wird, kann morgen schon Makulatur sein. Denn die externe Umwelt verändert sich rasch. Somit besteht die Gefahr, dass das PEST-Model keine vollständigen und korrekten Ergebnisse liefert, sondern nur eine Momentaufnahme der Realität.

Die Ausgaben für die gesundheitliche Vorsorge steigen kontinuierlich. Die weltweiten Ausgaben für Demenz beispielsweise sind von 604 Mrd. US-$ im Jahr 2010 auf 818 Mrd. US-$ im Jahr 2015 gestiegen, ein Zuwachs von 35,4 %. Heute geht man davon aus, dass 2015 46,8 Mio. Menschen weltweit unter Demenz litten bzw. pflegebedürftig waren. Bis 2050 wird von der WHO eine Steigerung der Demenzerkrankungen in allen Regionen der Welt prognostiziert. Die Anzahl der Erkrankungen soll sich alle 20 Jahre verdoppeln und bis 2030 74,7 Mio. und im Jahr 2050 rund 132 Mio. erreichen (Standing, Ronte, Tylor, & Reh, 2016). Die Wachstumsprognose zur allgemeinen Pflegebedürftigkeit weltweit im Zeitraum von 2010 bis 2050 beträgt 75 % (Statista, 2017).

Erkennt man die notwendige Transformation eines Ökosystems rechtzeitig, sollte man die etwaigen Risiken und Chancen der bevorstehenden Veränderung identifizieren. Im Fall der Pharmaindustrie ist zu erwarten, dass die Forschungskosten dank des Zugangs zu den Echtzeitdaten der Patienten sinken werden. Zu begründen ist diese Annahme mit der kontinuierlichen Messung der Patientensituation durch den Anbieter oder Hersteller und mit dem Zugang zu den Echtzeitdaten aller Patienten während der Behandlung (Abb. 6.3).

Unter der Bezeichnung der evidenzbasierten Heilkunde werden die patientenorientierten Entscheidungen auf der Basis der empirisch nachweisbaren Wirksamkeit von Therapien und Medikamenten gefällt. In diesem Zusammenspiel können Medikamente viel

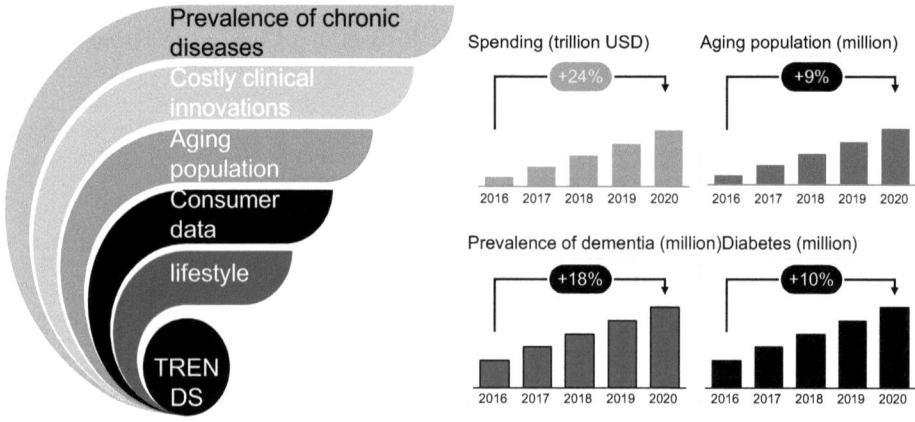

Abb. 6.3 Aktuelle Trends in der Healthcare-Industrie. (Quelle: eigene Darstellung)

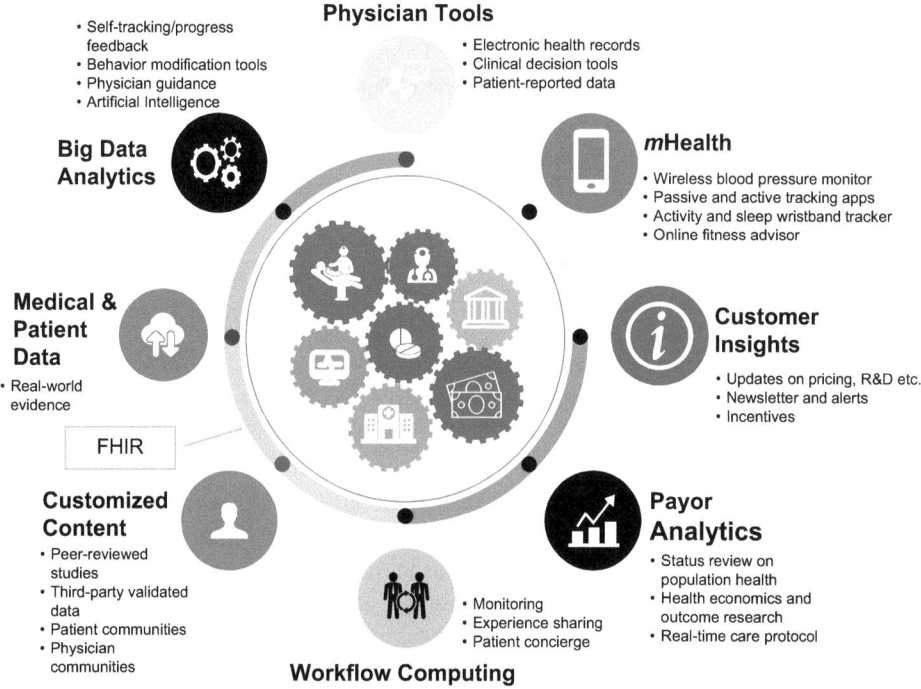

Abb. 6.4 Innovative Technologien im Healthcare-Ecosystem. (Quelle: eigene Darstellung)

schneller auf den Markt gebracht und modifiziert werden. Höhere Effizienz verspricht auch die Prävention durch Verbesserung des Lifestyles. Ganz zu schweigen von Gen- und Nanotechnologien, die zusätzlich neue therapeutische Chancen eröffnen sollen.

Die technologischen Wachstumstreiber der Health Care bewirken, dass in diesem Bereich die Investitionen in neue Technologien stetig zunehmen. Das wirkt sich positiv auf Umsatz und Wachstum aus, vorausgesetzt, die hohen Kosten und Marktrisiken, die bei der Entwicklung und Einführung von Präventionsmaßnahmen, Produkten und Dienstleistungen anfallen, sind zu bewältigen. Kein Wunder also, dass viele Pharmaunternehmen auch in diesem Zusammenhang zu strategischen Partnerschaften neigen. Dabei sind die Arbeitsfelder der strategischen Partnerschaft festzulegen. Die Abb. 6.4 illustriert die Möglichkeiten.

6.4 Phase II: Planung

Nachdem die Analyse strategischer Aspekte eines Ökosystems abgeschlossen ist, beginnt die Planungsphase. Dabei geht es um den Entwurf einer strategischen Partnerschaft, die zur Weiterentwicklung des Ökosystems betragen soll. Aufbau und Etablierung einer strategischen Kooperation ähneln sehr dem Ablauf im M&A-Prozess.

Im Vorfeld wird eine lange Liste potenzieller Partner aufgestellt, die auf Basis von selektiv gewählten Anforderungen an potenzielle Partner nach und nach auf wenige Kandidaten verkürzt wird (Short List). Solche Kriterien können z. B. sein:

- Komplementäre Produkte, Dienstleistungen
- Regionale Präsenz und Durchdringung
- Globale Wettbewerbsposition
- Unternehmenswerte und Reputation
- Erfahrung und Kompetenzen des Managements
- Markt- und Kundensegmente
- Erfahrung mit strategischen Partnerschaften
- Beziehung zu Wettbewerbern oder Ökosystemen

Eine andere Methode, sich objektiv für den richtigen Partner zu entscheiden, ist die Szenarioanalyse („**scenario planning**"). Mit ihrer Hilfe lassen sich verschiedene Optionen vergleichen. Gewählt wird das Szenario mit der höchsten Profitabilität und dem niedrigsten Risikograd. Wichtig ist, bei der Auswahl des Partners die weichen Selektionsfaktoren mit zu berücksichtigen, um dann mit den quantitativen Methoden den richtigen Kooperationspartner zu finden.

Die komplementären Zielpartner, die die vordefinierten Suchkriterien erfüllen, sind bei diesem Vorgehen Bestandteile der Long List. Aus der Gewichtung der Kriterien ergibt sich dann die Short List. Sie enthält alle potenziellen Partner, die zunächst vertraulich für ein erstes, unverbindliches Gespräch kontaktiert werden. Im ersten Gespräch mit einem potenziellen Partner geht es primär um die weichen Faktoren mit dem Ziel, ein Initialvertrauen zu entwickeln. Hinzu kommen einige wichtige Fakten, um die Kompatibilität der Visionen beider Beteiligten zu eruieren.

In meiner Berufspraxis habe ich immer vermieden, schon im ersten Gespräch über Geschäftszahlen und technische Daten zu sprechen. Sollten mehrere Partner für eine Initiative notwendig sein, sind zunächst Gespräche mit den einzelnen potenziellen Partnern angesagt. Werden sich der Primärproduzent und der komplementäre Partnerkandidat darüber einig, die Gespräche fortzuführen, beginnt die Phase der Überzeugung und der Evaluierung. Für die Kandidaten zählen in erster Linie die eigenen Vorteile, die der Anschluss an das Ökosystem ihnen bringt, etwa die Steigerung der Profitabilität oder des regionalen Marktanteils.

Der Primärproduzent ist auf dieser Stufe bestrebt, die Vorteile einer Partnerschaft in seinem System zu begründen. Man könnte das als eine Art Ökosystem Equity Story bezeichnen. Unter der englischen Bezeichnung Equity Story versteht man das faktenorientierte Storytelling für eine rationale Investition, durchgeführt von rechtlich unabhängigen, finanziell eigenständigen und freiwilligen Parteien. Betrachtet man die Partnerschaft als ein Bündnis zwischen selbstständigen Organisationen, ist eine gemeinschaftliche Sicht auf die Chancen, Synergien, Gefahren und Risiken von zentraler Bedeutung. Der Kooperationsplan soll daher auf jeden Fall die Verantwortlichkeiten ebenso wie die jeweiligen Prioritäten der einzelnen Aktivitäten festlegen.

Wie sieht so eine Equity Story aus? Es beginnt mit einer ganz einfachen Frage: Was soll die Partnerschaft machen? Die Partner in einem Verbund verkaufen gemeinsam Produkte oder erforschen innovative Lösungen für Zielmärkte. Die Herausforderung ist, dass der potenzielle Einsteiger Vorteile im Zusammengehen mit dem Ökosystem sieht und dass er gern langfristig im Verbund bleiben will. Die Erfahrung zeigt, dass der Begriff langfristig einen Zeitraum von allenfalls fünf Jahren bedeutet.

Relevante Fakten der Story stammen nicht zuletzt aus den Unternehmensgeschichten der Beteiligten. Dabei kann es sich um frühere Partnerschaften, finanzielle Zahlen und Marktkennziffern und um die visionären Strategien des Hauptproduzenten aus der Vergangenheit und ihre Erfolge handeln. Mithilfe einer Equity Story lässt sich die strategische Partnerschaft als richtiger und begründbarer Schritt präsentieren. Im Grunde genommen richtet sich die Equity Story an den Partnerkandidaten als strategischen oder finanziellen Investor.

6.5   Phase III: Partnerengagement

Die Suche nach einem neuen Partner kann sowohl öffentlich als auch privat stattfinden. Dies geschieht i. d. R. durch Ausschreibungen, z. B. wenn ein Unternehmen nach einem neuen Lieferanten sucht. Wichtige Bedingung beider Verfahren – privat oder öffentlich – ist die Einhaltung der Vertraulichkeit. Auf welchem Weg auch immer gesucht wird – im Kreis der existierenden Partner darf die Suche keine Verwunderung auslösen.

Zu beachten ist, dass alle Parteien eine Geheimhaltungs- oder Vertraulichkeitsvereinbarung („non-disclosure agreement") unterzeichnen. Die Partner in spe sollten nun in der Lage sein, sich auf die nächsten Partnerschaftsziele zu einigen. Das Ergebnis wird dokumentiert. Die Ziele, die schon im Rahmen der Planungsphase festgelegt wurden, sollten realistisch und umsetzbar sein. Der Plan einer partnerschaftlichen Beziehung in einem Ökosystem beinhaltet nicht nur die zeitlichen Vorgaben, sondern auch die erwarteten Synergien im Zusammenhang mit der partnerschaftlichen Vereinbarung, die Risiken sowie den Return on Investment.

Weitere wichtige Faktoren sind die kulturellen Rahmenbedingungen. Partner, die kulturell nicht zueinander passen, können mit den anderen Akteuren im Netz eines Ökosystems definitiv nicht zusammenarbeiten. Denn: Vertrauen ist das A und O einer strategischen Partnerschaft mit verschiedenen Unternehmen. Die Kultur ist die Basis einer vertrauensvollen Beziehung.

Stimmen dann auch die finanziellen und operativen Ziele, sind unabhängige Firmen bereit, Kooperationsverträge abzuschließen. Partnerschaften, die keine finanziellen und operativen Synergien beinhalten, sind in der Praxis selten, weil irrational. Kommen sie dennoch zustande, dann in Konstellationen, in denen gänzlich andere Faktoren eine entscheidende Rolle spielen. Beispiel: Ein Anbieter von IT-Dienstleistungen wurde von seinem größten KundenKey, einer Großbank, gezwungen, eine Partnerschaft auf der Insel „Corsica" einzugehen. Ihm blieb keine andere Wahl – er musste den nächstmöglichen lokalen IT-Dienstleister in seine Partnerschaft einbeziehen.

Nur die gemeinsamen Stärken und Chancen, die eine Allianz versprechen, können zur positiven Entscheidung für die Partnerschaft führen. Liegt eine solche Entscheidung vor, können die beteiligten Parteien eine **Absichtserklärung** oder **Grundsatzvereinbarung** („**memorandum of understanding**", „**letter of intent**") unterzeichnen (müssen aber nicht). Es handelt sich dabei um rechtlich bindende Willenserklärungen von Verhandlungspartnern im Vorfeld komplexer Transaktionen, in diesem Fall vor dem Beginn der Partnerschaft, die nur durch den Abschluss eines Vertrags rechtswirksam ins Leben gerufen werden kann.

Eine unverbindliche Absichtserklärung bestätigt lediglich die Teilnahme der Partnerschaftskandidaten an den Vertragsverhandlungen. Solche Vereinbarungen können einseitig abgefasst werden. In der Praxis unterzeichnen LoI nur die beteiligten Parteien. Sollte der LoI konkrete oder rechtlich bindende Erklärungen beinhalten, liegt ein harter LoI vor. Er ist aber nicht als schuldrechtlicher Vertrag qualifiziert. Solche Verträge beinhalten konkrete Details und Eckdaten, z. B. die gegenseitigen Ansprüche auf Gewinn, Zieldefinitionen, gegenseitiges Investitionsvolumen, Zeitraum der Partnerschaft, Governance-Modell und Beendigungsregeln oder Terminierungsvoraussetzungen.

Gerade die Themen Governance und Terminierung sind zentrale Bausteine eines Partnerschaftsvertrags, denn: Viele Partnerschaften müssen später aus verschiedenen Gründen doch kündbar sein. Ein ungeordneter Exit wäre betriebswirtschaftlich nicht zulässig. Er würde für Unsicherheit im Netzwerk sorgen und das Vertrauen der Partner in den Primärproduzenten massiv beeinträchtigen. Partnerschaftskandidaten eines Ökosystems sollten im Vorfeld genau wissen, was auf sie zukommt. Nach Abschluss des Vertrags können die Verhandlungspartner schließlich damit beginnen, die Kooperation umzusetzen.

6.6   Phase IV: Implementierung

Die wahrscheinlich wichtigste Phase einer strategischen Partnerschaft ist die Implementierungsphase. Dies ergibt sich aus der hohen Komplexität der Interaktionen zwischen verschiedenen Parteien und Entscheidungsträgern aus heterogenen Organisationen mit möglicherweise divergenten Unternehmenskulturen und Agenden. In diesem Stadium sind Erfahrung und soziale Kompetenzen vonnöten.

Im ersten Schritt wird der Masterplan mit seinen Eckdaten erstellt. Hierzu gehört die gemeinsame Planung der finanziellen und strategischen Kooperationsinitiative. Abhängig von der Ausrichtung der bevorstehenden Zusammenarbeit, sei es auf den Bereich Forschung und Entwicklung oder auf die Distribution, werden entsprechende Ziele vereinbart. Die Partner müssen sich auf den Umfang der Investitionen einigen, Investitionen z. B. in Ressourcen oder Marketing.

In der Implementierungsphase wird darüber hinaus die Realisierbarkeit des gemeinsamen Vorhabens bewertet. Die Partner müssen sich beispielsweise über den Umfang der zu bindenden Ressourcen verständigen. Wenn die beteiligten Unternehmen sich etwa darauf einigen, eine gemeinsame Marketingkampagne zu entwickeln, sollten ihre Vorstellungen von der finanziellen Belastung ebenso wie von den potenziellen Risiken übereinstimmen.

Nur auf einer solchen Basis sind die Vertragspartner in der Lage, sich objektiv in einer freiwilligen Partnerschaft gegenseitig zu unterstützen. Um ein durchgängiges Verständnis der gegenseitigen Erwartungen zu entwickeln, werden Partnerschafts-Scorecards angelegt. Eine solche Scorecard umfasst verschiedene Variablen, um den Erfolg der Kooperation zwischen unabhängigen Akteuren zu messen, wie etwa Kundenzufriedenheit, Investitionsvolumen oder operative Performance.

Ist die Partnerschaft noch nicht bekanntgegeben worden, muss ein Kommunikationsprozess sowohl nach außen am Markt als auch nach innen aktiviert werden. In einer derartigen Bekanntmachung werden i. d. R. die Gründe für die Partnerschaft und Aufnahme in das Ökosystem veröffentlicht. Es muss eindeutig gesagt werden, welche Vorteile die beabsichtigte Kooperation nicht nur den Partnern, sondern auch anderen Teilnehmern des Ökosystems, z. B. Konsumenten und Influencern, bringen werden. Die internen Informationen an Mitarbeiter und (frühere oder existierende) Partner sind vorzugsweise vor der externen Veröffentlichung freizugeben. Der Zeitpunkt der internen Kommunikation sollte im Vorfeld mit Entscheidungsträgern der beteiligten Organisationen abgestimmt werden. Gerade eine fehler- oder mangelhafte Kommunikation (sowohl intern als auch extern) kann erhebliche Folgen für die bevorstehende Kooperation haben.

Eine betriebswirtschaftliche Partnerschaft heißt, verschiedene Menschen aus unabhängigen und selbstständigen Organisationen zusammenzubringen. Kommunikation ist das wichtigste Instrument für eine reibungslose Kooperation. An dieser Stelle beginnt die Partnerschaft.

6.7   Phase V: Partnerschaft Governance

Was zuvor geplant wurde, muss nun umgesetzt und auf lange Sicht eingehalten werden. Unter dem Begriff Partnerschaft Governance versteht man die organisatorische Leitung von Partnerschaften. Jürgen Weber definiert Governance als „Allianz-Steuerung" (Weber, 2006, S. 1299). „Governance zielt darauf ab, das Management einer Organisation oder einer politischen oder gesellschaftlichen Einheit im Sinne einer besseren Zielerreichung zu verbessern" (Wikipedia, 2019). An gemeinsamen Grundsätzen orientierte Verhaltensweisen im Sinn der Partnerschaft in einem Ökosystem sichern das unabdingbare gegenseitige Vertrauen. Erreicht wird dies i. d. R. durch die Einhaltung folgender Prinzipien:

- Wechselseitige **Rechenschaftspflicht** („accountability")
- Partnerschaftliche **Verantwortlichkeit** („responsibility")
- **Transparenz** von Organisationsstrukturen, Entscheidungsfindung bzw. Prozessen („transparency")
- **Faires Teilen** von Wissen, Ressourcen, Risiken und **Gewinn** („fairness")

Im Allgemeinen bedeutet Rechenschaftspflicht die gegenseitige Akzeptanz von Konsequenzen und die partnerschaftliche Einhaltung von projektbezogenen Kooperationsvorhaben und -plänen. Nachdem die Partnerschaft entstanden ist, sind die Beteiligten verpflichtet, wie geplant zusammenzuwirken. Noch wichtiger als die Plankonformität ist das

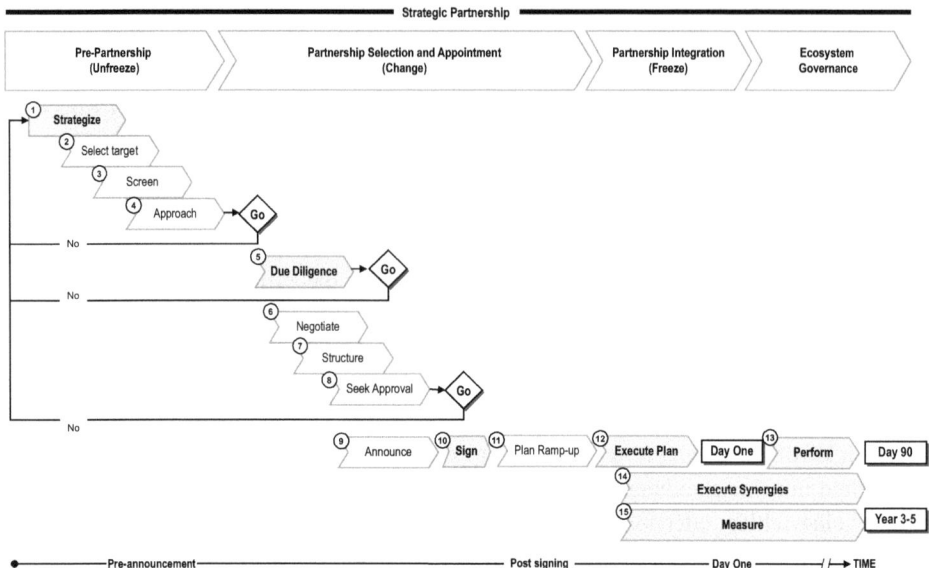

Abb. 6.5 Strategische Partnerschaft als Kreislauf und Prozess. (Quelle: eigene Darstellung)

gegenseitige Vertrauen, das aufgebaut und gepflegt werden muss. Manager tauschen freiwillig Wissen aus, sind bereit, sich gegenseitig zu unterstützen, und vertrauen in die Fähigkeiten ihrer Schicksalspartner.

Vertrauen entwickelt man in einer Partnerschaft auch durch Messung der kritischen
Erfolgsfaktoren. Mithilfe operativer Kennzahlen der Joint-Venture-Projekte – auch als *Key
Performance Indicators* (oder **KPI**) oder Leistungskennzahlen bezeichnet – wird der effektive Fortschritt oder der Erfüllungsgrad in Bezug auf Kooperationsziele oder kritische
Erfolgsfaktoren gemessen. Dabei finden die bereits erwähnten Partnerschafts-Scorecards
regelmäßig Anwendung. Das Wesen von Allianzen basiert auf Freiwilligkeit, doch diese
erfordert eine Steuerung mit geregelten Verantwortlichkeiten.

Nachdem wir nun alle Prozesse unter die Lupe genommen haben, kann ein sogenannter
Partnerschaftsfahrplan („partnership roadmap") entworfen werden. Diesen Prozess
habe ich mehrfach in der betrieblichen Praxis umgesetzt – jedes Mal mit Erfolg. Zu Beginn sind in Abb. 6.5 verschiedene Due-Diligence-Prüfungen vorgesehen wie FDD („Financial Due Diligence") oder ODD („Operational Due Diligence"). Solche Prüfungen
sind i. d. R. passgenau auf die Partnerschaftsszenarien zuzuschneiden.

6.8   Wiederholung macht den Meister

Ein Ökosystem besteht aus einer Vielzahl von Partnerschaften. Betrachtet man die Vielzahl
der Kooperationsabkommen als eine Kette von Vereinbarungen zwischen verschiedenen
Akteuren im Rahmen eines Partnerschaftsprogramms, würde der Keystone in der Lage

sein, wertvolle Erfahrungen, z. B. bei der Suche nach einem geeigneten Partner oder bei der Implementierung messbarer Synergien, von Fall zu Fall zu übertragen und zu nutzen. Eine neue Partnerschaft ist die Wiederholung der bisherigen Best Practices und Prozesse.

Was alle erfolgreichen Partnerschaften verbindet: Sie haben versucht, das wahrscheinlich mühseligere organische Wachstum durch Kooperationen zu beschleunigen. Dieses Motiv sollte vernünftigerweise die Regel sein. Im Fokus steht dann das anschließende gemeinsame Wachstum der Kooperationspartner im Ökosystem, möglichst unter verbesserten Voraussetzungen, hauptsächlich durch gegenseitige Synergien und Übertragung von erworbenen Kompetenzen und Erfahrungen („lessons learned").

Typisch für jede erfolgreiche strategische Partnerschaft sind weniger die quantitativen Sprünge. Wichtiger sind zunächst qualitativen Merkmale wie eine ausgeweitete Kundenbasis und ein höherer Kundennutzen, eine verbesserte Wettbewerbsposition, eine höhere operative Effizienz und, immer wieder, ein Zugewinn an Know-how oder Synergien. Was also sind die Charakteristika von Unternehmensökosystemen, die verschiedenen Partnerschaften mit Erfolg betreiben? Sie

- haben eine tragfähige, langfristige Vision und streben nach profitablem Wachstum auf einem Pfad, der ihrer Vision entspricht.
- kennen ihre Rolle und ihre Existenzberechtigung (Mission) im Markt sehr genau.
- artikulieren präzise ihre Ziele („objective") in puncto Wachstum und Struktur.
- definieren Strategien („strategy"), um diese Ziele zu erreichen.
- überprüfen regelmäßig, ob ihre Ressourcen ausreichen, um diese Strategien zu verfolgen. Im Fall, dass bestehende Partnerschaften nicht mehr strategiekonform sind, trennt man sich von ihnen. Hinterlassen sie eine Lücke, hält man Ausschau nach neuen Kooperationspartnern.
- sind bemüht, die DNA ihrer Organisation gesund zu halten und durch Kooperationen nicht allzu sehr zu beeinträchtigen („stabilisation").
- messen den Erfolg der Partnerschaften immer wieder einmal an den geänderten Realitäten, korrigieren gegebenenfalls den Kurs und transferieren Erfahrung und Wissen aus den absolvierten Partnerschaftstransaktionen.

Die Abb. 6.6 zeigt die Teilprozesse erfolgreicher Partnerschaftsprogramme in ihrem Zusammenwirken. Mit ihrem wiederholten Zyklus erweist sich der sukzessive Knowledge-Transfer durch die einzelnen Partnerschaften in Serie als überaus geeignetes Mittel der permanenten Anpassung, als iterativer und gut steuerbarer Prozess der Annäherung an das gewünschte Okosystem.

Fazit

In diesem Kapitel wurde der Prozess der Partnerschaftsprogramme erörtert. Wer strategische Partnerschaften und Allianzen umsetzt, muss großen Wert legen auf die Kompatibilität mit den Partnern hinsichtlich Vision, Wertesystem, Mission und Strategie. Denn: Nur

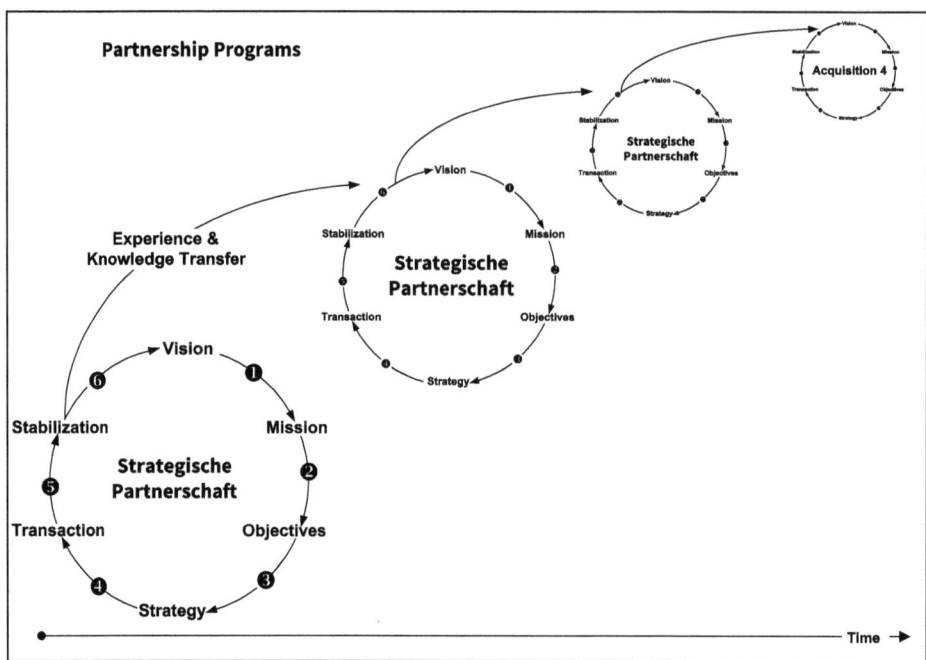

Abb. 6.6 Partnerschaftsprogramme. (Quelle: eigene Darstellung)

kompatible Partner können in einem Ökosystem Synergien generieren. Partnerschaften im Ökosystem sind keine einmaligen, voneinander unabhängigen Ereignisse. Wer sie als solche betrachtet, vergibt viele Chancen, das Unternehmensökosystem erfolgreich zu gestalten. Die Bedeutung strategischer Partnerschaften ist nicht zu unterschätzen. Sie bringen zum einen frische Finanzmittel für weitere Akquisitionen. Zum anderen sorgen sie für wachsende Marktstrukturen. Allianzen in Serie ohne strategische Ausrichtung führen i. d. R. dazu, dass der Wald vor lauter Bäumen nicht mehr zu sehen ist. Im nächsten Kapitel behandeln wir das Thema der Ökosystem-Governance.

Literatur

Krys, C. (2018). *Megatrends: A bigger picture for a better strategy.* https://www.rolandberger.com/en/Insights/Global-Topics/Trend-Compendium.html. Zugegriffen im März 2019.

Standing, M., Ronte, H., Tylor, K., & Reh, G. (2016). *Facing the tidal wave|De-risking pharma and creating value for patients.* London: Deloitte Touche Tohmatsu Limited.

Statista. (2017). *Demenzerkrankungen Dossier.* Statista.

Weber, J. (2006). *Handbauch mergers & acquisitions management* (Hrsg. W. Herausgeber). Wiesbaden: Gabler.

Wikipedia. (2019). *Governance* (28. März 2019). https://de.wikipedia.org/wiki/Governance.

Ökosystem-Governance

Zusammenfassung

Betriebswirtschaftliche Ökosysteme entstehen gezielt durch den Aufbau strategischer Partnerschaften zwischen Primärproduzenten und Komplementären. Es handelt sich dabei nicht um statische Strukturen. Im Gegenteil – Kooperationen können hochdynamisch sein, wie wir bereits im ersten Kapitel erörtert haben. Diese Komplexität hat ihre Ursachen in der Vielzahl der Verflechtungen und der wechselseitigen Einflussnahme aller Beteiligten in einem Ökosystem. In diesem Kapitel wird die Struktur eines Governance-Modells anhand eines Beispiels vorgestellt. Generell können Partnerschaftsunternehmen zwischen zwei Governance-Formen wählen: Steuerung durch Beteiligungen oder durch vertragliche Vereinbarungen zwischen finanziell selbstständigen und rechtlich unabhängigen Akteuren. Akquisition von Beteiligungen wird bevorzugt, wenn die Risiken eines opportunistischen Verhaltens sehr hoch sind. Vertragliche Vereinbarungen sind nützlich, um die gegenseitigen Rechte und Pflichten, die Beiträge der Partner, die Wege des Austauschs und das Vorgehen zur Bereinigung möglicher Konflikte zu klären. Unser Modell in diesem Buch beschreibt lediglich, wie Ökosystempartnerschaften unabhängig von Beteiligungen mithilfe eines Governance-Modells gesteuert werden und modulare, sequenzielle oder wechselseitige Synergien erzeugen.

7.1 Governance-Modell für strategische Partnerschaften

Wenn wir von Governance sprechen, geht es eigentlich um das laufende Management strategischer Partnerschaften so, dass sie ihre Ziele erreichen. Wechselseitige Rechenschaft, partnerschaftliche Verantwortlichkeiten, Transparenz und Fairness sind, wie schon in Abschn. 6.7 erörtert, das Fundament der Partnerschafts-Governance. Wesentlich ist dabei, dass ein kohärentes Governance-Modell installiert und damit die Allianz auf Gegenseitigkeit beruht und fair überwacht wird. Im Folgenden nehmen wir an, dass eine Kooperation zwischen zwei Parteien entstanden ist.

Dyer, Kale, und Singh (2004, S. 114) setzen fünf Kategorien für die Governance fest: Synergien, komplementäre Ressourcen, redundante Ressourcen und Fähigkeiten, Marktrisiken und -unsicherheiten und Wettbewerbsintensität. Diese Kriterien werden in unserem Governance-Modell als Grundlage eingesetzt bzw. erweitert. Mindestens sieben verschiedene Kriterien können für das Design und die wechselseitige Steuerung einer Partnerschaft herangezogen werden:

- Führungskompetenzen („leadership")
- Konsumentensegment und -netzwerk
- Gemeinsame Markenpolitik und -entwicklung („co-branding")
- Gegenseitige Investition und gemeinsamer Kapitaleinsatz
- Finanzielle Ressourcen und Stärken
- Strategische Ausrichtung und Übereinstimmung („strategic alignment")
- Infrastruktur und operative Fähigkeiten („infrastructure").

Im Folgenden werden wir diese Kriterien einzeln untersuchen. Die Abb. 7.1 veranschaulicht die allgemeineren Elemente eines dynamischen Governance-Modells, dessen Kriterien als Zahnräder dargestellt sind. Betrachtet man zwei Partner aus verschiedenen Sektoren, z. B. Apple (Consumer Electronics) und Volkswagen (Automotive) bei der Entwicklung eines autonomen Fahrzeugs, sind weitere Subfaktoren aus den jeweiligen Branchen zu berücksichtigen; im Fall von Volkswagen und Apple: die Konjunkturzyklen der Automobil- und der Konsumgüterindustrien.

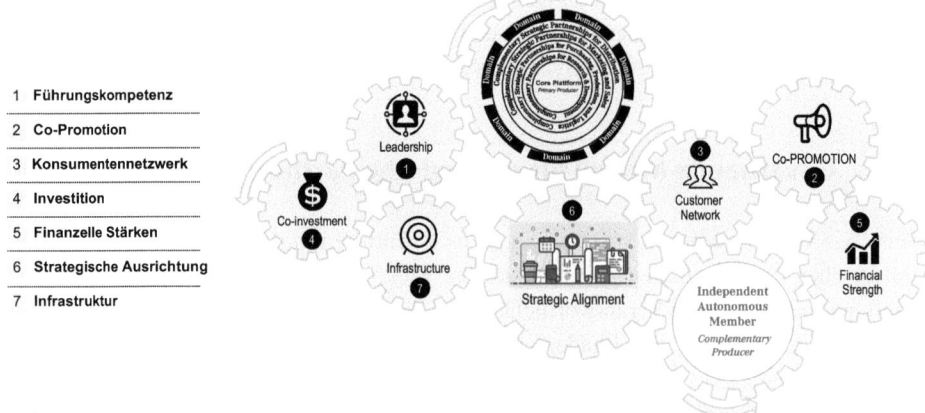

1	Führungskompetenz
2	Co-Promotion
3	Konsumentennetzwerk
4	Investition
5	Finanzelle Stärken
6	Strategische Ausrichtung
7	Infrastruktur

Abb. 7.1 Partnerschafts-Governance-Modell. (Quelle: eigene Darstellung)

7.1.1 Führungskompetenz

Führungskompetenz bedeutet zweierlei. Zum einen müssen die Ziele einer Partnerschaft im Ökosystem gemeinsam definiert, verhandelt und festgelegt werden. Zum zweiten gilt es, die beteiligten Menschen – die Partner und Mitarbeiter – so zu beeinflussen, dass sie die festgelegten Ziele in Übereinstimmung mit der strategischen Planung umsetzen. Die Fähigkeiten dazu sind wichtige Bestandteile einer Kooperationspartnerschaft im Ökosystem.

Die Führungskompetenz der Fachkräfte in einer Kooperationspartnerschaft ist das A und O für den erfolgreichen Aufbau und das Fortbestehen von Kooperationen. Führungskräfte der Partnerschaft treffen im Duett wechselseitige Entscheidungen, die von beiden Parteien akzeptiert und getragen werden. Beispiele: Die Entwicklung der gemeinsamen komplementären Synergien, die Definition der zeitlichen Implementierung der Partnerschaft, die gemeinschaftliche Befähigung und Synchronisierung der verschiedenen Organisationen sowie das Krisenmanagement, falls notwendig. Die Tab. 7.1 zeigt die weichen und harten Führungsfaktoren, um die vorgegebenen Ziele in einer Partnerschaft zu erreichen.

Zwingend erforderlich ist die Auswahl der Führungskräfte nach

- beruflichen Erfahrungen und Qualifikationen im Bereich Allianzen-Management;
- Persönlichkeitsmerkmalen;
- der Fähigkeit, verschiedene Unternehmenskulturen zu verbinden;
- Erfolgsmessungskompetenzen;
- Überzeugungs- und Kommunikationsfähigkeiten.

Wirklich entscheidend für den Erfolg der Partnerschaft sind indessen die kollektiven Führungsqualitäten. Die Qualitäten müssen die Anforderungen an der Marktgröße erfüllen. So wird das Managementteam eines Distributionspartners in einem sehr großen Markt sich anders zusammensetzen als ein Leadership-Team in einem eher kleinen Markt. Abhängig von der Partnerschaft, sei es im Bereich Forschung und Entwicklung, Produktion

Tab. 7.1 Leadership-Kompetenzen

Definition von Kooperationszielen	
Direkte Kooperationsführung mit **weichen** Faktoren	**Indirekte** Kooperationsführung mit **harten** Faktoren
• Gemeinsame **Werte** zwischen Partnern	• Geteilte **Planungsverfahren**
• Vermittlung der **Vision**	• Gemeinsame **Key Performance Indicators**
• **Kommunikation**	• Offene **Customer-Relationship-Management-Systeme**
• **Partnermotivation**	• **Kooperationsanreizsysteme**
• Gegenseitiges **Vertrauen**	• **Qualitätsmanagement**
• **Kompatible Kulturen** zwischen Partnern	• **Mitarbeiter- und Personalentwicklung**
Erfüllung von Kooperationszielen	

und Einkauf oder Vertrieb und Distribution, müssen die kritischen Erfolgsfaktoren und deren Schwellenwerte von den beiden Partnern im Vorfeld identifiziert und festgehalten werden. Für den Primärproduzenten sollen diese Schwellenwerte schon im Vorfeld eindeutig feststehen. Nur an diesen Vorgaben lassen sich die Performance und damit die Führungsqualitäten des jeweiligen Kooperationspartners messen.

In Anlehnung an das Leadership-Modell von Pelz besteht die Führung einer Kooperation in direkten und indirekten Führungsaufgaben. Die direkten Aufgaben sind eher weicher Natur und umfassen Themengebiete wie das Wertesystem, die Fähigkeit zur Vermittlung der Vision, zu Kommunikation und Mitarbeitermotivation, zum Aufbau gegenseitigen Vertrauens und kultureller Konvergenz.

Die indirekten Führungsaufgaben betreffen explizite, harte Faktoren, z. B.: Planungsverfahren, kritische Erfolgsfaktoren und -indikatoren (Key Performance Indicators), Management der Kundenbeziehungen (Customer Relationship Management), Anreizsysteme, Qualitätsmanagement und Personalentwicklung. Nach dem Modell von Pelz kommen Ergebnisse durch direkte und indirekte Führungsaktivitäten zustande. Diese Ergebnisse könnten wiederum als Feedback zur Verbesserung der Kooperationsvorgaben und -ziele genutzt werden. Neben harten Aktivitäten wie Planung, Organisation und Ergebniskontrolle sind weiche Treiber der Kooperation unabdingbare Leadership-Instrumente, die die Menschen langfristig zusammenbringen und binden. Weiche Faktoren hängen von gemeinsamen Werten ab (Gross, 2018).

Der ausgeprägten Ergebnisorientierung in einer Ökosystempartnerschaft steht die Kompetenz zur Risikoeinschätzung gegenüber. Denn beides, Gewinn und Risiken, sind eng miteinander verbunden. Ergebnisorientierung führt zur proaktiven Planung von Ergebnissen, Priorisierung der Haupt- und Teilaufgaben, Koordination der gegenseitigen Aktivitäten. Die Antenne fürs Risiko verbessert die Position der beiden Partner durch frühzeitige Erkennung von qualitativen wie quantitativen Risiken, und sie erlaubt deren Management. Bei der Auswahl des Partners sind die folgenden Fragen von Bedeutung:

- Was sind die beruflichen Hintergründe der Mitglieder seines Managementteams und welche Erfahrung haben die wichtigsten Führungskräfte?
- Hat das Führungsteam eine gesicherte Vision für die Zukunft?
- Ist der Partner in der Lage, Aufträge von großen Unternehmen und globalen Kunden zu gewinnen?
- Sind die wichtigsten Führungskräfte des Partners in der Lage, mit globalen Dienstleistern, Herstellern, Influencern und wichtigen Entscheidungsträgern zusammenzuarbeiten?
- Wie ist es um Branchen-Know-how und -Erfahrung des Führungsteams bestellt?
- Wie alt ist das Geschäft und seit wann wird es vom aktuellen Management geführt?
- Wie gestaltet die Geschäftsführung die Mitarbeiterbeziehungen, insbesondere zu Vertriebsmitarbeitern?
- Welchen Ruf hat die Geschäftsführung?

- Was sagen die aktuellen Lieferanten über den Partner?
- Wie ist die Managementeinstellung zur Innovation?
- Hat die Geschäftsführung einen realistischen und durchführbaren Nachfolgeplan erstellt?

7.1.2   Kunden- und Konsumentennetzwerk

Kundensegmentierung ist nichts Neues in der Literatur. Es gibt eine Vielzahl von Quellen, die sich dem Thema Marktsegmentierung – Markterfassung, Marktaufteilung und Marktbearbeitung – widmen. Im Großen und Ganzen handelt es sich dabei um eine sinnvolle Aufteilung des Markts für ein Unternehmen nach wichtigen Kategorien. In einem Business-Ökosystem sollte diese Aufgabe jedoch besser in einem holistischen Kontext betrachtet und behandelt werden. Ein Primärproduzent einigt sich mit einem Komplementär auf gewisse Zielmärkte und Konsumenten. Danach können beide ihre Vertriebsaktivitäten oder ihre Produktion entsprechend koordinieren, ihre jeweiligen Aktivitäten planen und sich gegenseitig ergänzen.

Im Ökosystem richtet sich der Fokus nicht nur auf einen einzigen Partner, sondern auf das Partnerschaftsportfolio des Primärproduzenten. Die grundlegende Frage lautet: Wie können ein etablierter Partner oder ein neuer Partnerschaftskandidat zum Netzwerk beitragen? Welche gegenseitigen Synergien können sich ergeben? Ganz wichtig sind dabei die bestehenden Kundenbeziehungen.

Nehmen wir beispielsweise an, dass ein Unternehmen einen Distributionspartner für den Wirtschaftsraum Paris einsetzen will. In diesem Fall muss im Vorfeld geklärt sein, auf welche Kundensegmente sich der Kandidat fokussieren soll, mit wem er bereits nachhaltige Kundenbeziehungen aufgebaut hat, und ob es im Netzwerk die eine oder andere Überschneidung gibt. Denn: Es geht darum, Synergien zu erzeugen. Wir erwähnten es schon: Partnerschaften im Marktsystem werden auf der Basis komplementärer Kompetenzen realisiert. In diesem Zusammenhang sind Synergien *der* kritische Erfolgsfaktor.

Konsumentennetzwerke werden nach verschiedenen Kategorien segmentiert – nach Regionen, Produkten, Alter, Präferenzen oder Kaufverhalten. Im B2B-Segment spielen zudem auch Branchen eine Rolle. Also: In welchem Sektor ist der Kunde angesiedelt?

Da die Partner in einem Ökosystem selbstständige Partner sind, ist zu erwarten, dass sie ihre Märkte selbst gestalten und steuern wollen. Daher ist es wichtig, dass der Primärproduzent einen potenziellen Wettbewerb zwischen den selbstständigen Partnern durch gegenseitige Abstimmung und klare Abgrenzung der Konsumentenmärkte ausschließt. Partner aus der gleichen Branche, die also um die gleichen Märkte und Kundensegmente ringen, können das Ökosystem mit drei Wettbewerbsformen belasten:

- Konkurrenzkampf mit dem direkten Wettbewerber,
- Konkurrenzkampf zwischen den komplementären Partnern,
- Konkurrenzkampf mit dem direkten Wettbewerber durch die Komplementäre.

Der traditionelle, also direkte Wettbewerb mit den Hauptkonkurrenten wird durch die Aktivitäten der konkurrierenden Plattformen hervorgerufen. Beispiel: Daimler bemüht sich in seinem Ökosystem gegen die Konkurrenz Volkswagen um die gleichen Kunden aus dem B2B-Segment. Die Managementliteratur schlägt verschiedene Maßnahmen vor, z. B. *Economies of Scale*. Oft weisen die konkurrierenden Produkte ähnliche Qualitätsmerkmale auf. Somit sind sie vergleichbar oder unterscheiden sich nur bedingt.

Gerade rivalisierende Großkonzerne, deren Produkte sich kaum voneinander unterscheiden, können schnell in einen Preiswettbewerb geraten. Da solche Wettbewerbsbedingungen es sehr schwierig machen können, die eigenen Marktanteile zu verteidigen, kann man in solchen Fällen davon ausgehen, dass bestenfalls marginale Gewinne entstehen. Unternehmen, die als Keystone in einem Ökosystem den Wettbewerb steuern, können die Rivalität der Produkte oder Preise vermeiden. Denn: Ökosysteme erschweren es dem Wettberber erheblich, in das Systemnetzwerk einzudringen oder es zu kopieren.

Andere Wettbewerbssituationen können im Ökosystem des Keystone entstehen. Dazu kann es kommen, wenn sich z. B. zwei Partner um dieselben Marktreviere bemühen oder wenn selbstständige Partner eng mit einem weiteren Ökosystem zusammenarbeiten wollen. Dies sind klassische Konflikte in Distributionskanälen. So ein Fall käme (theoretisch) vor, wenn z. B. ein Händler Produkte sowohl von Mercedes Benz als auch von BMW im gleichen Kundensegment vermarkten würde.

Eine solche Struktur würde zu einer steigenden Volatilität in den Ergebnissen des komplementären Partners führen, denn er konzentriert sich lediglich auf seinen eigenen Ertrag und vermarktet folgerichtig diejenigen Marken, die ihm den höchsten Gewinn versprechen. Dieses Verhalten wird sich als Fluktuation in Umsatzergebnissen und Investitionen dieses Partners widerspiegeln.

In der Realität ist dieses Phänomen nicht selten. Denn z. B. in der Autobranche sind Multibrand-Händler gang und gäbe. Konzerne, also Primärproduzenten, die es wagen, solche Kandidaten durch eine Unternehmensübernahme im eigenen Sinn zu beeinflussen, werden oft mit herben Verlusten – zumindest am Anfang der Integration nach der Übernahme – bestraft. Denn: Der Intrabrand-Wettbewerb dient einer Ertragssteigerung, die durch die Einschränkung und Fokussierung des Produktportfolios nicht zu erreichen ist.

Ähnliches geschieht, wenn Primärproduzenten die bestehenden Channel-Partner ersetzen oder zu Fusionen zwingen. Beide Fälle sind hochkomplexe Vorgänge, typischerweise im Marketing-Management angesiedelt. Oft beginnen die rivalisierenden Partner mit einem Preiskampf, der den Akteuren im selben Segment des Ökosystems massiv schaden kann. Die zunehmende Internalisierung der Marktaktivitäten verursacht erhebliche Preisgefälle. Vertraglichen Vereinbarungen zwischen den Akteuren setzt indessen das Wettbewerbsrecht Grenzen.

Ökosysteme bieten einen Lebensraum für langfristige Partnerschaften, die den systeminternen Wettbewerb durch explizite oder implizite Kooperationen ersetzen. Gerade die branchenübergreifenden Konsumgütermärkte erfordern die Zusammenarbeit zwischen Komplementären aus heterogenen Systemsphären. Beispiel: Als Microsoft und Steelcase

2017 ihre strategische Partnerschaft ankündigten, reagierte der Kreis der weltweiten Fachhandelspartner des Möbelherstellers geradezu euphorisch. Der Grund: Die Steelcase-Partner sahen in Microsofts Hardwarelösungen sinnvolle Ergänzungen für ihr Portfolio. Freilich stehen diese Firmen untereinander nicht im Wettbewerb. So kann die Kooperation gewinnbringend für alle sein.

Wichtige Fragen zur Partnerwahl:

- Setzt der Partner ein Customer-Relationship-Management-System (CRM) ein?
- Wie geht der Partner mit dem Wettbewerb um?
- Auf welche Kundensegmente konzentriert sich der Partner?
- Kann der Händler seinen Umsatz dauerhaft halten?
- Vermarktet der Partner ein breiteres Sortiment an Produkten?
- Was ist die Motivation des Partners, unsere Produkte in seinem Portfolio zu vermarkten?
- Wie wettbewerbsfähig wird das Portfolio des Partners durch die Kooperation mit dem Keystone?
- Erkennt der Partner, wie der Primärproduzent auf sein aktuelles Marktangebot wirken kann?
- Handelt es sich bei dem Partner um einen Hersteller in einem eigenen Segment?
- Wie überwacht und misst der Händler seine Verkaufs-Pipeline-Ergebnisse?
- Welcher Art ist der Kundenstamm des Partners? Sind es z. B. wiederkehrende oder einmalige Kunden, wie sieht der Kundenlebenszyklus aus, wie hoch sind die Umsatzkosten pro Kunde und die Neukundengewinnquote?
- Passt das aktuelle Portfolio des Partners zur Philosophie und den Erwartungen des Primärproduzenten?
- Welche Möglichkeiten sind vorhanden, um Produkte des Primärproduzenten mit dem Portfolio des Partners zu kombinieren?
- Welche aktuellen Produktlinien und Dienstleistungen offeriert der potenzielle Partner und sind diese kompatibel mit den Angeboten des Primärproduzenten?

7.1.3 Co-Promotion

Nie waren effektive Sales Promotions auf dem globalen Markt so wichtig wie heute. Eine der wesentlichen Kompetenzen des modernen Managers ist es, partnerschaftliche Promotionsansätze zu entwickeln (Kotler & Armstrong, 2018). Oberstes Ziel im Ökosystem der selbstständigen Partner ist es, die Markenstärken aufrechtzuerhalten. Grund ist das Markenvermögen des Ökosystems. Unter dem Begriff Co-branding versteht man die gemeinsame Markenpolitik und -entwicklung zwischen selbstständigen Partnern. Co-branding ist wichtig für ein Ökosystem. Denn: Die gemeinsame Vermarktung und konsistente Marktpositionierung können sowohl dem Primärhersteller als auch seinen komplementären Partnern helfen, ihre Identität zu bewahren und gleichzeitig am gemeinsamen Ziel zu arbeiten. Co-branding-Maßnahmen sind vielfältige betriebswirtschaftliche Marketingaktivitäten, die nur durch partnerschaftliche Investitionen möglich sind.

Dabei müssen die Beteiligten in einem Ökosystem vier Fragen beantworten:

• Wie generieren wir messbare gemeinsame Geschäftsergebnisse?
• Wie können wir Kunden an uns binden?
• Auf welche Promotionskanäle sollen wir uns konzentrieren?
• Wie können wir das alles in begrenzter Zeit und mit den verfügbaren Ressourcen erreichen?

In diesem Zusammenhang werden wichtige Aspekte der effektiven Promotion geklärt, z. B. die Bereitschaft, an Marketingaktivitäten und Kundenbindungsprogrammen des Primärproduzenten teilzunehmen oder einen gemeinsamen Marketingplan für Marken und Produkte zu entwickeln. Gefragt wird nach der Entschlossenheit und dem Engagement bei Investitionen in partnerschaftliche Promotionen, der proaktiven Teilnahme an Veranstaltungen, der aktiven Ausarbeitung von Best Practices und der Einflussnahme auf die Mitglieder des Netzwerks sowie dem effektiven Einsatz von sozialen Medien (Social Media), Internet und digitalen Kanälen.

Der komplementäre Partner muss über eine mit dem Ökosystem vergleichbare Reputation in seinem Marktsegment verfügen und diese tatkräftig ausbauen wollen. Nur so kann er in einem großen Ökosystem mit einer Vielzahl von direkten und indirekten Kooperationspartnern die Kunden zufriedenstellen. Der Primärproduzent und seine Partner sollen erfolgreiche Kampagnen Hand in Hand erarbeiten. Nur so entwickeln sie positives „Brand Equity".

Die Produkte und Lösungen, mithin die Marken, werden den Konsumenten und Influencern im Ökosystem vorgestellt – oft mithilfe aktiver Werbung. Kunden werden so mit den gemeinschaftlichen Lösungen vertraut gemacht. In der Folge werden sie die Produkte und Dienstleistungen erkennen und ausprobieren. Fallen die Erfahrungen positiv aus, rückt das Produkt in den Kreis der Favoriten auf. Nach einer Reihe von guten Erfahrungen und Erlebnissen empfehlen die Nutzer das Produkt weiter. Auf diesem Weg gewinnt es an Ausstrahlung.

Wir betrachten drei Aspekte der Produktlinien des Partners: (1) er kann Konkurrenzprodukte in seinem Portfolio positionieren, (2) er produziert oder verfügt über kompatible Produkte und ergänzende Dienstleistungen und (3) er bietet komplementäre Produkte und Dienstleistungen an.

Aus strategischer Sicht können Primärproduzenten ihre Kooperationen im Bereich Co-Branding so gestalten, dass sie Kundennutzen maximieren. Dieser Ansatz ähnelt der Wertschöpfungskette von Porter (1985) – von der Entwicklung bis zur Vermarktung von Produkten und Dienstleistungen. Geht es aber schwerpunktmäßig um Ökosysteme, müssen wie einen weiteren Aspekt einbeziehen: den der Economies of Network. Deshalb präsentierte Kumar (2004) ein 3V-Framework bestehend aus dem Valued Customer, der

Value Proposition und dem Value Network. Der Mehrwert im Ökosystem wird durch ein Netzwerk von Nutzern und Konsumenten erzeugt.

An dieser Stelle ergeben sich weitere wichtige Fragen:

- Verfügt der Partner über ausreichende Kenntnisse und Erfahrungen im Ökosystem?
- Pflegt der Partner mit den einflussreichen Influencern des Ökosystems sinnvolle und gewinnbringende Beziehungen?
- Nutzt der Partner soziale Medien und das Internet für die Vermarktung seiner Produkte?
- Welche Forschungsprojekte verfolgt der Partner für die Entwicklung innovativer Produkte, Dienstleistungen oder Verfahren?
- Nutzt der Händler Print- und Digitalmedienwerbung als Teil seiner Marketingstrategie?
- Folgt der Partner einem Business-Plan für seine Produkte?

7.1.4   Investition und Kapitaleinsatz

Strategische Partner im Business-Ökosystem stellen eigene Ressourcen wie Produkte, Vertriebskanäle, Fertigungskapazitäten, Projektfinanzierung, Kapitalausstattung, Wissen, Know-how oder geistiges Eigentum (wie Patente) zur Verfügung. In diesem System, das auf Synergien abzielt, hofft jeder Partner, dass die Vorteile des Bündnisses größer sein werden als seine Kosten. Die Kooperationen beinhalten oft einen Technologietransfer (Zugang zu Wissen und Know-how) sowie die Teilung von Kosten und Risiken.

Es gibt fünf Grundkategorien von Investitionen in einer Partnerschaft:

- Die Partner sind bereit, gemeinsam auf den Markt zu gehen, um komplementäre Produkte und Dienstleistungen zu verkaufen.
- Die Partner beabsichtigen, gemeinsam einen spezifischen Lösungsansatz zu entwickeln.
- Die Partner wollen ihre Produkte und Dienstleistungen gemeinsam regional vermarkten.
- Die Partner beteiligen sich finanziell gegenseitig.
- Die Partner gründen eine neue Firma, um gemeinsam wirtschaftlich aktiv zu sein (Joint Venture).

Investitionen bedürfen also langfristiger Entscheidungen mit dem Ziel, Gewinne zu erwirtschaften. In einem Ökosystem ist das gemeinsame Ziel: Gewinnmaximierung für alle Beteiligten. Im Grunde genommen sind Primärproduzenten und Komplementäre Investitionspartner. Die Gründungsphase einer Partnerschaft ist zentral für solche Vorhaben. Denn in dieser Phase einigen sich alle Beteiligten auf die Investitionsvolumina sowie auf die finanziellen und operativen Risiken, die sie einzugehen bereit sind. In einer rechtlich bindenden Vereinbarung oder in einem Vertrag zwischen den Unternehmen, die sich dem System wegen der Synergien anschließen wollen, werden Ausgaben und Einnahmen zwischen den Partnern entsprechend ihrem investiven Einsatz geregelt.

In der strategischen Allianz eines Marktökosystems sind Investitionen unumgänglich. Einmalige und wiederkehrende Investitionen entstehen durch diverse, vertraglich geregelte Schritte der Kooperation. Erforderlich sind sie zum Beispiel beim Aufbau der zentralen Organisationseinheiten, bei der Akquisition neuer Kunden, für den Zugang zu neuen Märkten und Technologien, für die Anpassung und Harmonisierung von System und Prozessen, für die Integration, die Einstellung von neuem Personal, als Investitionen in Werbung und Promotion oder in Gestalt von Finanzierungskosten, Berater- und Anwaltskosten.

Auch zum Thema Investitionsbereitschaft sind einige wichtige Fragen an den Partner zu stellen:

• Verfügt der Partner über ausreichendes Eigenkaptal für die künftigen Investitionen?
• Wie oft aktualisiert er seine Infrastruktur und sein Geschäftsmodell?
• Macht seine Infrastruktur künftige Investitionen erforderlich? In welcher Höhe?
• Was ist die Weighted-Average-Cost-of-Capital(WAAC)-Quote des Partners?
• Welche Kredit-Ratings hat der Partner?
• Wieviel Prozent seines Umsatzes investiert er in Forschung und Entwicklung oder in die Weiterentwicklung seiner Vertriebskanäle?

7.1.5   Finanzielle Stärken

Für den Primärproduzenten ist von zentraler Bedeutung, dass sich strategische Partner in seinem Ökosystem an Investitionen beteiligen. Effizienz und Kostenkontrolle sind die Schlüssel zum Erfolg im Rahmen von Kooperationen in einer dynamischen Marktstruktur mit vielen Teilnehmern. Daher ist die Finanzkraft der strategischen Partner ein kritischer Erfolgsfaktor des gesamten Systems.

Das Governance-Modell einer Partnerschaft dient nicht zuletzt dazu, etwaige Verbindlichkeiten, finanzielle Stärken und Schwächen des Partners rechtzeitig zu identifizieren. Die wesentlichen Fragen lauten:

• Steht der Partner unter Gläubigerdruck?
• Gibt es langfristige Verbindlichkeiten wie Mietkauf und Finanzleasingverpflichtungen, die zur Verschiebung seiner Investitionen in gemeinschaftliche Vorhaben führen könnten?
• Ist der Partner in der Lage, selbstständig Gewinne zu erzielen?
• Verfügt der Partner über das notwendige Wissen, um Eigen- oder Fremdkapital in einer Partnerschaft plangemäß einzusetzen?

Es gibt viele Möglichkeiten, die Finanzkraft der Partner zu messen. Im Rahmen eines Governance-Modells müssen solche Kennzahlen im Vorfeld der Partnerschaft und während der Kooperation beobachtet werden. Entscheidend ist die Wahl der geeigneten Messinstrumente. Dabei sind die Branche, der Lebenszyklus, der Zeithorizont, die Geschäftsziele und die wirtschaftlichen Rahmenbedingungen zu berücksichtigen. In einem branchenübergreifenden Ökosystem werden die Unterschiede der finanziellen Leistungsfähigkeit von Partnern noch deutlicher. Es ist daher bedeutend, die finanziellen Stärken und Schwächen eines Partnerschaftskandidaten im Verhältnis zu seiner Branche und im Vergleich mit den vergleichbaren Akteuren im Ökosystem zu ermitteln.

Generell kann die Finanzkraft eines Partners in mehreren Schlüsselfeldern untersucht werden. Die wichtigsten sind: Profitabilität, Liquidität und Zahlungsfähigkeit.

Die Profitabilitätskennzahlen spiegeln die Fähigkeit des Partners wider, Gewinne zu erwirtschaften. Arbeitet ein strategischer Allianzpartner nicht rentabel, kann er nicht an gegenseitigen Marktaktivitäten und -entwicklungen teilnehmen. Dadurch entstehen Lücken im Netz des Ökosystems und eventuell Opportunitätskosten für den Primärproduzenten. Fehlende Profitabilität reduziert Eigenkapital oder Vermögen. Dies kann über einen längeren Zeitraum schlimmstenfalls zur Insolvenz und Liquidation des Partners führen.

Getreu dem Prinzip der fairen Gewinnverteilung im Ökosystem ist im Rahmen eines Governance-Modells kontinuierlich darauf zu achten, dass Kooperationspartner rentabel arbeiten. Je größer das Verhältnis vom Nettogewinn eines Unternehmens zum Umsatz, desto stärker ist seine Finanzkraft. Ein anderes Beispiel ist die Rendite von Investitionen oder Return on Investment (ROI), die das Verhältnis zwischen dem Ertrag einer Investition und dem investierten Kapital misst.

Eine weitere Messgröße für die Finanzkraft eines Partners ist die Liquidität. Sie misst die Fähigkeit des Partners, seine Ressourcen effektiv zu nutzen. Kann ein Unternehmen seine kurzfristigen Verbindlichkeiten nicht rechtzeitig bedienen, droht die Insolvenz. Je höher die verfügbaren Mittel im Verhältnis zu den kurzfristigen Schulden, desto stärker ist die Finanzraft des Partnerunternehmens. Quick Ratio z. B. misst die Vermögenswerte des Partners, die kurzfristig in Bares umgewandelt werden können. Die Turnover Ratio misst das Verhältnis zwischen Umsatz und (durchschnittlichen) Forderungen.

Hinzu kommen weitere Indikatoren der Zahlungsfähigkeit eines Partners, die seine langfristigen Schulden und ähnliche Verpflichtungen betreffen. Die Schuldenquote oder Debt Ratio stellt das langfristige Fremdkapital der Gesamtkapitalstruktur gegenüber. Auch Gearing-Ratios werden eingesetzt, um die Kapitalstruktur eines Kooperationspartners zu beurteilen. Wichtig ist, dass ein Gleichgewicht zwischen Fremdkapital und Eigenkapital besteht.

Wenn Partner im Ökosystem ihre Forderungen nicht rechtzeitig begleichen, können daraus Probleme für Teile des Netzwerks erwachsen. Partner, die viel Zeit für die Begleichung ihrer Rechnungen benötigen, verursachen unerwünschte Transaktionskosten beim Primärproduzenten. Daher kommen weitere Kennzahlen wie Days Payable Outstanding

(DPO) und Days Sales Outstanding (DSO) in der Praxis vor, um das Working Capital des Partnerschaftskandidaten und sein Zahlungsverhalten langfristig zu evaluieren.[1]

Auch im Lauf der Partnerschaft gilt es, die Entwicklungen im Netzwerk zu beobachten. Für dieses Controlling bedarf es zuerst einer kompetenten langfristigen Planung der finanziellen Ressourcen in der Kooperation. Wichtige Fragen zur Prüfung von finanziellen Stärken des Partners sind:

- Wie haben sich seine Umsätze bisher entwickelt?
- Was sind die Wachstumstreiber und Wachstumstrends?
- Welche Financial Controls wendet der Partner an, um operativen Risiken gegenzusteuern?
- Wie messen die Partner ihre finanziellen Risiken mit Lieferanten (z. B. Anbieter von Dienstleistungen und Informationen), Kreditgebern und Kunden?
- Hat der Partner gegenüber Muttergesellschaften oder Aktionären Verpflichtungen, z. B. zur Dividendenzahlung?
- Betreibt der Partner ein profitables Geschäft?
- Mit welchen Strafen rechnet der Partner in Zukunft aufgrund gesetzlicher Vorgaben oder Rechtsstreitigkeiten?
- Welche Kreditlinien hat der Partner?
- Verfügt der Partner über Geldreserven und Eigenkapital?
- Sind die Bargeldreserven des Partners im Lauf der Zeit gesunken?
- Reicht die Produkt-Pipeline des Partners aus, um die prognostizierten Einnahmen zu erhalten?
- Sind Programm- und Projektmanager für den Gewinn verantwortlich?
- Wie sieht die aktuelle Vermögensstruktur des Partners aus (z. B. Aktienkonzentration, kurzfristige Liquidität)?
- Wie hoch ist der Forderungsstand?
- Wie hoch sind die Kapitalkosten des Partners? (Faustregel: Die Zinsbelastungen sollten kleiner als 3 % des Umsatzes sein)
- Welche Leistungskennzahlen (Key Performance Indicators) erfasst, überwacht und beurteilt der Partner regelmäßig?
- Hat der Partner einen engagierten Finanzchef?
- Sind Anomalien in den Finanzdaten erkennbar?

7.1.6 Strategische Ausrichtung

Die strategische Ausrichtung ist maßgeblich für eine erfolgreiche Zusammenarbeit in einem Partnerschaftsmodell. Ein multisektorales Ökosystem als ein Geflecht von komplementären Partnern verfolgt Strategien zur Realisierung von branchenübergreifenden Synergien auf

---

[1]Im Allgemeinen: DSO misst die Effizient beim Einzug der Forderungen. DPO zeigt die durchschnittliche Dauer zur Begleichung eigener Forderungen.

Basis von Allianzen und Kooperationen. Synergien sind die Hauptmotivation für Allianzen (Harrison et al., 2001). Was unterschiedliche Firmen in einem Kooperationsnetzwerk verbindet, sind gemeinsame Ziele, ähnliche Wertesysteme sowie die Teilnahme an der strategischen Entwicklung der Gemeinschaft. Das Governance-Modell eines Ökosystems macht es möglich, Partner aus homogenen oder heterogenen Bereichen an sich zu binden und zu steuern.

Der Prozess der strategischen Ausrichtung verknüpft die notwendigen Ressourcen mit dem Geschäftsumfeld des Ökosystems. Die gemeinsamen Werte erfordern eine höhere gemeinschaftliche Leistung. Mit dem Governance-Modell werden die Beiträge harmonisiert, die die verschiedenen Partner zu den Prozessen zu leisten haben, um messbare Ziele zu verwirklichen. Im Großen und Ganzen kann eine strategische Ausrichtung als umfassender Ansatz betrachtet werden, die Realisierung von machbaren Synergien zu verfolgen.

Die Literatur behandelt die Methoden zur Analyse oder Entwicklung von Unternehmensstrategien in Kooperationen ausführlich. Nach geltender Meinung handelt es sich um die gegenseitige Einflussnahme auf die unternehmenspolitischen Ziele und Missionen sowie auf die Kooperationsaktivitäten. Mit anderen Worten: Die beteiligten Partner suchen Einigung in der konkreten Zielsetzung und Umsetzung der Kooperation. Zeitliche und operative Rahmenbedingungen sowie die erforderlichen Investitionen sind Bestandteil der strategischen Ausrichtung. Angestrebt wird u. a. die Synchronisierung der Aktivitäten und Investitionen. Dabei definieren die komplementären Partner ihre Ziele selbstständig, um sie dann in Abstimmung mit dem Primärproduzenten zu verfolgen.

Ein Mangel an strategischer Ausrichtung erhöht die Wahrscheinlichkeit von Fehlverhalten im Markt. Auf lange Sicht kann er auch zu Konflikten in Bezug auf die Festlegung von Prioritäten, auf Investitionen und die Erreichung visionärer Ziele führen. Ein wichtiger Punkt bei der strategischen Ausrichtung ist die territoriale Marktabdeckung. Generell kann man davon ausgehen, dass eine umfassende Marktabdeckung des Partners auch beim Primärhersteller eine Umsatzsteigerung bewirken kann.

Wichtige Fragen zu diesem Thema sind:

- Verfügt der Partner über umfassende Kenntnisse vom Markt, seinen Wettbewerbern, perspektivischen Kunden, Kundenerwartungen und Wachstumspotenzialen?
- Ist die Zielsetzung des Partners hinsichtlich der Marktpotenziale mit den Schätzungen der Primärproduzenten konsistent?
- Führt der Partnerkandidat regelmäßig strategische Planungen durch?
- Welche Marketingstrategie verfolgt der Partner?
- Verfolgt der Partner Kostenführungs- oder Differenzierungsstrategien?
- Was motiviert den Partner, sich dem Ökosystem anzuschließen?
- Wer sind die Anteilseigner des Partners? Gehört der Partner zu einer konkurrierenden Gruppe?
- Welchen Werten folgt der Partner? Sind seine Werte konvergent mit denen des Primärproduzenten?

7.1.7   Infrastruktur

Die Infrastruktur als Plattform befähigt den Partner zur Teilnahme am Marktsystem. Der Partner muss in der Lage sein, die künftigen operativen Aktivitäten, die gemeinsam – direkt oder indirekt – mit dem Keystone durchgeführt werden, eigenständig zu unterstützen. Die beteiligten Parteien füllen die Lücken am Markt durch notwendige Investitionen. Zum Beispiel passt ein Autohändler Showroom und Vertriebskapazität der Plattform seines Automobilherstellers an.

Die Qualität der operativen Fähigkeiten ist ein synergetischer Bestandteil der Partnerschaft mit dem Keystone des Ökosystems. Der Komplementär ergänzt das an die Konsumenten des Partners gerichtete Angebot. Ein Partner, der die Diffusion der innovativen Produkte des Keystone nicht mittragen kann, wird das gesamte Netzwerk beeinträchtigen. Denn nur die Konsistenz der Infrastruktur und der operativen Aktivitäten sichert den nachhaltigen Erfolg der Partnerschaft.

Zur Infrastruktur gehören auch die immateriellen Vermögenswerte, z. B. Kultur, Marke, Kundenbeziehungen, Systeme und intellektuelles Kapital wie Patente, Lizenzen, Trademarks oder Copyrights.

Wichtige Fragen in diesem Kontext sind:

- Hat der Händler ein Organigramm mit festgelegten Verantwortlichkeiten?
- Was ist die Unternehmenskultur des Partners?
- Verfügt der Partner über adäquate Prozesse, Trainingsansätze, Systeme, Showrooms bzw. Arbeitsräume, Kundenzufriedenheitsprogramme sowie Kapazität?
- Liegen Konflikte mit Wettbewerbern vor, z. B. Überschneidungen in Vermarktung, Produktion oder Forschung?
- Wie hoch ist die Personalfluktuation?
- Werden eigene Unternehmenstrainings durchgeführt?
- Fördert der Partner Schulungen in Bezug auf seine strategischen Ziele?
- Welche Prozesse, Systeme, Verfahren und Einrichtungen des Partners können dem Ökosystem Mehrwert bringen?
- Kann der Partner Qualitätszertifikate vorweisen, etwas ISO 9000 und ähnliches?
- Liegen Patente oder andere Assets vor, die dem Ökosystem nützlich sein könnten?
- Wie unterstützt der Partner den Innovationsprozess?

7.2   Case Study

Lassen Sie uns das Governance-Modell am Beispiel eines Herstellers und seines komplementären Retail-Partners im Segment Elektronikeinzelhandel für Consumer Electronics beleuchten. Das Unternehmen verfügt über ein großes Ökosystem aus 420 Filialen in Europa, dem Mittleren Osten und Afrika (EMEA). Die Lieferanten der Kette sind strategische Partner. Ihre Mitarbeiter werden weltweit mit Schulungen, Werbung und Marketingkampagnen unterstützt. Die Produktkategorien des Unternehmens sind: stationäre und mobile Computer, Tablets, Smartphones, Drucker, Kameras, Küchengeräte, TV und Projektoren, Audio, Haushaltsgeräte und Spielzeuge. Das Unternehmen hat einen Marktanteil im B2C-Segment von durchschnittlich 26 %.

Im B2B-Segment fällt das Ganze noch ein bisschen spärlicher aus, da Geschäftskunden direkt bei den Herstellern einkaufen. Die Gruppe erzielt einen Umsatz von 25 Mrd. € mit über 70.000 Mitarbeitern und ist 250-mal lediglich in Deutschland mit vergleichbaren Stores vertreten. Der Retailer ist ein Komplementär in multiplen Ökosystemen von Unternehmen wie Microsoft, Samsung, Toshiba, Apple, Sony, Siemens, Bosch, Bauknecht, LOEWE, Philips und Bang und Olufsen. Er bedient Kunden im mittleren Preis- bzw. Premiumsegment. Mit laufenden Angeboten verkauft er Produktneuheiten unter dem regulären Preisniveau. Somit zieht der Einzelhändler Millionen von Kunden pro Jahr an.

Etwa 50 % der Stores gehören dem Konzern. Weitere Geschäftseinheiten sind im Rahmen von individuellen Verträgen mit selbstständigen Lizenznehmern abgeschlossen. Die Gruppe investiert etwa 3 % ihres Umsatzes in Werbungen in TV, Hörfunk und sozialen Medien. Die Marktsegmente des Retailers teilen sich in drei Kategorien: A und B. Die A-Märkte konzentrieren sich auf Großstädte und Ballungszentren wie Berlin, Frankfurt, Hamburg, Düsseldorf, München, und Stuttgart. In diesen Städten erreichen die Händler Millionen von Konsumenten. Damit erreichen diese Märkte ein Umsatzvolumen von 400 Mio. € pro Jahr.

Entsprechend der Größe dieser Städte findet man dort jeweils fünf bis zehn Filialen. Die B-Märkte sind kleiner als die A-Märkte. Hier sind Jahresumsätze von jeweils höchstens 200 Mio. € zu erwarten. Kleinere Städte bekommen einen Zugang über digitale Kanäle. Hier dienen die A- und B-Händler als Hubs im Ökosystem des Händlers. Diese Struktur wird im klassischen Marketing als Vertrieb über Indirect Channels bezeichnet.

Nun lautet die Frage: Wie würde das Ökosystem des Primärproduzenten Apple mit einem solchen Retailer aussehen? Für den Hersteller Apple ist der Retailer ein Komplementär; der sich in der dritten Schicht seines Ökosystems als strategischer Partner im Bereich Marketing, Vertrieb und Distribution bewegt. Das Governance-Modell wird entsprechend um diese Marktsegmente herum strukturiert. Denn die Anforderungen im einzelnen Marktsegment unterscheiden sich durch die Dichte des Markts, die Kapitalintensität sowie die Zielgruppen.

Im Bereich **Leadership** ist zu erkennen, dass die großen Fachhandelspartner im Bereich Vertrieb über signifikante Erfahrung verfügen. Für größere Märkte ist es darüber hinaus erforderlich, dass der selbstständige Partner über ein eigenes Supervisory Board verfügt. Dies ist in kleineren Märkten nicht unbedingt nötig. Denn viele B-Händler gehören als Spoke zu Tier-A-Händlern – die A-Händler fungieren im Netzwerk als Hubs und versorgen die kleineren Business-Partner mit Kapital und gemeinsamer Werbung. Der Tier-A-Händler übernimmt also die Marketingaufgaben und versorgt die kleineren Märkte mit

Personal und Kapital. Sollten Fachhandelspartner im Ökosystem von persönlichen Eigentümern geführt werden, steht die Frage der Nachfolgeregelung im Raum. Im Fall einer Veränderung im Management des Partners ändert sich oft die Wettbewerbslage des Primärproduzenten. Daher sollte auch die Nachfolgeregelung bereits im Vorfeld erörtert werden.

Als nächstes beleuchten wir das Thema **Co-Promotion**. In unserem hypothetischen Beispiel sind die Gewichte etwas anders verteilt als in der vorhergegangenen Fallstudie. Die Anforderungen an Absatzförderungskooperationen sind recht hoch. Die A- und B-Klassen unterscheiden sich in dieser Kategorie kaum, da die Volumina von B2C-Geschäften stark von wirksamen Werbemaßnahmen im weiteren Sinn abhängen. Neben den digitalen Kompetenzen ist die aktive Teilnahme an Marketingprogrammen des Keystones Apple ein wesentlicher Partnerschaftsindikator im Ökosystem. Hinzu kommt ein dediziertes Pflichtmarketingbudget von 1 % des Umsatzes, regelmäßig für große A-Händler und optional für B-Händler.

Zu beachten ist, dass das Governance-Modell und seine Partnerschaftsindikatoren anders aussehen, wenn der Primärproduzent seine strategische Ausrichtung ändert. Zum Beispiel wäre der letzte Punkt im Bereich Co-Promotion dann auch für die B-Händler zwingend. Daher ist es wichtig zu berücksichtigen, dass die Indikatoren für eine erfolgreiche Zusammenarbeit immer von den Zielvorgaben abhängig sind.

Wie bereits diskutiert, findet hier der sog. Interbrand-Wettbewerb statt, indem der Retail-Partner sich für multiple, ähnliche Produkte mit nahezu gleichen Funktionen starkmacht. Eventuelle Vereinbarungen mit den Wettbewerbern z. B. könnten die Situation derartig belasten, dass der Keystone seine Marktanteile in gewissen Regionen verliert. Daher ist der Einsatz des Governance-Modells zwingend erforderlich, um solche unerwünschte Dyssynergien im Netz gegenzusteuern.

Die Tab. 7.2 zeigt alle Indikatoren samt den Anforderungen.

Fazit

Ökosysteme besitzen mindestens ein integratives Governance-Modell für Kooperationen. Ein solches Managementinstrument ist keine statische Struktur und wird im Lauf der Partnerschaften erheblich weiterentwickelt. In diesem Kapitel haben wir die wichtigsten Steuerungselemente eines partnerschaftlichen Governance-Modells erläutert. Ohne ein Governance-Modell kann kein Ökosystem auf Basis von strategischen Partnerschaften erfolgreich die zunehmenden Komplexitäten des Markts bestehen. Wir haben sieben Faktoren zur Steuerung der Kooperationen studiert: Führungskompetenzen, Konsumentennetzwerke, Co-branding, Investition und Kapitaleinsatz, finanzielle Ressourcen und Stärken, strategische Ausrichtung und Infrastruktur sowie operative Fähigkeiten.

Tab. 7.2 Governance-Modell am Beispiel eines Keystones und seines komplementären Handelspartners in den strategischen Segmenten A und B in Deutschland

#	Indikator	Tier A		Tier B	
Führungskompetenz (Leadership)					
1	Anzahl der Mitglieder des Top-Managementteams	3+	●	2+	●
2	Digital-Marketing-Kompetenzen	Fortgeschritten	■	Fortgeschritten	■
3	Kumulierte Erfahrung des Managementteams	15+	■	6+	■
4	Zugehörigkeit (#, Jahre)	7	■	5	■
5	Supervisory Board	ja	●	nein	■
6	Business-Plan (Jahre)	3	●	3	■
7	Nachfolgeregelung (#, Jahre)	5+	●	3+	■
8	Beteiligung pro Teilhaber (%)	<75	●	<75	●
Co-Promotion					
9	Teilnahme an Premier-Partner-Programmen	Kontinuierlich	●	Kontinuierlich	■
10	Marketing-Plan für Produkte und Brand des Keystone	Kontinuierlich	●	Kontinuierlich	●
11	Total Marketing Budget (%)	1+	●	1+	■
12	Teilnahme an Marketing-Events	Kontinuierlich	●	N/A	●
13	Entwicklung und Verbreitung von Best Practices	Kontinuierlich	●	N/A	■
14	Internet, soziale Medien, digitale Präsenz	Fortgeschritten	●	Fortgeschritten	●
Konsumentennetzwerk und Kundenbeziehungen					
15	Wiederkehrende Kunden	–		–	
16	Anzahl der Kunden	–	■	–	■
17	Totalumsatz der wiederkehrenden Kunden (Tausend €)	–		–	
18	Totalumsatz pro Vertriebsmitarbeiter (Tausend €)	720		240	
19	Marktgröße (Million €)	300+	●	100+	●
20	Wachstum (%)	3	●	1–3	■
21	Marktanteil in der Region (%)	10	●	7	■
22	Zusammenarbeit und Abstimmung im Bereich strategische Geschäftskunden	Kontinuierlich	●	Kontinuierlich	■
23	Teilnahme an regelmäßigen Befragungen	Kontinuierlich	●	Kontinuierlich	●
24	Teilnahme an Kundenzufriedenheitsbefragungen	Kontinuierlich	●	Kontinuierlich	●
25	Strategische Planung für Influencer	Kontinuierlich	●	Gelegentlich	■
26	Wissensteilung und Kooperation innerhalb des Ökosystems	Kontinuierlich	■	Gelegentlich	■
27	Wertesysteme und kulturelle Abstimmung	Kontinuierlich	●	Gelegentlich	●
Investition und Kapitaleinsatz					
28	Aktualisierung der IT-Systeme und digitale Präsenz	Kontinuierlich	●	Kontinuierlich	■
29	Investition in neue Märkte	Kontinuierlich	■	Kontinuierlich	■
30	Innovative Produkte und Dienstleistungen	Fortgeschritten	●	N/A	■
31	Personalwesen Policies	Fortgeschritten	●	Fortgeschritten	●
32	Effektive Infrastruktur und Prozesseffizienz	Fortgeschritten	●	Fortgeschritten	●

(Fortsetzung)

Tab. 7.2 (Fortsetzung)

#	Indikator	Tier A		Tier B	
Finanzielle Stärken					
33	Equity/Eigenkapital (Million €)	>5 mil.	●	>1 mil.	●
34	DPO/DSO (Tage)	1–60	●	1–90	●
35	Gearing Ratio (%)	4+	●	4+	●
36	Quick Ratio (%)	110	●	100–109	●
37	Operativer Gewinn/Sales (%)	2,5+	●	0–7	●
38	Gewinn/Sales (%)	2+	●	0–5	●
Strategische Ausrichtung					
39	Teilnahme an Forschung und Entwicklung sowie Market Intelligence	Fortgeschritten	●	N/a	●
40	Customer Sales Information	Fortgeschritten	●	Fortgeschritten	●
41	Strategische Planung	Fortgeschritten	●	Fortgeschritten	●
42	Teilnahme an Keystone-Schulungen	Regelmäßig	●	Regelmäßig	●
43	Connectivity	Regelmäßig	●	Regelmäßig	●
44	Investitionsplanung mit Keystone	Fortgeschritten	●	Gelegentlich	■
Infrastruktur					
45	IP-Intensität, z. B. Patente	Fortgeschritten	●	N/A	●
46	Training und Schulungsmaßnahmen	Fortgeschritten	●	Vorhanden	●
47	Organisatorische Kapazität	Fortgeschritten	●	Fortgeschritten	●
48	IT-Systeme	Fortgeschritten	●	Fortgeschritten	●
49	Zertifizierung, z. B. ISO 9000	Fortgeschritten	●	N/A	●
50	Business- und Produktinnovation	Fortgeschritten	●	N/A	■

● erforderlich; ■ optional

Literatur

Gross, D. (2018). Leadership Course MBA. *Leadership criteria and developement* (Juni 2018). Berlin: IUBH International University.

Harrison, J., Hitt, M., Hoskisson, R., & Ireland, D. (2001). Resource complementarity in business combinations: Extending the logic to organizational alliances. *Journal of Management*, 27, 679–690.

Kotler, P. T., & Armstrong, G. M. (2018). *Principles of marketing* (Bd. 17). Harlow: Pearson.

Kumar, N. (2004). *Marketing as strategy: The CEO's agenda for driving growth and innovation.* Boston: Harvard Business School Press.

Porter, M. E. (1985). *Competitive advantage.* New York: Free Press. isbn:0-684-84146-0.

Portfolio Management

8

Zusammenfassung

Wettbewerb findet nicht mehr nur zwischen Firmen oder Produkten statt. Mittlerweile wird er auch zwischen Ökosystemen geführt. Die traditionelle Konkurrenz hat einen direkten Bezug auf Produkte und Dienstleistungen, die sich oft marginal unterscheiden. Die Literatur ist dominiert von diesem Ansatz. Die wohl bekannteste Theorie der Generischen Strategien besteht aus den drei Säulen Qualität, Preis und Fokus. Der Wettbewerb zwischen Ökosystemen hat einen völlig anderen Charakter. Statt auf Produkte fokussieren sich die sog Keystones oder Systemführer verstärkt auf die besten Partnerschaften in den eigenen Systemdomänen. In diesem Kontext erhält der Wettbewerb einen direkten Bezug auf Konsumenten und Influencer. Als Knotenpunkt in ihren Ökosystemen verbinden Keystones die Interessen aller jeweils Beteiligten. Sie tragen die Verantwortung für das Fortbestehen der Gemeinschaft. Diese Feststellung beruht auf der Idee biologischer Systeme. Fast alle diese Systeme verfügen über eine Art Keystone oder Hub – verkörpert als ein führendes Systemmitglied oder kodiert in universell vereinbarten Standards, Protokollen, Regeln und Zielen. Ein Unternehmensökosystem ist keine Branche. Vielmehr kommen die zu ihm gehörigen Akteure aus meist heterogenen Sektoren. Ecosystems bestehen aus interdependenten Geschäftsbeziehungen, basierend auf strategischen Partnerschaften. In Kap. 4 haben wir erörtert, warum Mergers and Acquisitions keine geeigneten Maßnahmen für solche Plattformstrategien sind. In Kap. 5 und 6 haben wir die Phasenmodelle und das Governance-Modell von Ökosystemen vorgestellt. In diesem Kapitel beschreiben wir nun Maßnahmen für das Portfolio Management in strategischen Partnerschaften und Allianzen.

© Springer Fachmedien Wiesbaden GmbH, ein Teil von Springer Nature 2019
N. Farhadi, *Cross-Industry Ecosystems*,
https://doi.org/10.1007/978-3-658-26129-0_8

Ökosysteme bestehen aus einem (oder mehreren) Primärproduzenten – einem Hub oder Keystone –, einer Vielzahl komplementärer Partner, Konsumenten und Influencer. Im Ökosystem sind Keystones dafür zuständig, das Portfolio der beteiligten Akteure zu steuern. Wir bezeichnen eine solche Gruppierung der strategischen Partner als **Partnerportfolio**, **Marktsystemportfolio** oder **Ecosystem-Portfolio** – abgekürzt: **Systemportfolio**.

Im gedanklichen Schema des Ökosystems sind die Konsumenten i. d. R. in Gestalt dynamischer Netzwerke zu finden. Aufgrund ihres Netzeffekts sind sie stark genug, um Innovationen durch aktives Feedback und Kaufverhalten zu beeinflussen (oder in manchen Fällen sogar zu stoppen). Sie bestimmen nur, ob die gesetzten Standards angenommen oder abgelehnt werden. Keystones und ihre Partner bedienen die Märkte regelmäßig mit neuen Ansätzen und Lösungen. Man denke an Apple oder Samsung, die mit ihren Produkt-Updates ihre Kunden weltweit immer wieder mit neuen Ideen anlocken wollen. Selbst, wenn die Kunden diese Updates nicht wirklich wünschen.

Die hohe Innovationsgeschwindigkeit zwingt nicht nur die Keystones, sondern auch die kleineren Anbieter am Markt, auf strategische Partnerschaften einzugehen. Generell kann man davon ausgehen, dass Allianzen und Kooperationen als strategische Transaktionen erheblich schneller umzusetzen sind als die traditionellen Unternehmensübernahmen oder Fusionen (M&A). Zudem gibt es kaum Alternativen. Die interne Entwicklung neuer Channels oder innovativer Marken z. B. sind riskante Unterfangen und benötigen viel Zeit bis zu den ersten Erfolgen.

In Kap. 4 haben wir erörtert, warum M&A keine geeigneten Maßnahmen für solche Plattformstrategien sind: Fusionen und Unternehmensübernahmen stoßen auf erhebliche Hindernisse und sind per se mit hohen Risiken verbunden. Oftmals führen M&A-Transaktionen sowohl beim Käufer als auch beim Gekauften zu unerwünschten Ergebnissen.

Beispiel: Ende 2005 trennte sich die damalige DaimlerChrysler AG von ihrer Tochter MTU Friedrichshafen, die heute als Mitglied der Tognum-Gruppe operiert. Der damalige Daimler-CEO Jürgen Schrempp verfolgte eine Strategie der Konzentration auf das Automobilgeschäft. Großdieselmotoren für Militärfahrzeuge, Schiffe, Eisenbahnen und für die Energietechnik, ein Geschäftszweig mit rund 6500 Mitarbeitern und einem Milliardenumsatz, passten nicht mehr in das Portfolio des Branchenprimus.

Mit dem Verkauf von MTU Friedrichshafen an den Finanzinvestor EQT erlösten die Stuttgarter etwa 1,6 Mrd. €. Im Jahr 2008 erwarb Daimler einen Minderheitsanteil von 20 % an MTU Friedrichshafen. Und 2011 übernahmen Daimler und Rolls-Royce im Rahmen eines 50-zu-50-Joint-Ventures schließlich den Rest des Motorenbauers. Das Ganze war ein teures Abenteuer: Gemeinsam zahlten Daimler und der britische Partner 3,4 Mrd. € für die nur drei Jahre zuvor abgestoßene Tochter – mehr als das Doppelte der Summe, die Daimler bei der Veräußerung erzielt hatte.

Die Übernahme des Motorenherstellers durch die beiden Investitionspartner wurde im September 2011 abgeschlossen. Bis Januar 2014 wurde das Geschäft als Tognum AG fortgeführt. Im März 2014 bestätigte Rolls-Royce Holdings, dass sie nun auch die 50 %ige

Beteiligung der Daimler AG an dem Joint Venture erwerben werde. Die bestehenden Lieferverträge zwischen Daimler und Rolls Royce laufen bis 2025. Dieses Beispiel zeigt die Bewegungen, die im Portfolio von Konzernen möglich sind. Ökosysteme sind eben keine statischen Strukturen. Sie wandeln sich im Grunde permanent – nach der Logik des jeweiligen Portfolio Management.

Ein anderes Beispiel ist die Fusion von AOL und Time Warner Anfang 2001, damals mit einem Volumen von 183 Mrd. US-$ die größte der Wirtschaftsgeschichte. Von dem Superkonzern blieb nur ein Scherbenhaufen. Oder das Zusammengehen der US-Unternehmen Hewlett-Packard und Compaq 2001 – dieser Fehlschlag wird derzeit von dem deutschen Manager Leo Apotheker rückgängig gemacht. Die Abwicklung wird wahrscheinlich lange dauern. In beiden Fällen hatte eine völlig unzulängliche Vorbereitung zum Scheitern geführt und Zeitzeugen sind bis heute der Ansicht, dass bei gründlicherer Vorarbeit keine der beiden Fusionen stattgefunden hätte.

Ein Bericht von Statista liefert Daten für 354.429 M&A in der Zeit von Anfang 2010 bis Ende 2017. Weltweit zahlten in diesen acht Jahren Unternehmen aus allen Branchen im Jahresdurchschnitt mehr als 3,2 Bio. US-$ für weltweite M&A-Deals. US-Unternehmen führen im weltweiten M&A-Ranking mit mehr als 1,8 Bio. US-$ vor Asien-Pazifik mit 1,3 Bio. US-$ und Europa mit 1,1 Bio US-$. Von 1985 bis 2017 wurden 968.942 Deals abgeschlossen. Die Daten deuten darauf hin, dass sowohl die Transaktionsvolumina („volume") als auch die Transaktionswerte („value")[1] im Schnitt um 9,28 % und 7,31 % pro Jahr gestiegen sind.

Traditionelle Strategiemodelle, die auf internen Kompetenzen basieren, können die Interoperabilität und die gegenseitigen Beziehungen zwischen heterogenen Unternehmen, Investoren, Influencern und Ökosystemen nicht vollständig und reibungslos abbilden. Unternehmensökosysteme zeichnen sich durch ihre leistungsstarken Partnerportfolios aus. Dabei geht es primär darum, eine möglichst effiziente Zusammensetzung von strategischen Partnern als Systemportfolio zustande zu bringen. Doch: Wie werden strategische Partnerschaften als Systemportfolio gehandhabt? Zu dieser Frage müssen wir zunächst zwei Themen tiefgehender beschreiben, nämlich Risiken oder Volatilität sowie Performance, konkret: das relative Wachstum.

8.1 Volatilität

Volatilität heißt: Unternehmen zeigen wechselhafte Performance. Ihre Umsätze gehen schlimmstenfalls unkontrolliert auf und ab oder sie machen große Sprünge. Beide Varianten verunsichern die Partner und werden als Risiken wahrgenommen. So kann z. B. ein Produzent weder Wachstum noch Produktion vernünftig planen, wenn er es mit volatilen

---

[1] Der Transaktionswert (Value) ist der Preis, zu dem ein Unternehmen verkauft wird. Volumen stellt die Anzahl der M&A-Transaktionen dar.

Vertriebspartnern zu tun hat. Diese Unsicherheit erzeugt höhere Transaktionskosten (Kapitalkosten, Ineffizienzen in der Supply Chain etc.) und u. U. sogar Schwankungen der eigenen Aktienkurse. Und sie erschwert es, eine eigene Strategie zu verfolgen. Nicht selten verursachen volatile Umsätze auch ein volatiles Managementverhalten – aber auch umgekehrt. In Distributionsnetzwerken signalisiert eine hohe Volatilität möglicherweise unausgeglichene Kundensegmente, Verkauf von vergleichbaren oder austauschbaren Produkten oder ineffektive Vertriebsprozesse.

Zunächst wird die Varianz einer mit Sorgfalt ausgesuchten Messgröße berechnet – Key Performance Indicator (KPI), beispielsweise der periodischer Umsatz oder Gewinn vor Steuern, wobei n die Anzahl der Beobachtungen ist, also die Zahl der Perioden, r das Wachstum und $E(r)$ das *erwartete* Wachstum im Durchschnitt der gesamten Periode n. σ^2 steht für die Varianz und σ für die Volatilität.

$$Var(r) = \sigma^2 = \frac{1}{n-1} \sum_{t=1}^{n} \left[r_t - E(r) \right]^2$$

Die Volatilität einer individuellen Partnerschaft wird mit der Standardabweichung σ berechnet:

$$\sigma = \sqrt{Var(r)}.$$

Beispiel: Workspace Architects in Helsinki

Die Periodengewinne vor Steuern des Unternehmens **Workspace Architects** lassen sich in der Tab. 8.1 zusammenstellen. Die Zuwachsraten des Gewinns zwischen Perioden Q4, Q3, Q2 und Q1 betragen 17,44 %, 5,19 % und 1,81 %. Der Mittelwert der periodischen Renditen lautet 8,15 %. Varianz und Volatilität erreichen somit 0,68 und 8,22 %. Auffällig ist die Volatilität als Standardabweichung des periodischen Gewinns vom Mittelwert. Daher: Je größer die Volatilität desto höher das Risiko einer Zusammenarbeit mit einem solchen Partner. Dieses Denkmuster hat seinen Ursprung in den modernen Theorien des Investment-Managements und findet Anwendung im Investment-Banking.

Tab. 8.1 Exemplarische Berechnung der Volatilität

Periode	Q4	Q3	Q2	Q1
Gewinn (Tausend €)	282	241	229	225
Wachstum/Periode (%)	17,44	5,19	1,81	
Mittelwert (%)	8,15			
Varianz (%)	0,68			
Volatilität (%)	8,22			

8.2   Wachstum als Performance

Der Begriff Wachstum steht für: organisatorisches Ergebnis (Nelson & Winter, 1982). In ihrem bahnbrechenden Buch *The Theory of the Firm* betont Edith Penrose (1959), dass die Hauptmotivation eines Unternehmens das langfristige profitable Wachstum sei. Sie betont, dass der Begriff Wachstum im Diskurs mit zwei Konnotationen angewendet wird: zum einen als die Steigerung der Produktionsmenge, zum anderen als die Umsatzsteigerung von einer Periode zur nächsten (Penrose, 1959, S. 11). Für Manager bleibt das nachhaltige Wachstum eine der zentralen Fragen. Im Jahr 2018 ergab eine einfache Public-Domain-Online-Suche für den Begriff „profitables Wachstum" auf bing.com rund 27.600 Treffer; 2013 führte diese Suche erst auf 4950 Seiten. Ein ähnlicher Trend lässt sich in der Formulierung der Jahresberichte von börsennotierten Unternehmen beobachten. So verweisen die Geschäftsberichte der deutschen Autobauer – Daimler, Volkswagen und BMW – bis zu 400 Mal auf den Begriff Wachstum. Es überrascht nicht, dass Manager das kontinuierliche Wachstum als einen der wichtigsten Indikatoren für wirtschaftlichen Erfolg wahrnehmen (McGrath, Kroeger, Traem, & Rockenhaeuser, 2001). Führungskräfte konzentrieren sich auf das Wachstum als eine zentrale Priorität (Hess, 2007), um die organisatorische Trägheit zu mildern (Pettus, 2001), um Investoren und Mitarbeiter anzuziehen (Berkovitch & Narayanan, 1993; Canals, 2001) und um den Markenwert zu verbessern (Morck, Shleifer, & Vishny, 1990). Das Wachstum von Unternehmen kann den Wert für die Aktionäre steigern (Rappaport, 1986). Die Literatur schlägt uneinheitliche Ansätze zur Messung des Unternehmenswachstums vor (Delmar, 2006, S. 65). Weinzimmer, Nystrom, und Freeman (1998) empfehlen die Variablen Umsatz, Assets und Anzahl der Beschäftigten als Maßstäbe. Probleme bestehen für wachstumsstarke Unternehmen mit einem großen Anteil immaterieller Vermögenswerte, die nicht in der Bilanz ausgewiesen werden. In der Managementliteratur wird nach wie vor kontrovers über die Wirkung der immateriellen Vermögenswerte auf den Wettbewerbsvorteil eines Unternehmens debattiert.

Das Wachstum eines Unternehmens hängt von seiner Größe ab – ein Prinzip der Natur. Je höher der Umsatz oder die Zahl der Beschäftigten, desto niedriger fallen die relativen Wachstumsraten aus. Ob Mensch, Tier oder Pflanze, dieses Grundmuster gilt für alle. Die Natur baut für jeden Organismus den Höchstwert ein. Wachstum ohne Grenzen gibt es daher nicht. Der Organismus Ökosystem hat zwar keine naturgegebene DNA, aber sein Wachstumsverhalten ähnelt dem der Natur. Vorausgesetzt, seine fundamentale Geschäftsidee stimmt, wächst er in der ersten Phase nach der Gründung schnell und mit Zuwachsraten, die ein reifer Großkonzern kaum mehr erreichen kann. Danach flacht die Expansionskurve des Kerns bzw. Keystone in aller Regel ab.

Je größer Unternehmen werden, desto schwerer tun sie sich, nennenswerte Zuwachsraten durch internes Wachstum zu generieren. Das liegt zum einen am Basiseffekt: Konzerne in Multimilliardenregionen brauchen sehr hohe zusätzliche Umsätze, um einigermaßen nennenswerte Wachstumsraten vorweisen zu können. Außerdem haben sie in ihren angestammten Aktionsfeldern oft Marktpositionen erreicht, die der weiteren Expansion

Grenzen setzen. Wer die Hälfte eines Weltmarkts besetzt, der hat mit immer größeren Widerständen zu kämpfen, will er seinen Marktanteil noch aus eigener Kraft ausdehnen.

Für Großkonzerne gilt: Sie stehen in einem zunehmenden Wettbewerb und sind ständig von externen Einflüssen bedroht. Damit wächst der Zwang, sich permanent dem Umfeld anzupassen und die eigenen Visionen, Missionen, Ziele, Strategien, Produkte und Taktiken periodisch auf den Prüfstand zu stellen. Angesichts des harten Wettbewerbs gelingt es den Firmen damit i. d. R. lediglich, ihre bestehenden Marktanteile aufrechtzuerhalten.

Beispiel: SAP

Der Software-Konzern aus Walldorf SAP erlebte in den ersten zwei Dekaden nach seiner Gründung eine rasante Umsatzausweitung. Von 1972 bis1991 lag sie durchschnittlich bei von 45 bis 48 % pro Jahr. Von 2012 bis 2018 erreichte das Wachstum im Schnitt noch 8 %. Und 2018 konnte der Konzern nur noch einen Zuwachs von 5 % verbuchen. Nach erster Einschätzung eines aktuellen Projekts wächst das Ökosystem von SAP dennoch anhaltend weiter – schneller als der Walldorfer Softwareriese allein mit seinem mehrstelligen Milliarden-Euro-Jahresumsatz (Statista, 2018a, 2018b; Tab. 8.2 und Abb. 8.1).

Tab. 8.2 SAP-Wachstumsraten seit der Gründung 1972

Periode	Wachstum per Periode (%)	Durchschn. Wachstum/Jahr (%)
1972–1981	2503	45
1982–1991	2822	48
1992–2001	1627	36
2002–2011	92	7
2012–2018	52	8

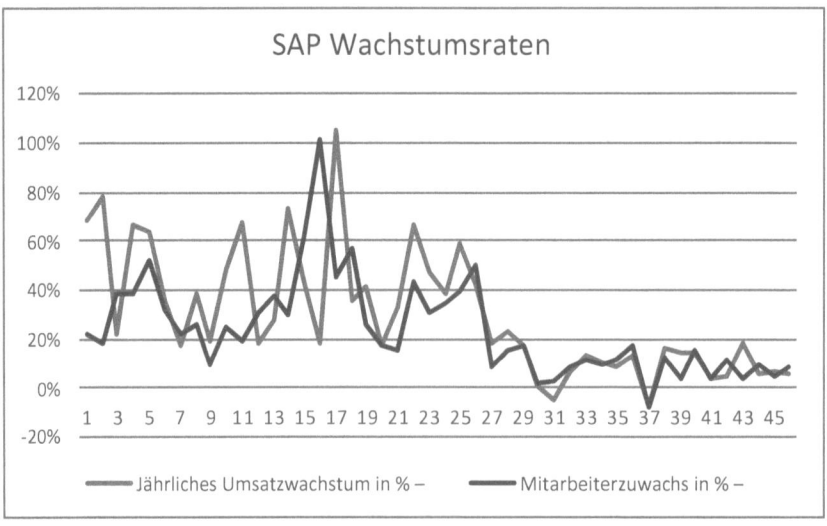

Abb. 8.1 Grafische Abbildung der SAP-Umsätze seit der Gründung 1972. (Quelle: eigene Darstellung)

8.3   Wachstumsstrategien von Unternehmensökosystemen

In einigen Branchen mit Tendenz zur Marktsättigung – wie Mobilfunk oder Automobil – liegt es auf der Hand, dass organisches Wachstum nur durch höhere Umsätze pro Kunde, die Maximierung der Neukundenzahl oder auf dem Weg der erfolgreichen Einführung neuer oder der verstärkten Marktdurchdringung existierender Dienste und Produkte erzielt werden kann. Zwar spielt die spezielle Erfahrung mit einem Produkt oder einer Marke eine Rolle. Doch die Loyalität der Kunden nimmt immer weiter ab. Sie orientieren sich nicht mehr an der Marke, sondern zunehmend am Preis-Leistungs-Verhältnis. Oft auch am sog. Mehrwert, wo auch immer der liegen mag, z. B. beim Prestige.

Übertragen auf betriebswirtschaftliche Ökosysteme kann man schon erkennen, dass das prozentuale Wachstum eines Keystone – wie das jedes anderen Unternehmens wie oben beschrieben – von seiner Größe abhängig ist. Je größer ein Keystone wird, desto niedriger fallen seine Zuwachsraten aus. An dieser Stelle bekommt das Umfeld des Primärproduzenten ein neues Gewicht.

Wer im Unternehmensökosystem schneller als der große Hub wachsen kann, sind oft die komplementären Kooperationspartner, die zum einen erheblich kleiner als der Systemkern sind und zum anderen sich als finanziell selbstständige bzw. rechtlich unabhängige Einheiten frei am Markt bewegen können. Während der Hub des Ökosystems nach dem Überschreiten einer bestimmten Größe mit niedrigen Zuwachsraten und Wachstum in kleinen Schritten rechnen muss, sind seinen komplementären Partnern zunächst keine unüberwindbaren Hürden für schnelleres Wachstum gesetzt. Denn: Diese sind abgekoppelte Einheiten, die sich trotz ähnlicher Visionen und Ziele frei bewegen und in der Realität eine individuelle Entwicklung unabhängig von dem Kern erleben.

Wichtig ist die Erkenntnis, dass höhere Marktanteile der Partner eines Großproduzenten dem Ökosystem insgesamt neues Wachstum versprechen und damit eine nachhaltige Geschäftsentwicklung ermöglichen. Denn: Was dem Hub aus eigener Kraft verwehrt ist, kann das Netzwerk im Ökosystem erreichen. Bekommen die Partner eines Ökosystems mehr Raum fürs Wachstum, erhält der Primärproduzent einen indirekten Zugang zum Markt und somit die Kontrolle über die relevanten Marktsegmente. Ein Zustand, den er allein nicht erringen kann.

Derzeit erfährt die Wirtschaft weltweit tiefgreifende und komplexe Veränderungen. Große Weltkonzerne z. B. erleben oft eine hohe Marktsättigung für ihre Produkte und Dienstleistungen. Neue Kunden zu gewinnen, wird zunehmend schwieriger. Ebenso kann eine branchenweite Preiserosion die Gewinne schmälern. Daher sind die Konzerne mehr oder minder gezwungen, ihre operativen Kosten zu senken und neue Geschäftsideen zu entwickeln. Doch die Entwicklung neuer Produkte ist oft ein kostspieliges und langwieriges Unterfangen.

Große Pharmaunternehmen beispielsweise sind mit beträchtlichen Kosten und zunehmenden Risiken der Pharmaforschung konfrontiert. Branchenexperten schätzen den Gesamtaufwand für die erfolgreiche Neuentwicklung eines Medikaments heute auf mehr als 1 Mrd. US-$. Auch die Automobilhersteller sind von hohen Innovationskosten und

-risiken betroffen. Bekanntlich zahlte der Stuttgarter Autobauer Daimler für die Entwicklung der aktuellen A-Klasse mehr als 1 Mrd. US-$.

Bleiben also M&A-Transaktionen als Wachstumsinstrument. Doch dieser Ansatz ist
noch problematischer, denn Konzerne agieren (in aller Regel) in eigenen, hoch komplexen
betriebswirtschaftlichen Ökosystemen, in hart umkämpften und zumeist strikt regulierten
Umfeldern. Große Transaktionen – insbesondere Übernahmen von Zielunternehmen aus
derselben Branche – können die Marktstruktur und das Gerüst der betreffenden Ökosysteme nachhaltig, manchmal sogar aggressiv, verändern und damit den Interessen der Kunden oder Geschäftspartner zuwider laufen. Hinzu kommt in den meisten großen Märkten
der strenge Blick der Kartellbehörden auf solche Vorgänge.

Die Folge: Große M&A-Vorhaben – ob als Kauf oder Verkauf – lassen sich nur schwer
umsetzen. Die Deutsche Telekom z. B. versuchte 2012, sich aus dem US-amerikanischen
Markt zurückzuziehen. Doch der schon vereinbarte Verkauf ihrer US-Tochter an AT&T
scheiterte an den amerikanischen Wettbewerbsbehörden, die eine Verschiebung der Machtverhältnisse im Markt zulasten der Kunden befürchteten. Und genau deshalb beschränken
sich Großkonzerne vermehrt nur auf Akquisitionen überschaubarer Größe oder suchen
immer häufiger Kooperationen. Großfusionen – in der Größenordnung der Verschmelzung
von Bayer mit Monsanto, Daimler mit Chrysler, AOL mit Time Warner oder Hewlett Packard mit Compaq – kommen aus diesen Gründen nur noch selten vor.

Betrachtet man Kooperationsakteure als entkoppelte Partner, können sie sich – befreit
von den Zwängen und Verflechtungen eines Großkonzerns – zunächst unabhängig voneinander auf dem Markt bewegen. Ihre höhere Flexibilität versetzt sie in die Lage, sich durch
interne oder externe Maßnahmen weiterzuentwickeln und ihre geschäftlichen Aktivitäten
effizienter zu gestalten. Diese Annahme mag rudimentär und selbstverständlich klingen.
Denn auf den ersten Blick erwartet man kommerzielles Wachstum durch Kooperationen
mit strategischen Partnern. Doch gerade eine sinnvolle Partnerschaft oder Allianz kann
schwer zu realisieren sein. Schon die Suche und Beauftragung des richtigen Komplementärpartners zum richtigen Zeitpunkt ist eine hochkomplexe Herausforderung. Dieses Problem ist ebenso aktuell wie verbreitet. Kein Wunder also, dass organische und anorganische Wachstumsstrategien in der akademischen wie in der praxisnahen Literatur kontrovers
diskutiert werden. Die Zahl der bislang vorgestellten Denkansätze ist groß, aber nur wenige bieten überzeugende Ideen.

Am häufigsten steht die Alternative eines Wachstums durch neue Produkte oder durch
den Zugang zu neuen Märkten zur Diskussion. Im Jahr 1957 hat Igor Ansoff das globale,
grundlegende Modell für die strategische Weiterentwicklung von Firmen aufgestellt. Ansoff belegt, dass es vier Optionen zur Planung und Umsetzung von Wachstumsstrategien
gibt (Ansoff, 1957):

(1) Neue Produkte für bestehende Märkte bzw. Kunden – Produktentwicklungsstrategie
(2) Neue Märkte für existierende Produkte – Marktentwicklungsstrategie
(3) Existierende Produkte für bestehende Märkte – Durchdringungsstrategie
(4) Neue Produkte für neue Märkte – Diversifikationsstrategie

Die meisten Beiträge vernachlässigen jedoch eine fundamentale Frage: Wie kann ein Öko-system durch holistische (vertikale, horizontale und diagonale) Kooperationen und Allian-zen mit selbstständigen Partnern wachsen?

8.4 Wachstum durch Partnerschaften

An dieser Stelle möchte ich strategische Ansätze präsentieren, die ein systematisches Wachstum durch Ökosysteme von Geschäftspartnern ermöglichen. Erfahrung und empiri-sche Untersuchungen belegen, dass Unternehmen mithilfe einer durchdachten Partner-schaftsstrategie wachsen können. Im Klartext: Die faire Teilung von profitablem Geschäft, verbunden mit Investitionen oder ergänzenden M&A, führen in aller Regel zu kommerzi-ellem Wachstum eines Ökosystems, in dem die aktiven Akteure unabhängig voneinander um Marktanteile ringen. Im Folgenden sei der Ansatz näher diskutiert.

8.4.1 Portfolioansatz

An dieser Stelle finden Ansätze des Portfolio Management von strategischen Partnerschaf-ten Anwendung (Abb. 8.2). Ökosystemportfolios sind systematisch angelegte Netzwerke

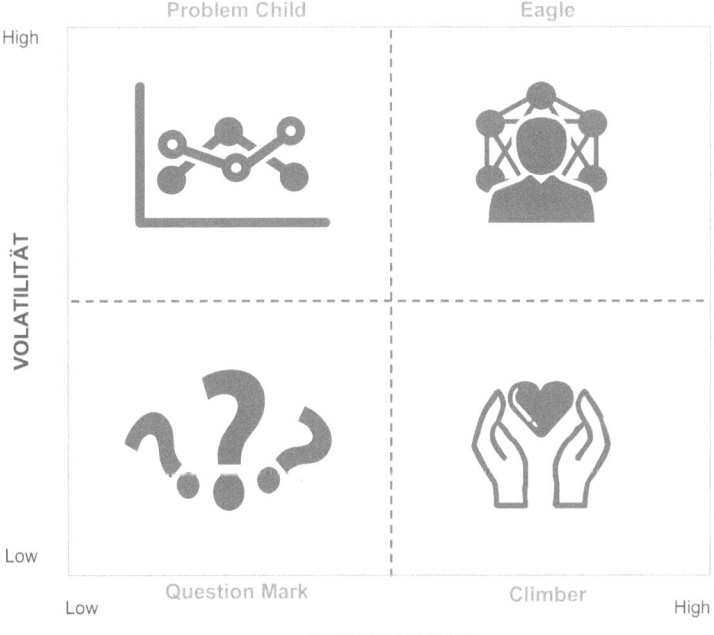

Abb. 8.2 Portfolio Management für strategische Partnerschaften. (Quelle: eigene Darstellung)

von strategischen Partnerschaften, unabhängig von Beteiligungen und Tochtergesellschaften des Primärproduzenten. Im Hinblick auf ihre strategische Ausrichtung und Kompatibilität mit der Vision und Mission des Primärproduzenten lassen sich die strategischen Partner im Ökosystem in zwei Gruppen aufteilen.

Die erste qualitative Evaluierungsvariable Kernpartner („core partners") besteht aus strategiekonformen Partnerschaften, die den Keystone mit ihren Sphären umgeben. Sie sind für die gemeinschaftliche Zielerreichung des Ökosystems unverzichtbar. Mit den Core Partnern kann ein Primärproduzent seine Vision verfolgen. Im Unternehmensökosystem spielen die Kernpartnerschaften eine zentrale Rolle. Sie sind elementarer Bestandteil der Plattformstrategie.

Alle anderen Partnerschaften laufen unter der Rubrik der „non-core partner". Sie erfüllen die qualitativen Anforderungen eines Ökosystems nicht vollkommen. Beispiel: Die strategische Ausrichtung („strategic alignment") kann in den Parametern Kundensegmente oder Netzwerkgröße und -dichte bestehen.

Die strategische Ausrichtung kann von mehreren Messgrößen (S_i P_i) abhängen. Durch eine Gewichtung (w_i β_i) lässt sich der relative Beitrag des jeweiligen Partners zur strategischen Ausrichtung ermitteln:

$$S = S_1 * w_1 + S_2 * w_2 + \ldots + \epsilon,$$

wobei S die aggregierte Ausrichtung der Strategie eines Partners, S_i eine spezifische Variable, w_i die Gewichtung und ϵ den möglichen Fehler bei der Messung des qualitativen Beitrags des Partners repräsentieren.

Eine Alternative zur strategischen Ausrichtung ist die Volatilität der Marktergebnisse. Dabei geht es um den Periodenumsatz (oder Marktanteil) des einzelnen Partners, der schlimmstenfalls unkontrolliert auf und ab geht oder große Sprünge macht. Volatilität verursacht hohe Transaktionskosten für den Primärproduzenten und wird u. a. durch Interbrand-Wettbewerb oder Branchenzyklen hervorgerufen. Das geschieht etwa, wenn ein Komplementärpartner Produkte von verschiedenen, konkurrierenden Keystones verkauft. Konkretes Beispiel: eine Multibrand-Mobilfunk-Einzelhandelskette wie Saturn verkauft konkurrierende Produkte sowohl von Samsung als auch von Apple. In diesem Fall kann der Händler seine Fokussierung im Vertrieb ohne Angaben von Gründen ändern.

Im Allgemeinen verursacht die Volatilität unerwünschte Unsicherheiten bei der Planung zwischen Partnern. Mit anderen Worten: Der Primärpartner kann die gemeinschaftliche Marktperformance mit einem volatilen Komplementärpartner nicht mit Sicherheit und Sorgfalt im Voraus planen. Diese Unsicherheit erzeugt höhere Transaktionskosten, ausgedrückt in Kapitalkosten oder Ineffizienz in der Supply Chain, u. U. sogar in Schwankungen im eigenen operativen Ergebnis. Nicht selten verursachen volatile Umsätze von Partnern auch volatile Ergebnisse des Keystone, gepaart mit einem fluktuierenden Verhalten des Managements im Keystone – und umgekehrt. Oft habe ich in meinem Umfeld erlebt, dass Mitarbeiter wegen volatiler Umsätze versetzt wurden, auch wenn diese zu den leistungsstärksten Mitarbeitern ihrer Gruppe gehört haben. Etwas ähnlich passiert selbst einem Partner mit schwankenden Umsatzzahlen. In Distributionsnetzwerken signalisiert eine hohe Volatilität möglicherweise unausgeglichene Kundensegmente oder ineffektive Vertriebsprozesse bzw. -strukturen.

Die zweite Dimension zur Evaluierung und Klassifizierung von strategischen Partnern nenne ich Kooperationsperformance. Diese Sicht basiert auf der Messung der operativen Ergebnisse, Beiträge oder Leistungen. Firmen, die überdurchschnittliche Ergebnisse aufweisen, gelten als leistungsstarke Partner („*top-performing partner*"). Alle anderen Komplementäre werden als leistungsschwache Partner betrachtet („*underperforming partner*").

Die Definition betriebswirtschaftliche Leistung oder Performance stellt eine Beziehung her zwischen einem (operativen) Erfolg des Komplementärpartners und einer Messgröße des Primärproduzenten, (Seppelfricke, 2012). In diesem Zusammenhang kommen verschiedene Variablen und Kennzahlen mit unterschiedlichen Eigenschaften infrage, z. B. der Umsatz, der Marktanteil oder die Kapitalrentabilität. Zur Messung der Rentabilität kann man den Erfolg vor oder nach Steuern heranziehen. Bei internationalen Partnern in verschiedenen Regionen, die mit divergenten Steuersystemen verglichen werden, empfiehlt es sich, Kennzahlen vor Steuern anzuwenden. Eine Alternative wäre es, den Unternehmenswert zu ermitteln und einzusetzen.

Die operative Gesamtleistung eines Partners kann mithilfe von verschiedenen Messgrößen ermittelt werden. Durch Berücksichtigung der relativen Gewichtung von Performancevariablen des jeweiligen Partners ergibt sich:

$$P = P_1 * w_1 + P_2 * w_2 + \ldots + \epsilon,$$

wobei P die Gesamtleistung eines Partners, P_i eine spezifische Leistungskennzahl, w_i die strategische Bedeutung bzw. Gewichtung zwischen 0 und 1, und ϵ den möglichen Fehler bei der Messung der Leistungsfähigkeit repräsentieren.

Der Vergleich der Leistungsfähigkeit von Partnern im Portfolio auf der Basis nur einer einzigen Messgröße kann sich als problematisch erweisen. Die Performance eines Systemmitglieds hängt möglicherweise von mehreren Zielen und spezifischen Variablen. Daher sollte die Leistungsfähigkeit abhängig von dem vollständigen Beitragsspektrum des Kooperationspartners individuell abgeleitet werden. Die Performance von B2B-Vertriebsgesellschaften lässt sich z. B. anhand von folgenden Kennzahlen messen: Umsatzanstieg in bestehenden und neuen Marktsegmenten, strategische Ausrichtung, Marketingkompetenzen und Investitionsbereitschaft. Somit ergibt sich:

$$P = Sales.Growth * w_1 + Str.Alignment * w_2 + Marketing.Comp * w_3 + Coinvestm. * w_4$$

Die Gewichtung der Variablen lässt sich z. B. für verschiedene Regionen variieren, je nach Priorität der regionalen Märkte. Folgen wir der obigen Darstellung, gibt es vier Archetypen im Unternehmensökosystem. Betrachtet man die beiden Parameter Strategic Alignment oder Volatilität und Performance zusammen, lässt sich das folgende Schema von vier Partnerschaftsgruppen ableiten:

1. **Leistungsstarke Komplementärpartner** („top-performing partner"), die gleichzeitig zum Kerngeschäft des Ökosystems gehören („core partner"). Wir nennen diese Gruppe Spitzenreiter oder Adler („champions" oder „eagles").
2. **Leistungsschwache Komplementärpartner** („underperforming partners"); diese Gruppe heißt **Hoffnungsträger** („climber").
3. **Leistungsschwache Komplementärpartner** mit einer moderaten oder sogar mäßigen strategischen Ausrichtung („alignment") zum Primärpartner; diese Gruppe erhält die allgemeine Bezeichnung **Konsolidierungskandidat** („consolidation partner").
4. **Leistungsstarke Partner,** jedoch mit einem volatilen Verhalten gemessen an Umsatz oder Marktanteil, die auch als **Non-Core Komplementärpartner** mit hohen Wachstumsraten im Ökosystem bezeichnet werden können; wir bezeichnen diese Gruppe als Problemkinder („problem child") – diese Kooperationspartner gehören aufgrund ihrer hohen Unberechenbarkeit bzw. Volatilität eigentlich nicht zum Kern des Ökosystemportfolios. Sie können jedoch hohe Wachstumsraten vorweisen.

Diese Struktur lässt die Partner im Portfolio des Ökosystems je nach Leistungsfähigkeit und Kerngeschäftskompatibilität oder Risiko einem theoretischen Modell zuordnen. Während seiner Zugehörigkeit zum Portfolio kann sich jedes Mitglied durch alle vier Quadranten bewegen. Die Frage ist nun, was man mit den einzelnen Kandidaten tun kann, um Marktperformance im Sinn der Konsumenten zu generieren. Im Folgenden beschreiben wir die strategischen Optionen pro Partnergruppe. Der Einfachheit halber nutzen wir für die Berechnung die Variablen Wachstum und Volatilität.

8.4.1.1 Champion-Partner oder die Adler

Die erste Gruppe im Partnerschaftsportfolio bezeichnen wir als Adler – Partner mit starkem Wachstum und geringer Volatilität im Vergleich zu den anderen Teilnehmern. Adler sind i. d. R. die stärksten Partner im System, eventuell sogar Marktführer mit hohen Marktanteilen in ihrem Segment und einem ausgewogenen Kundenportfolio. Mit Champion-Partnern setzt man auf gemeinschaftliche Wachstumsstrategien, wobei die Investitionen und Gewinne gegenseitig fair geteilt werden. Diese Kooperationspartner sind in florierenden Ökosystemdomänen aktiv, die nicht nur strategisch sinnvoll erscheinen, sondern auch eine beachtliche Rendite für das System insgesamt erwirtschaften. Sie gelten als die Filetstücke des Ecosystem. Sie sind die Leistungsträger im Portfolio einer Partnerschaftsgruppe.

Die Erfahrung zeigt, dass es i. d. R. eine positive Korrelation zwischen dem Aktienkurs eines börsennotierten Systemführers und den Ergebnissen seiner Champion-Partner gibt. Denn diese Gruppe sorgt für die Stabilität der operativen Ergebnisse der Gruppe am Ende des Geschäftsjahres. Aus dieser Position heraus schaffen sie bei den konsolidierten

Jahresergebnissen den Ausgleich zu den leistungsschwächeren Geschäftspartnern. Vielleicht finden sie deswegen große Beachtung im System – Entscheidungsträger feiern sie gern als Helden im Systemportfolio.

Wenig erstaunlich ist es also, dass System-Hubs sich immer wieder solche Champion-Partner wünschen. Die schnellste Möglichkeit, sie zu finden bzw. zu gewinnen, ist der Zukauf. SAP hat z. B. mit dem Kauf von Ariba 2012 sein Ecosystem-Portfolio erheblich erweitert. Die Einkaufsplattform SAP Ariba ist heute mit über 2,4 Mio. Verhandlungspartnern, 74 % der Transaktionen in weltweit 190 Ländern und jährlich mehr als 1,5 Bio. US-\$ Handelsvolumen das größte Business-Commerce-Netzwerk der Welt (Stotz, 2018).

8.4.1.2 Hoffnungsträger

Das Gegenteil der hochfliegenden Adler sind die Hoffnungsträger (gemessen an den niedrigen Wachstumsraten auch als Schildkröten bezeichnet). Sie vereinen niedrige Performance und mäßiges Wachstum mit ebenso niedriger Volatilität. Damit können sie in nichtstrategischen Marktsegmenten ein ruhiges Dasein als verlässliche Cash Cows fristen. Ihre Partner sind vor Überraschungen sicher. Sollten sie allerdings höhere Transaktionskosten im Ökosystem verursachen, müssen sie entweder daraus entfernt oder im Rahmen von Investitionen umgestellt werden. Wenn Partner mit Umsatzverantwortung ihre Ziele nicht erreichen, liegt das magere Ergebnis entweder an der Leistung des Partners selbst, an seinem Marktumfeld und Wettbewerb oder eventuell an seiner zunehmenden Hinwendung zum Geschäft fremder Produzenten.

Denke: Als eigener Asset im Unternehmensportfolio müssen Hoffnungsträger i. d. R. zunächst durch eine gezielte Restrukturierung oder Sanierung auf Vordermann gebracht werden. Dazu dient eine Reihe strategischer Maßnahmen, z. B. Kostensenkungsprogramme. Ziel ist es, dem leistungsschwachen Hoffnungsträger zu besseren operativen Erträgen aus eigener Kraft zu verhelfen. Solche Maßnahmen sind jedoch in einer Partnerschaft nur wünschenswert. Der Mobilfunkbetreiber o2 galt eine Weile als Hoffnungsträger im Verbund der spanischen Mutter Telefonica. Seit 2007 musste o2 seine 4000 Arbeitsplätze um fast 20 % reduzieren.

Die Trennung von Hoffnungsträgern kommt selten infrage. Denn Entscheidungsträger verzichten i. d. R. ungern auf Kandidaten, die eine hohe strategische Ausrichtung nachweisen – ihre Veräußerung oder Trennung würde Vision, Mission und Ziele des Ökosystems angreifbar machen und somit eine unerwünschte Unruhe bzw. Unsicherheit im Netz der strategischen Partner hervorrufen.

8.4.1.3 Konsolidierungspartner

Hohe Volatilität und schwaches Wachstum über eine längere Zeit sind die Charakteristiken der dritten Gruppe Konsolidierungspartner („question marks") im Ökosystem. Ihr schwankendes Verhalten, ein unruhiger und sinkender Verlauf, kann zu steigenden Transaktionskosten und Risiken im System führen. Hat ein Hersteller, ein Hub, viele solcher Vertriebspartner in strategischen Marktsegmenten, deutet das darauf hin, dass er sich mit hohem Wettbewerb und volatilem Verhalten im Massengeschäft abgefunden hat – also in

Märkten, die unter hohem Preisdruck stehen. Denkbar ist auch, dass der Partner Konkurrenzprodukte zulasten der Profitabilität des Herstellers vertreibt. Auf jeden Fall gilt: Wer eine Strategie der Differenzierung vom Wettbewerb verfolgt, sollte sich von Problemkindpartnern trennen.

Die **Konsolidierungs**gruppe besteht aus Partnerschaften oder Assets, die weder wirtschaftlich sind noch zum Kerngeschäft gehören. Sie sind die Sorgenkinder in einem Unternehmensökosystem. Solche Partner stehen im direkten Wettbewerb mit der Konkurrenz ohne die Chance, sich durch Alleinstellungsmerkmale daraus zu lösen. Auch die Bereitschaft des Keystone zu ihrer Weiterentwicklung ist eher begrenzt. In solchen Fällen gilt es, eine Exit-Transaktionsstrategie mit Sorgfalt zu wählen: Entweder setzt man der Beziehung zum leistungsschwachen Partner ohne strategische Kompatibilität mit dem Rest des Systems ein Ende oder man versucht, diese interdependenten Geschäftsbeziehungen an eher leistungsfähigere Partner im Ökosystem abzugeben. Alternativ muss man investieren – wenn es zu große Exit-Barrieren wie unüberschaubare Kosten gibt oder eine Trennung oder Schließung der Märkte nicht zulässig bzw. aus Gründen der Verflechtung nicht machbar ist. Die bevorzugten Trennungsszenarien sind somit Austausch oder Beendigung der Partnerschaft.

8.4.1.4 Problemkinder

Bleiben noch die Problemkinder mit hohem Wachstum, aber auch hoher Volatilität. Beispiele dafür sind Start-ups, nach deren innovativen Produkten im Ökosystem eine große, oft sprunghafte Nachfrage besteht. Wenn die Sprünge allerdings in beiden Richtungen (auf und ab) verlaufen, ist das ein Indiz für Ineffizienzen im Vertriebsmanagement, möglicherweise auch dafür, dass der Partner fallweise die Möglichkeit nutzt, Konkurrenzprodukte zu verkaufen. Die Auslöser einer hohen Volatilität können indessen vielfältig sein. Denkbar wäre z. B., dass der Partner seine Gewinnchancen durch Mehrmarkenstrategien (englisch: Multibrand) steigern will. Deswegen fokussiert er sein Geschäft abwechselnd und häufiger auf andere, sogar konkurrierende Primärproduzenten. Hier muss der Primärproduzent dafür sorgen, dass der flatterhafte Partner in seiner Performance zur Ruhe kommt und sich stabilisiert. Denn im Fall eines negativen Wachstums oder schlechter Performance würden diese Problemkinder in den Quadranten der Konsolidierungspartner rutschen.

Denkbare Maßnahmen zur Reduzierung der Volatilität sind eine striktere Ausrichtung des Partners, Leistungsanreize, Schulungsmaßnahmen sowie die Segmentierung von Märkten und Kunden. Die Asset-Gruppe der **Problemkinder** hat eventuell gute Aussichten für sich selbst, wenn ihre Volatilität durch die Zusammenarbeit mit anderen Ökosystemen entstanden ist. Ihre Entkopplung und Abtrennung können den Partnern im Netzwerk sowohl Chancen als auch Gefahren bringen. Sollten die Stabilisierungsmaßnahmen nicht greifen, sollte über eine Veränderung der Partnerschaftsstruktur und -konditionen oder sogar eine Beendigung nachgedacht werden.

Im letzteren Fall ist es möglicherweise vorteilhaft, den wachsenden Markt von einem ruhigeren Business-Partner bearbeiten zu lassen – vielleicht von einem Adler im Netzwerk. Eine Gefahr besteht darin, dass ein Wettbewerber wegen der mangelhaften Leistungen des

Problemkinds dem Primärproduzenten systematisch Marktanteile wegschnappen kann. In solchen Szenarien nimmt die Komplexität des Markts drastisch zu. Gehört das Problemkind zum Portfolio der strategischen Partner im Ökosystem, müssen zunächst an der ersten Stelle weitere Stabilisierungsmaßnahmen ergriffen werden, z. B. Steigerung der Loyalität des Problemkinds durch Intensivierung oder Durchführung von Schulungsmaßnahmen und Einflussnahme auf die Strategie.

Beispiel: Portfolio Management in der Möbelindustrie

Als hypothetischen Fall betrachten wir das Portfolio eines Möbelherstellers. Er hat über 230 Fachhändler in Westeuropa. Teile dieses Netzwerks stehen seit Jahren mit dem Primärproduzenten in Verbindung. Sie alle sind rechtlich unabhängige und finanziell selbstständige Firmen. Sie bedienen den Markt mit einem Multibrand-Ansatz. So kommt es vor, dass einzelne Händler eine sehr hohe Volatilität aufweisen, denn diese vermarkten auch die Produkte des Wettbewerbs im gleichen Segment. Die Konkurrenz bietet den Händlern regelmäßig Rabatte, sodass sie einen höheren Gewinn pro Kundentransaktion erzielen. Als Folge kommt es teilweise zu erheblichen Volatilitäten im Geschäft mit dem Primärhersteller.

Dieser hat nun mehrere Optionen. Die „Eagles" sollen mit weiteren Investitionen ihre Marktanteile in ihren Territorien erweitern. Das Geschäft mit den Problemkindern deutet auf einen immer stärkeren Angriff der Konkurrenz im gleichen Segment hin. Das Partnerschaftsportfolio leidet unter hoher Volatilität. Nun gilt es Maßnahmen zu treffen, um die Akteure des Ökosystems auf gemeinschaftliche Ziele zu fokussieren. Der Gesetzgeber verbietet dem komplementären Händler die Festlegung eines erwarteten Gewinns und einer Umsatzhöhe. Alles muss freiwillig unter unabhängigen Partnern abgestimmt werden. Somit bleiben Freiwilligkeit und Motivation die möglichen Instrumente für die Intensivierung der Kooperation. Doch zahlreiche strategische Partner zeigen weder eine hohe Performance noch eine starke Loyalität zum Primärpartner. Da es in diesem Fall um eine große Zahl von Händlern geht, kommt die Terminierung der Beziehungen mit großer Sorgfalt infrage. Denn: Eine Trennung von zahlreichen Partnern kann in der Summe zu negativen Ergebnissen und unerwünschten Nebeneffekten im Netz führen (Abb. 8.3).

8.4.2 Investition in Partnerschaften

Investitionen in Partnerschaften beruhen auf gegenseitigen Vereinbarungen zwischen den Beteiligten, die vertraglich festgehalten werden. In einem Ökosystem sind die meisten Investitionen dafür bestimmt, Dynamik, Infrastruktur und Architektur zu schaffen. In diesem Abschnitt werden zwei Verfahren zum Management von Investitionen vorgestellt. Das erste Verfahren ermöglicht die Allokation der Investitionssumme. Das zweite überprüft die Wirtschaftlichkeit von Partnerschaften im Unternehmensökosystem in Summe.

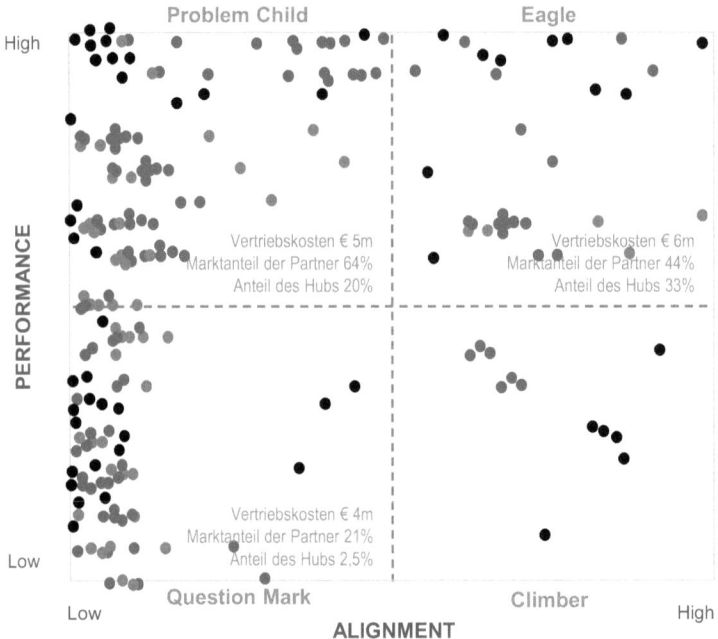

Abb. 8.3 Portfolio Management eines Möbelherstellers. (Quelle: eigene Darstellung)

Für die Berechnung der Wirtschaftlichkeit des Ökosystems wird zunächst das gängige Verfahren der Barwertmethode eingesetzt. Anhand eines Beispiels demonstrieren wir, wie gut das Modell trotz seiner großen Einschränkungen und Nachteile funktionieren kann, um eine holistische Sicht auf die Investitionen herzustellen.

Investitionen in ein Ökosystem sind typischerweise einmalige oder wiederkehrende Ausgaben im Sinn der strategischen Partnerschaften. In Kap. 4 haben wir gesehen, dass Firmen, wenn sie sich auf Allianzen und strategische Partnerschaften einlassen, durch die gemeinsame Zielsetzung zu Synergien kommen können, z. B.:

• Partnerschaftliches Umsatzwachstum
• Kostensenkung
• Steigende Produktivität und Rentabilität.

8.4.2.1 Grundlagen verschiedener Portfolioinvestitionen

Harry Max Markowitz (*1927 in New York City) war ein US-amerikanischer Ökonom und Professor für Finance an der Rady School of Management an der University of California, San Diego (UCSD). Im Jahr 1952 veröffentlichte er im Alter von 25 Jahren ein bahnbrechendes Werk, das die Grundlage der modernen Portfolio-Management-Theorie bildet. Zuvor wurden Investitionen subjektiv und qualitativ evaluiert und es wurde ignoriert, wie Investitionen untereinander zusammenhängen. Markowitz zeige Möglichkeiten auf, Portfolios unter Berücksichtigung von zwei Parametern zu ermitteln: (1) erwartete Rendite sowie (2) zu erwartende Risiken (Markowitz, 1952).

Die Varianz der Rendite sei ein sinnvolles Maß für das Risiko, so Markowitz. Um die Abweichung des Portfolios zu definieren, ist es notwendig, die Korrelation der Renditen der Vermögenswerte im Portfolio zu ermitteln. Das Modell zeigt, wie ein Portfolio effektiv zusammengestellt und optimiert werden kann, sei es, um das Risiko zu reduzieren, die Rendite zu steigern oder beides. Das Markowitz-Modell basiert auf festen Annahmen über das Verhalten von Investoren:

- Investitionen sollen zu Renditen über einen längeren Zeitraum führen.
- Investoren wollen ihre Rendite maximieren.
- Investoren fällen Entscheidungen ausschließlich aufgrund von Renditen und Risiken.
- Investoren schätzen das Risiko auf Basis der Variabilität der erwarteten Renditen ein.
- Ein Zuwachs der Renditen über einen bestimmten Zeitraum gilt als profitables Wachstum.

In einem beliebigen Ökosystem mit vielen Partnern wird die Investition in das Portfolio nach dem gleichen Konzept ermittelt. Betrachtet man das Ökosystem als eine Sammlung von Kooperationen, vergleichbar mit den Assets oder Aktien eines Portfolios, lassen sich die Gesamtrendite der Partnerschaften sowie die Systemvolatilität wie folgt berechnen. Dabei sind r_n die individuelle Rendite des n-Partners im Ökosystem und w_n die Höhe von dessen individueller Investition. Kommen wir nun auf die allgemeine Form der erwarteten Rendite zurück. Die erwartete Rendite des Portfolios von n Partnern entspricht der Summe der erwarteten Renditen aller einzelnen Partnerschaften $\overline{R_j}$ bezogen auf deren Anteil am Portfolio w_j:

$$E\left(r_p\right) = \sum_{j=1}^{n} w_j \times \overline{R_j}.$$

Beachten Sie, dass

$$\sum_{j=1}^{n} w_j = 1.$$

Wenn man z. B. 700 € in Partner 1 und 300 € in Partner 2 investiert, dann betragen, w1 = 700/1000 = 70 % und w2 = 300/1000 = 30 %. Somit, w1 + w2 = 100 %. Diese Summe ist im Grunde genommen das komplett verfügbare Budget für eine Investition in das Ökosystem und repräsentiert 100 % des Portfolios. Diese Formel lässt sich auch in Form von Matrizen darstellen:

$$E\left(r_p\right) = \begin{bmatrix} w_1 \\ w_2 \\ \vdots \\ w_n \end{bmatrix} \times \begin{bmatrix} E\left(r_1\right) & E\left(r_2\right) & \ldots & E\left(r_n\right) \end{bmatrix}.$$

Beachten Sie, dass wir diese Notation eingeführt haben, um die erwartete Rendite und das Risiko zu charakterisieren. Nehmen wir nun an, dass wir für das Portfolio von n Kooperationspartnern im Ökosystem über eine Summe X für Investitionen in die Partnerschaften verfügen. Wir können diese Definition erweitern und die Varianz des Portfolios wie folgt berechnen:

$$\sigma^2 = \sum_{j=1}^{n} w_j^2 Var(r_j) + \sum_{k=1}^{n} \sum_{j>k}^{n} w_k w_j cov(r_k, r_j).$$

Und so lautet dann auch die Varianz des Partnerschaftsportfolios:

$$Var(r_j) = \sum_{t=1}^{n} p_t \left(r_{ji} - \overline{R}_j\right)^2.$$

Die Kovarianz kann folgendermaßen ermittelt werden:

$$cov(r_j, r_k) = \sum_{t=1}^{n} p_t \left(r_{jt} - \overline{R}_j\right)^2 \left(r_{kt} - \overline{R}_k\right)^2.$$

Wenn alle Wahrscheinlichkeiten identisch sind, das heißt $p_t = p_{t-1}$ beträgt die Kovarianz:

$$cov(r_j, r_k) = \frac{1}{n} \sum_{t=1}^{n} \left(r_{jt} - \overline{R}_j\right)^2 \left(r_{kt} - \overline{R}_k\right)^2.$$

Zu beachten ist, dass diese Schätzungen auf vergangenen Daten basieren, z. B. auf den tatsächlichen historischen Erträgen aus mehreren Partnerschaften innerhalb eines Ökosystems. Dieses Verfahren ist geeignet für die Ermittlung der Investitionsbeiträge in Portfolios, die finanzielle Ergebnisse erwarten. Das Risiko eines Partnerschaftportfolios lässt sich ebenfalls via Matrizenrechnung ermitteln:

$$\sigma^2 = \begin{bmatrix} w_1 \\ w_2 \\ \vdots \\ w_n \end{bmatrix} \times \begin{bmatrix} \sigma_{p1}^2 & \cdots & cov(r_{pn}, r_{p1}) \\ cov(r_{p1}, r_{p2}) & \ddots & cov(r_{pn}, r_{p2}) \\ \vdots & \ddots & \vdots \\ cov(r_{p1}, r_{pn}) & \cdots & \sigma_{pn}^2 \end{bmatrix} \times \begin{bmatrix} w_1 & w_2 & \cdots & w_n \end{bmatrix}.$$

Beispiel: Mehrere Fachhändler eines Autoherstellers in Frankfurt

Im folgenden Beispiel werden die subregionalen Märkte in Frankfurt am Main unter sieben Partnern verteilt. Diese unabhängigen Firmen sind verantwortlich für die

Vermarktung von Nutzfahrzeugen eines weltweit führenden Automobilherstellers. Der Konzern ist global präsent und gilt als Premiummarke. Die Umsätze seiner strategischen Fachhandelspartner sind in Tab. 8.3 zusammengestellt. Diese Firmen sind laut unserer Definition (finanziell) selbstständige und (rechtlich) unabhängige Akteure.

Um das allgemeine Risiko σ des Ökosystems zu berechnen, müssen wir zunächst eine Matrix von Kovarianzen der von den jeweiligen Portfoliopartnern erbrachten Performances aufstellen. Die jährliche Rendite lässt sich ebenso berechnen (Tab. 8.4 und 8.5).

Nach der Ermittlung der maximalen Rendite aus dem obigen Partnerportfolio lassen sich die in Tab. 8.6 dargestellten Werte für alle Partner festlegen.

Die Tab. 8.6 drückt aus, dass der Primärproduzent, wenn er 1.000.000 € in sein Ecosystem-Portfolio investieren möchte, diese Summe verteilen muss. So kann er 162.000 € in Partnerschaft 6 oder 37.000 € in Partnerschaft 3 stecken. Diese Investitionen sind auf eine feste Periode beschränkt, beispielsweise auf drei Jahre. Betrachtet man die qualitativen Aspekte der Partnerschaft, kann das zu einem anderen Ergebnis führen. So können zwischen dem Keystone und einzelnen Partnern gegebenenfalls gute persönliche Beziehungen bestehen. Im Fall des Frankfurter Partnernetzwerks werden die Partner 1, 4 und 6 als **Eagles** oder **Champions** und die Partner P5, P2 und P3 als **Question Mark** klassifiziert. Die Tab. 8.7 stellt die Komplexität der strategischen Partnerschaft in Form von quantitativen Messgrößen dar.

Tab. 8.3   Umsätze der Frankfurter Partnerschaften P1–P7 in Mio. €

Periode	P1	P2	P 3	P4	P5	P6	P7	FFM
1	282	0	25	670	39	2183	115	3315
2	241	0	58	1180	60	3812	315	5666
3	229	0	68	1023	33	2261	434	4047
4	225	15	58	993	100	1982	299	3670
5	162	40	62	401	60	1827	237	2789
6	235	38	67	404	81	1956	177	2957
7	140	10	63	568	26	1544	212	2563
8	178	31	40	474	79	1293	229	2324
9	230	69	70	438	68	1471	136	2482
10	237	84	37	478	116	1462	198	2612
11	230	41	50	421	49	1037	131	1959
12	360	19	52	542	118	1692	251	3034
13	229	132	116	1000	253	1493	213	3436
14	308	66	95	518	72	1437	182	2679
15	649	57	36	237	76	1802	177	3034
16	431	34	138	486	58	1847	596	3591

Tab. 8.4 Kovarianzmatrix der Renditen aus strategischen Partnerschaften P1–P7

	P1	P2	P3	P4	P5	P6	P7
P1	0,125	0,047	−0,115	−0,075	0,082	0,032	−0,033
P2	0,047	0,922	−0,004	−0,070	0,654	0,020	−0,088
P3	−0,115	−0,004	0,353	0,185	−0,052	−0,009	0,014
P4	−0,075	−0,070	0,185	0,335	0,170	0,010	0,093
P5	0,082	0,654	−0,052	0,170	0,980	0,114	0,053
P6	0,032	0,020	−0,009	0,010	0,114	0,077	0,029
P7	−0,033	−0,088	0,014	0,093	0,053	0,029	0,167
	P1	P2	P3	P4	P5	P6	P7

Tab. 8.5 Rendite der Partnerschaften im Systemportfolio

Periode	P1	P2	P3	P4	P5	P6
1	0,174	0,000	−0,564	−0,432	−0,358	−0,427
2	0,052	0,000	−0,142	0,154	0,825	0,686
3	0,018	−1,000	0,169	0,030	−0,668	0,141
4	0,383	−0,638	−0,059	1,476	0,660	0,085
5	−0,308	0,054	−0,071	−0,007	−0,260	−0,066
6	0,682	2,792	0,051	−0,289	2,159	0,267
7	−0,215	−0,674	0,603	0,197	−0,677	0,194
8	−0,227	−0,551	−0,434	0,083	0,166	−0,121
9	−0,029	−0,187	0,902	−0,083	−0,414	0,006
10	0,031	1,051	−0,259	0,134	1,349	0,409
11	−0,362	1,141	−0,055	−0,222	−0,581	−0,387
12	0,571	−0,854	−0,549	−0,459	−0,533	0,133
13	−0,257	1,000	0,228	0,929	2,531	0,039
14	−0,525	0,000	1,617	1,187	−0,061	−0,202
15	0,505	0,000	−0,739	−0,512	0,310	−0,025
Rendite (%)	3,29	14,23	4,65	14,58	29,66	4,88
Varianz	0,134	0,988	0,378	0,359	1,050	0,082
Volatilität	0,366	0,994	0,615	0,599	1,025	0,287
Umsatz	273	40	65	615	80	1.819
Allg. Beitrag (%)	8,70	1,27	2,07	19,60	2,56	58,00

Tab. 8.6 Investitionsbeitrag pro Partner in %

P1	P2	P3	P4	P5	P6
31,3	6,4	3,7	34,2	8,2	16,2

Tab. 8.7 Partnerportfolio des Frankfurter Händlernetzwerks

Partnerschaft	Allg. Beitrag (%)	Volatilität (%)	Portfolioposition
Partner 1, Mitte	8,70	36,60	Eagle
Partner 2, Mitte	1,27	99,40	Question Mark
Partner 3, Ost	2,07	61,50	Question Mark
Partner 4, West	19,60	59,90	Eagle
Partner 5, Süd	2,56	102,50	Question Mark
Partner 6, Süd	58,00	28,70	Eagle
Median	6	61	–

8.5 Wirtschaftlichkeit des Ökosystems

Während die vorherige Methode die Summe der Investitionen in das Kooperationsportfolio berechnet, eignet sich die folgende für die Ermittlung der Wirtschaftlichkeit des Ökosystems. Betrachtet man ein Ökosystem als eine Reihe strategischer Partnerschaften, kann man Kooperationen als Investitionen mit beteiligten Partnern ansehen. In der Praxis werden primär quantitative Verfahren für die Investitionsrechnung angewandt, i. d. R. das dynamische Verfahren der Barwertmethode oder des „**net present value**". Dabei werden künftige Free Cashflows aus den jeweiligen Partnerschaften zum Zeitpunkt i abgezinst.

$$NPV = \sum_{j=1}^{m} \sum_{i=0}^{n} \frac{FCF_{(P_j,i)}}{\left(1+r_j\right)^i}$$

Dabei sind

NPV: Barwert in Periode 0

$FCF_{(P_j,i)}$: Free Cash Flow des Primärproduzenten aus der Partnerschaft j zum Zeitpunkt i

r: Kalkulationszinsfuß für die Partnerschaft j

n: Endperiode der Partnerschaft

m: Anzahl der Partnerschaften im Ökosystem j

Für den Komplementär im Ökosystem ist diese Berechnung einfach, da er analog zur vorherigen Rechnung nur seine eigene Sicht auf das Mitwirken in der Gemeinschaft einbezieht.

$$NPV = \sum_{i=0}^{n} \frac{FCF_i}{\left(1+r\right)^i}$$

Wobei

NPV: Barwert in Periode 0
FCF_i: Free Cash Flow des Komplementärs aus der Partnerschaft zum Zeitpunkt i
r: Kalkulationszinsfuß des Komplementärs
n: Endperiode der Partnerschaft mit dem Ökosystem.

Wie diesem Mehrperiodenmodell zu entnehmen ist, werden die künftigen Cashflows aus den gemeinschaftlichen Business-Plänen zusammen mit denen der einzelnen komplementären Partner abgeleitet. Die Zahlen beruhen auf Schätzungen, die mit den Partnern abgestimmt sein sollten. Der Kalkulationszinsfuß des Primärproduzenten unterscheidet sich von dem des komplementären Partners, denn Unternehmen als selbstständige Einheiten verfügen über eigene Finanzierungsinstrumente. In der Corporate Finance werden die Unterschiede anhand der Weighted Average Cost of Capital (WAAC)[2] ermittelt.

Diese Berechnung lässt sich konkretisieren, indem man einmalige und wiederkehrende Investitionen einsetzt. Sie umfasst die Einnahmen und Ausgaben, die sich aus den Interessen der jeweiligen Partner ergeben. Das Ergebnis sollte aus dem Blickwinkel aller Partner individuell und gemeinschaftlich berechnet werden. Sollten sich Primärhersteller oder Komplementäre doch nicht auf eine Partnerschaft einigen, entstehen die sog. Opportunitätskosten. Das sind absehbare Kosten, die durch ein Nichtzustandekommen der Partnerschaft entstehen.

Beispiel: Ein Schweizer Konzern könnte mit einem neuen Partner in der Region Tirol etwa 20 % Marktanteil in der Schweiz erreichen. Käme die Partnerschaft nicht zustande, verlöre der Konzern etwa 12 % von seinem eigenen Marktanteil von 8 % vor der möglichen Transaktion. Zu den wiederkehrenden Partnerschaftskosten gehören in diesem Fall auch die Personalkosten und weitere Ausgaben für zusätzliche Promotion, Vertriebsteam-Erweiterung, Aktualisierung der IT-Systeme, Aufstellen von Verträgen sowie Anpassung des digitalen Webauftritts und der Kommunikationsplattformen.

Zu berücksichtigen ist, dass das Endergebnis der Barwertmethode die negativen Ergebnisse ausblendet, die aus einzelnen Partnerschaften resultieren können. Denn per Saldo kann die Summe aller Partnerschaftsergebnisse positiv ausfallen. Die einzelnen Partnerschaften, die einen negativen Ertrag erwirtschaften, sind entsprechend zu bewerten.

Die Abb. 8.4 veranschaulicht die Kalkulation auf Basis der Barwertmethode für drei und fünf Jahre. Logischerweise muss das Endergebnis größer als null sein, wenn das gesamte Ökosystem positive Ergebnisse erwirtschaftet.

---

[2] WACC ist eine Berechnung der Kapitalkosten eines Unternehmens, bei der der interne und externe Kapitalfluss proportional gewichtet wird. Alle Kapitalquellen, einschließlich Stammaktien, Vorzugsaktien, Anleihen und sonstige langfristige Schulden, sind in einer WACC-Berechnung enthalten.

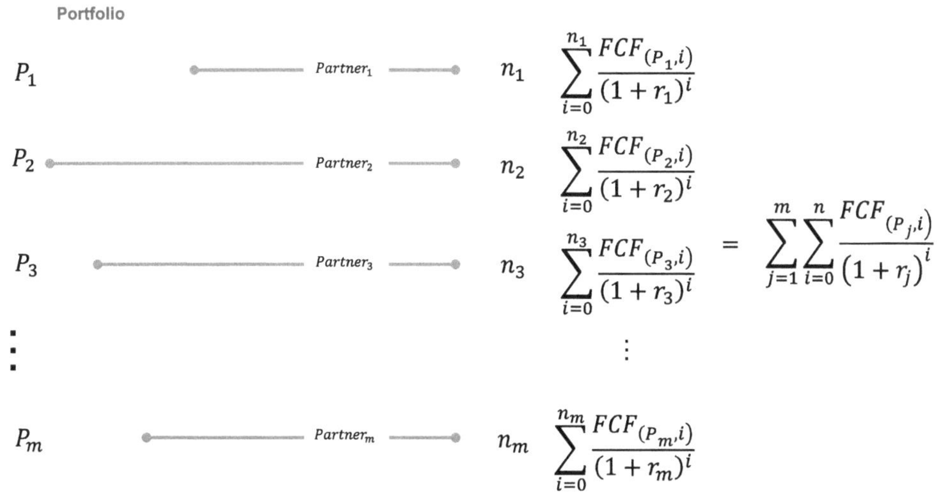

Portfolio

P_1 ———— Partner$_1$ ———— n_1 $\displaystyle\sum_{i=0}^{n_1} \frac{FCF_{(P_1,i)}}{(1+r_1)^i}$

P_2 ———— Partner$_2$ ———— n_2 $\displaystyle\sum_{i=0}^{n_2} \frac{FCF_{(P_2,i)}}{(1+r_2)^i}$

P_3 ———— Partner$_3$ ———— n_3 $\displaystyle\sum_{i=0}^{n_3} \frac{FCF_{(P_3,i)}}{(1+r_3)^i}$ $= \displaystyle\sum_{j=1}^{m}\sum_{i=0}^{n} \frac{FCF_{(P_j,i)}}{(1+r_j)^i}$

$\vdots$

P_m ———— Partner$_m$ ———— n_m $\displaystyle\sum_{i=0}^{n_m} \frac{FCF_{(P_m,i)}}{(1+r_m)^i}$

Abb. 8.4 Wirtschaftlichkeit des Ökosystems auf Basis der Barwertmethode. (Quelle: eigene Darstellung)

Fazit

Die Herausforderung, das Wachstum anzukurbeln, bekommt in diesem Kapitel einen zentralen Stellenwert. Im Mittelpunkt stehen die Weiterentwicklung strategischer Kooperationen und der Aufbau partnerschaftlicher Operationsfelder oder Geschäftseinheiten. Dabei geht es im Grunde um die Kollaboration zwischen einem Hauptproduzenten und seinen komplementären Allianzpartnern.

Ein Partnerportfolio muss einem klaren Leitgedanken folgen. Und es muss so konstruiert sein, dass es allen Mitspielern die gleichen Wachstumschancen eröffnet. Wenn es Unternehmen nicht gelingt, ihre strategischen Partnerschaften aktiv zu managen und zu entwickeln, drohen ihnen über kurz oder lang unnötige Risiken und erratische Geschäftsentwicklungen. Das Risiko und die Rendite eines Systemportfolios lassen sich mathematisch aus den historischen Kennzahlen berechnen. Diese Methode ist in der Literatur zum modernen Portfolio Management weit verbreitet. Das Novum in diesem Buch ist die Anwendung dieses Verfahrens, für das dessen Schöpfer Harry Markowitz 1990 den Nobelpreis erhielt, auf Ökosysteme. Das theoretische Verfahren lässt sich durch leichte Modifikationen auf das Management eines Portfolios von strategischen Allianzen und Partnerschaften anwenden – mit großem Nutzen. Gleichzeitig kann mithilfe der bewährten klassischen Barwertmethode die Wirtschaftlichkeit der Partner als Gemeinschaft berechnet werden. Die ersten theoretischen Grundlagen lieferten Wohlgemuth und Hess schon 1999.

Literatur

Ansoff, I. H. (1957). Strategies for diversification. *Harvard Business Review, 35*(2), 113–124.

Berkovitch, E., & Narayanan, M. (1993). Motives for takeovers: An empirical investigation. *Journal of Finance and Quantitative Analysis, 28*, 347–362.

Canals, J. (2001). How to think about corporate growth. *European Management Journal, 19*(6), 587–598.

Delmar, F. (2006). Measuring growth: Methodological considerations and empirical results. In P. Davidsson, F. Delmar & J. Wiklund (Hrsg.), *Entrepreneurship and the growth of firms* (S. 62–84). Cheltenham: Edward Edgar Publishing Limited.

Hess, E. D. (2007). The quest for organic growth. *Corporate Finance Review, 12*(1) 28–36.

Markowitz, H. (1952). Portfolio selection. *Journal of Finance, 7*(1), 77–91.

Morck, R., Shleifer, A., & Vishny, R. (1990). Do managerial objectives drive bad acquisitions? *Journal of Finance, 45*, 31–48.

Nelson, R. R., & Winter, S. G. (1982). *An evolutionary theory of economic change.* Cambridge, MA: Belknap Press of Harvard University Press.

Penrose, E. (1959). *The theory of the growth of the firm.* New York: Wiley.

Pettus, M. L. (2001). The resource-based view as a developmental growth process: The resource-based view as a developmental growth process. *Academy of Management Journal, 44*(4), 878–896.

Rappaport, A. (1986). *Creating shareholder value: The new standard for business performance.* New York: The Free Press.

Seppelfricke, P. (2012). *Handbuch Aktien- und Unternehmensbewertung* (Bd. 4). Stuttgart: Schäffer-Pöschel.

Statista. (2018a). *Statistiken zur SAP SE.* Statista.

Statista. (2018b). *Umsatz von in den Jahren 2004 bis 2018 (in Milliarden US-Dollar).* https://de-statista-com.pxz.iubh.de:8443/statistik/daten/studie/75292/umfrage/nettoumsatz-von-amazon-com-seit-2004/.

Stotz, H. (2018). *Plattformen, Geschäftsnetzwerke und Daten-basierte Geschäftsmodelle, 2018.* VDMA Forum für Industrie 4.0. https://industrie40.vdma.org/documents/4214230/23787570/5_Stotz_SAP_1518425731016.pdf/66f3ce5d-718b-4586-a947-79a08bf396db.

Weinzimmer, L. G., Nystrom, P. C., & Freeman, S. J. (1998). Measuring organizational growth: Issues, consequences and guidelines. *Journal of Management, 24*(2), 235–262.

Exit-Transaktionen

9

Zusammenfassung

Exit, Ausstieg – das klingt nach kurzem Prozess, nach schneller und rasch vollzogener Entscheidung. Wenn sich aber Unternehmen von strategischen Partnern im Ökosystem trennen müssen, dann kann daraus eine ebenso komplizierte wie langwierige und kostspielige Operation mit vielen Haken und Ösen werden. Komplexe Liefer- und Leistungsbeziehungen innerhalb des Systems wollen zunächst offengelegt und dann gekappt werden. Vertragliche Außenbeziehungen mit strategischen Partnern, Kunden, Lieferanten oder Banken bedürfen der Neuregelung. Und die betriebswirtschaftlichen Folgen einer Trennung sollten nicht außer Acht gelassen werden. Sicher ist: Ohne systematisches Vorgehen und große Erfahrung ist der Exit-Prozess kaum zu beherrschen. Wie man der Komplexität der Aufgabe Herr werden und bösen Überraschungen vorbeugen kann, skizziert der Autor in diesem Kapitel.

9.1 Hintergrund

Von außen werden Großkonzerne zumeist als geschlossene Einheiten wahrgenommen, doch diese Sicht ist oberflächlich und irreführend. Bei näherer Betrachtung erweisen sich internationale Konzerne mit ihren verzweigten Portfolios oft als hochkomplexe Strukturen. Sie sind mehr oder minder geordnete, meist systematisch angelegte Netzwerke von strategischen Partnern, Beteiligungen und Tochtergesellschaften mit unzähligen formellen, aber auch informell gewachsenen Verflechtungen. Oft bringt es einen Zugewinn an Wachstum und Ertrag, strategische Partnerschaften einzugehen. Damit sind sie eine Alternative zu Unternehmensübernahmen und Zusammenschlüssen. Es kommt jedoch vor, dass Firmen sich von Partnern trennen müssen.

© Springer Fachmedien Wiesbaden GmbH, ein Teil von Springer Nature 2019   129
N. Farhadi, *Cross-Industry Ecosystems*,
https://doi.org/10.1007/978-3-658-26129-0_9

Rein hypothetisch betrachtet: Sollte man sich von einer strategischen Kooperation im fein verästelten Gruppennetzwerk trennen wollen, müsste das Herausschneiden aus dem Ökosystem in allen Einzelheiten konzeptionell geklärt, detailliert geplant und schrittweise umgesetzt werden. Bei einer Partnerschaft zwischen einem Primärproduzenten und seinen internationalen Vertriebspartnern wäre dies unter Umständen eine hochkomplexe Aufgabe. Die wesentliche Herausforderung eines solchen Exit besteht darin, möglichst alle formellen und – besonders tückisch – informellen Verflechtungen zu identifizieren und kontrolliert zu beenden und diese Partnerschaft möglicherweise durch eine neue zu ersetzen. Selbst, wenn es gelingt, die Verbindungsstränge an den richtigen Stellen zu kappen, entstehen operative, kommerzielle und finanzielle Risiken. Geht man stiefmütterlich mit der Mammutaufgabe Exit von Partnern um, können die Folgen für die beteiligten Akteure im Ökosystem wirklich schmerzhaft sein.

Warum und wie trennt man sich von strategischen Partnern?
Es gibt vielfältige Gründe, eine strategische Partnerschaft zu beenden. Zum einen können Ökosysteme gezwungen sein, wertvolle Zusammenarbeiten quasi proaktiv aufzugeben. So musste die Lufthansa-Tochter Eurowings auf ihre horizontale Kooperation mit der österreichischen Airline Laudamotion nach wenigen Monaten verzichten. Der Grund: inkompatible IT-Systeme – die Österreicher nutzen die Computersysteme von Ryanair. Außerdem hätte Laudamotion die erwarteten Flugkapazitäten nicht zur Verfügung stellen können.[1]

Ein weiterer Fall: Die Direktbank ING-DiBa beendete die 2017 entstandene Partnerschaft mit dem Online-Makler Clark mit einem Zugang zu über 10 Mio. Bankkunden in Deutschland. Die Bankkonten der ING-DiBa-Kunden waren mit den Systemen von Clark verknüpft, die sämtliche Tarife transparent machten. Die Bankkunden erhielten eine Empfehlung zur Auswahl passender Produkte. Der Online-Makler pflegte zunehmend ähnliche Partnerschaften mit konkurrierenden Geldhäusern, z. B. mit der Direktbank PSD Bank Hannover, der Direktbank N26, der NIBC Direct sowie der Deutschen Kreditbank AG (DKB). Der wichtigste Partner mit 9 Mio. Kunden in Deutschland war DiBa. Damit war 2018 Schluss. Der Grund: eine Kooperation mit dem französischen Versicherungskonzern Axa. Das berichtet das Fachportal *Fonds professionell*.

Zum anderen trennen sich Firmen von Problempartnern – wegen Fehleinschätzungen bei der Auswahl der Partnerschaft, notwendiger Arrondierungen der Produkt- oder Markenportfolios, gewachsener Risiken oder aufgrund neuer strategischer Weichenstellungen. Im Verlauf von Exit-Transaktionen im Ökosystem sind verschiedene organisatorische, gesellschaftsrechtliche und vertragliche Maßnahmen zu treffen, um die Voraussetzungen zu schaffen. Nach der Entflechtung kann im betroffenen Geschäftsbereich zunächst eine Lücke entstehen. Auch der Wechsel zu einem neuen Partner kann viel Zeit in Anspruch nehmen.

---

[1] Siehe auch https://www.zdf.de/nachrichten/heute/kooperation-mit-laudamotion-eurowings-beendet-zusammenarbeit-100.html

Eine weitere Maßnahme, die zur Restrukturierung des Portfolios von strategischen Partnerschaften führen kann, sind Corporate Divestitures, also Fälle, in denen Primärproduzenten Tochtergesellschaften und somit die angeschlossenen Partnerschaften abspalten oder sich von internen Geschäftseinheiten trennen. Die Ursachen sind vielfältig: notwendige Arrondierungen der Produkt- oder Markenportfolios, Korrekturen nach dem Vorstoß in neue Regionen, neue Technologien und Wettbewerber oder neue strategische Weichenstellungen. Sie führen früher oder später dazu, dass Werkschließungen oder die Beendigung von regionalen oder überregionalen Operationen folgen. Umweltaspekte und staatliche Eingriffe, etwa von Kartellbehörden, tun ein Übriges. Die weltweite Finanz- und Wirtschaftskrise hat, so scheint es, diese Entwicklung noch beschleunigt. Häufiger denn je dienen Desinvestitionen dazu, finanziellen Stresssituationen zu entrinnen.

Nicht von ungefähr hat sich AIG von seinem Geschäft im Mittleren Osten Alico getrennt. Der US-Versicherungsriese AIG, in der Finanzkrise heftig ins Strauchen geraten, war gezwungen, seine hochprofitable Lebensversicherungstochter Alico an den Konkurrenten MetLife zu verkaufen. Somit wanderten Hunderte Partnerschaften an den Wettbewerber. Und der ebenfalls in raue See gekommene Automobilkonzern General Motors (GM) rang lange mit sich, die defizitäre Europa-Tochter Opel zu veräußern. Solche Ausstiegsversuche oder vollzogenen Exits, die Schlagzeilen machen, haben erhebliche Auswirkungen auf die betroffenen Ökosysteme.

Ausnahmslos gilt für Exit-Transaktionen im Ökosystem: Solche Maßnahmen können selbstständige und unabhängige Akteure im System irritieren. Das gilt insbesondere in Vertriebspartnernetzwerken, in denen mehrere vertikale Partner die gleichen oder vergleichbare Aufgaben erfüllen, nämlich die Vermarktung von Produkten und Dienstleistungen. Scheidungsfälle in Teilen des Systems können andere Partner, die nicht direkt betroffen sind, verunsichern, und sie von ihren eigentlichen Aufgaben abhalten, etwa von der Marktentwicklung.

Zwar gibt es zunehmend mehr Best Practices für das Management von heiklen Exit-Transaktionen, die auch für Ökosysteme gelten. Doch bei der Trennung von strategischen Partnern im Ökosystem machen die Beteiligten immer wieder vermeidbare Fehler.

Zu den häufigsten gehören:

(1) Sie übersehen betroffene Partner und Subsysteme.
(2) Sie behandeln Trennungsmaßnahmen im Ökosystem als einmalige Transaktionen.
(3) Sie planen und realisieren den Exit von Partnern zu spät.
(4) Sie unterschätzen die Komplexität der Entflechtung.
(5) Wegen ungeschickter Abwicklung verlieren sie weitere Partner und auch Kunden.

Im Folgenden werfen wir einen Blick auf die Details und die Folgen solcher Fehler.

Mangelhafte Fokussierung auf das Ökosystem
Großkonzerne dirigieren in aller Regel Ökosysteme, die auf Zusammenarbeit ausgelegt sind. Dabei handelt es sich um partnerschaftliche Umfelder mit operativ oder rechtlich

unabhängigen Einheiten, die in der Gemeinschaft deutlich stärker sind als jedes Unternehmen für sich. Die SAP AG z. B. unterhält (nach der Einschätzung von Experten) ein Ökosystem mit mehr als 200.000 Beratern weltweit. Sie vermarkten SAP-Softwarelösungen und betreuen eine riesige Zahl von Kunden, darunter viele Großkonzerne, mit Millionen von SAP-Anwendern. Dieses Ökosystem ist ein entscheidender Wettbewerbsvorteil für den Mannheimer Softwarekonzern. Gleiches gilt für große Automobilkonzerne, die ohne ihre Händlernetze auf kostspielige Alternativen des Marktzugangs angewiesen wären. Auch Versicherungsunternehmen wären ohne ihre unabhängigen Vertriebsorganisationen nicht wettbewerbsfähig. Spaltet man einen Teil eines Konzerns ab oder integriert man einen akquirierten Bereich, können solche Aktionen das betroffene Ökosystem stark beeinträchtigen. Der Automobilhersteller Daimler z. B. beabsichtige die Trennung von seiner US-amerikanischen Schwester Chrysler Group. Nach der Entflechtung musste der Stuttgarter die Handelspartner von Chrysler für mehrere Jahre weiterhin mit Ersatzteilen und weiteren Dienstleistungen versorgen. Dies war vertraglich geregelt. Mit anderen Worten: Das Ökosystem verhinderte den sofortigen Ausstieg aus dem Geschäftsfeld und den beschleunigten Exit. Ignoriert ein Keystone solche Verflechtungen, führt das zu Unzufriedenheit bei Kunden und Partnern, ganz abgesehen von möglichen rechtlichen Folgen. Doch viele Entscheidungsträger neigen dazu, die betroffenen Ökosysteme nur nachrangig zu berücksichtigen. Mergers & Acquisitions haben immer Einfluss auf die Teilnehmer der betroffenen Ökosysteme.

Exit als singuläre Transaktionen betrachten
Wer Exit-Transaktionen im Ökosystem als singuläre, zeitlich begrenzte Ereignisse betrachtet, unterliegt einem schwerwiegenden Irrtum. Oft lassen sich strategische Partner nicht so einfach abstoßen. Bei der Analyse von Ökosystemstrukturen stößt man immer wieder auf die sog. nicht strategischen oder nicht leistungsfähigen Partnerschaften. Aufgrund ihrer Selbstständigkeit verändern sich manche Partner im Laufe der Zeit. Oft geschieht dies im Fall der Führungsnachfolge. Das neue Management des alten Partners kann u. U. andere Ziele verfolgen oder sich kulturell vom System entfernen.

Daraus muss das Management ein systematisches Portfolioprogramm für strategische Partnerschaften und Allianzen ableiten. Wenn ein Ökosystem einen bestehenden Partner verliert, ist darauf zu achten, dass die Kontinuität des Systems sichergestellt ist. Gerade bei komplexeren Ökosystemen besteht häufiger Trennungsbedarf. In solchen Fällen sind umfangreiche, ergo komplexe, Exit-Programme unabdingbar. Gelegentlich kommt es auch vor, dass Tochtergesellschaften durch eine Carve-out-Transaktion vom Konzern getrennt und anschließend als selbstständige und unabhängige strategische Partner wieder eingebunden werden.

Paradebeispiel ist abermals Daimler: 2014 separierte der Stuttgarter Automobilhersteller zunächst 63 eigene Niederlassungen und gab sie zum großen Teil an netzfremde Investoren ab. Im Jahr 2016 folgte die vollständige Trennung von den restlichen Ländergesellschaften. Heute steht fest: Daimler war mit dem Verkaufserlös höchst zufrieden. Weniger zufrieden waren wohl manche leer ausgegangenen Vertragspartner und der eine oder andere langjährige Mercedes-Benz-Vertreter.

Manchmal kann die Trennung von einem langjährigen Partner geradezu verheerende Folgen haben. Beispiel Ferrari: Die operativen Ergebnisse von Ferrari in China, Taiwan und Hongkong waren 2017 eingebrochen, weil dem Hongkonger Händler 2016 gekündigt worden und der neue nicht in der Lage war, die Kosten des Manövers durch das Halten bestehender und die Gewinnung neuer Kunden zu kompensieren.

Verzögerte Trennung von Partnern
Entscheidungsträger in Ökosystemen neigen dazu, Trennungen von Partnern aufzuschieben. Dafür gibt es viele Gründe, zum Beispiel die Lösung der Nachfolgefrage, die Behandlung bestehender Kunden oder unerwünschte Auswirkungen auf das Netzwerk wie Irritationen oder Gerüchte. Oft ziehen die Entscheider eine Konsolidierung wegen der Komplexität solcher Transaktionen gar nicht erst in Erwägung. Ein Wechsel von Partnern ist i. d. R. eine Aufgabe, die Zeit und Planung benötigt. Die Erfahrung zeigt, dass solche retardierenden oder gar restriktiven Verhaltensweisen das Ökosystem insgesamt beeinflussen und das Netzwerk langfristig belasten können. Zielführender wäre es, im Auge zu behalten, ob es im System genügend Platz für potenzielle (strategische) Partner gibt, die dem kollektiven System guttun. Dabei gibt das Timing häufig den Ausschlag. In diesem Kontext schafft die verspätete Planung der Trennungsaktivitäten weitere Probleme. Denn je später die Separierungsaufgaben geplant werden, desto enger wird der Spielraum für das Risikomanagement. Logischerweise: Betroffene Märkte können sich in diesem Fall nicht rechtzeitig und zureichend auf die bevorstehenden Veränderungen vorbereiten. So kann ein Partner Marktanteile verlieren oder der Konkurrenz Zugang zum eigenen Markt bieten. Aufkommende Probleme müssen also rechtzeitig mit den betreffenden Partnern besprochen werden. Wenn aber kein anderer Ausweg als die Trennung von einem Problempartner im Ökosystem bleibt, muss schnell gehandelt werden.

Verlust von komplementären Know-how-Trägern und Kunden
Die Abspaltung einer operativen Einheit als Partner beinhaltet Reorganisationsmaßnahmen, die gravierende Folgen für das Ökosystem haben können. Ein Effekt wird besonders oft übersehen: Mit einem Exit aus dem Ökosystem werden nicht nur Verträge beendet, sondern auch Beziehungen zu Kunden und Mitarbeitern des Partners aufgegeben. Doch die Entscheidungsträger in Konzernen konzentrieren sich oft nur auf die Einhaltung gesetzlicher Vorschriften, auf Transaktionskosten und Synergien. Immer besteht die Gefahr, dass die finanziellen Aspekte einer Entflechtung und die unzähligen Regularien das Denken allzu sehr beherrschen. Die Fixierung auf das Formelle ist eine wesentliche Ursache für den häufigsten Fehler in der Partnerschaftskonsolidierung: Entscheidungsträger vernachlässigen die weichen Faktoren. Sie vergessen oft, dass Wissen und Betriebsgeheimnisse immer in den Köpfen ihrer Partner und deren Mitarbeiter stecken. Diese haben die Beziehungen zu den gemeinsamen Kunden und selbst zu Wettbewerbern. Ähnlich wie Fusionen und Zukäufe verunsichern Trennungen von strategischen Partnerschaften die Belegschaften. Entsprechend hoch ist die Wechselbereitschaft der Mitarbeiter des Partners, oft insbesondere der Know-how-Träger, wenn sie ihre Aussichten geschmälert sehen.

Demzufolge sollte es Bestandteil der Partnerschaftsstrategie sein, den Verlust strategischer Partner im Ökosystem während und nach der Transaktionsphase so gering wie möglich zu halten, ihn im günstigsten Fall sogar mit neuen Kooperationen und eigenen Ressourcen zu substituieren. Das ist im Grunde nichts Neues: Kommunikation, vermittelte Transparenz, gilt als wichtige Maßnahme zur Überwindung von Transaktionsbarrieren. Daher muss die Kommunikation so umfassend und schlüssig sein, dass die Trennung von der Mutter keinen Mitarbeiter schreckt.

Unterschätzung der Entflechtungskomplexität
Manager unterschätzen oft die Komplexität von Entflechtungsmaßnahmen, sei es im eigenen Unternehmen oder im erweiterten Ökosystem. Doch die Abspaltung eines Partners von dem Primärproduzenten – von welcher Seite auch die Trennung gewünscht wird – beinhaltet unausweichlich eine Reihe vielschichtiger Vorgänge. Firmen sind keinesfalls so glatt, so monolithisch aufgebaut, wie sie von außen ausschauen mögen. In ihrem Inneren sind sie fein verästelt.

Gerade das Streben nach kontinuierlicher Optimierung der Marktprozesse und Ökosysteme führt zu solchen komplizierten Partnerschaftsstrukturen. Die permanente Jagd nach Mehrwert für die Kunden, gemeinsamer Profitabilität und Effizienz in einer Kooperation erfolgt hauptsächlich durch inkrementelle Fortentwicklung der Prozesse und Strukturen, sowohl im Stammkonzern als auch bei den strategischen Kooperationspartnern. So entstehen zwangsläufig vielfältige wechselseitige Informations-, Liefer- und Leistungsbeziehungen.

Wenn es dann darum geht, solche Strukturen und Partnerschaften aufzulösen, treten unzählige formelle und – noch schwieriger zu finden – informelle Verflechtungen zutage, die sich im Lauf der Jahre jenseits von Organigrammen und Unternehmenshandbüchern entwickelt haben. Deswegen erfordern Exit-Aktivitäten ein tiefgehendes Verständnis der Interdependenzen zwischen den Partnern ebenso wie eine sorgfältige Planung und die rechtzeitige Umsetzung der Maßnahmen.

Ein Exit kann existenzielle Folgen für die – eher kleineren – komplementären Partner haben, z. B. wenn ein Vertriebspartner von den Netzwerken, Informationen zum Markt, logistischen Strukturen, IP-Rechten, wichtigen Know-how-Trägern, Vermarktungsapparaten oder Einkaufsbedingungen abgeschnitten wird. Gemeinsame Strukturen basieren in aller Regel auf speziellen Lösungsmustern, die über Jahre wachsen. Diese umzustoßen oder zu substituieren kann ein ebenso langwieriger wie teurer Vorgang werden. Wer die Komplexität des Exits ignoriert, läuft Gefahr, zeitlich und inhaltlich unsinnige Ziele zu setzen. Der unerwünschte Nebeneffekt: Weitere Partner, Kunden oder Lieferanten werden (im günstigsten Falle) nur verunsichert.

Diese Erfahrung machte ein US-Konzern, der eine Reihe von Partnerschaften in England und Frankreich abstoßen wollte. Nachdem er das Vorhaben angekündigt hatte, kam es zu Protestveranstaltungen aller Netzpartner. Schließlich und aus diesem Grund musste der Primärproduzent seine Pläne über Bord werfen. Die Beendigung von Partnerschaften verfolgt ein klares Ziel: die vollständige Entflechtung operativer Aktivitäten, die im Rahmen einer längeren Kooperation entstanden sind. Oft ist es jedoch rechtlich notwendig, bidirektionale Liefer- und Leistungsbeziehungen zwischen Partnern für gewisse

Zeiten aufrechtzuerhalten, bis die Terminierung gültig ist. Zu vermeiden wäre diese Verlängerung des tatenlosen Zustands durch einen stringent geplanten und terminierten Exit. Im Klartext: Langfristige Verträge zwischen Partnern sollten vermieden werden, wo immer es möglich ist.

9.2   Transaktionsprozess

Die Terminierung und das Ersetzen von Partnerschaften sind leichter gesagt als getan. Denn unter den glatten Oberflächen so mancher Ökosysteme verbergen sich äußerst komplizierte Strukturen. Erst, wenn es darum geht, strategische Partner aus dem System herauszulösen, treten die unzähligen formellen und, noch weniger leicht zu finden, die informellen Verflechtungen zutage, die sich im Lauf der Jahre jenseits von Organigrammen und Unternehmenshandbüchern entwickelt haben. Generell gilt: Je länger (und damit besser) die abzutrennenden Partnerschaften arbeiten, umso schwieriger wird der Exit-Prozess.

Freilich geht es beim Exit nicht nur um die internen Verflechtungen und Abhängigkeiten. Auch die Außenbeziehungen spielen eine wichtige Rolle. Besonders heikel ist die Zuordnung von Verbindlichkeiten und Haftungsverpflichtungen. Welche Vereinbarungen, die beide Teile betreffen, bestehen mit Banken, Kunden, Lieferanten? Welche Garantieverpflichtungen sind zu erfüllen? Was geschieht mit Händlern, die bisher beide Teile vertreten? Wie verändern sich die Konditionen von Versicherungsverträgen? Wo drohen Vertragsstrafen?

Diese und zahllose weitere Fragen gilt es im Vorfeld der Trennung zu klären. Fast noch kniffliger wird es, wenn es daran geht, die immateriellen Vermögensgegenstände, das geistige Eigentum in einer Partnerschaft zu trennen. Die korrekte Zuordnung und der Schutz von Patenten und Markenrechten, von Betriebsgeheimnissen wie eigenentwickelten Produktionsverfahren, Kundendaten, Forschungs- und Entwicklungsplänen, Lieferantenverträgen oder Kreditkonditionen können über Wohl und Wehe der betroffenen Partner entscheiden.

Ein weiterer wichtiger Part der Analyse besteht darin, die Auswirkungen des Exits auf die Performance des Ökosystems und auf seine Marktposition zu klären. An dieser Stelle geht es um die potenziellen Verflechtungen mit allen Akteuren im System. In welchem Ausmaß gehen Skaleneffekte in Beschaffung und Produktion verloren? Wie verändern sich die Verhandlungspositionen gegenüber Kunden? Wie lässt sich die Abwanderung wichtiger Geschäftskunden verhindern, die in der Exit-Situation oft hohe Wechselbereitschaft zeigen? An welchen Stellen droht der Verlust von eigentlich benötigtem Knowhow? Welche Chancen erhalten Wettbewerber durch die Trennung? Würde sich der abgestoßene Partner einem Wettbewerber anschließen? Besteht die Gefahr, Marktanteile oder gar ganze Märkte einzubüßen? Die Antworten auf solche Fragen können im Einzelfall sogar den Exit verhindern.

Denn auch das ist ein Merkmal des erfolgreichen Exits: Der abgetrennte Partner soll, wenn sein Unternehmen nicht schlichtweg geschlossen wird, vom ersten Tag seiner Eigenständigkeit an voll existenzfähig sein. Diese Forderung ist keineswegs trivial. Denn sie zielt darauf, möglichst vieles dessen zu ersetzen, von dem das neue Unternehmen mit der

Trennung abgeschnitten wird: Den Zugang zum Wissen und Informationsnetz des Konzerns, seine internen Zulieferungen, die Einkaufs- und Vermarktungsorganisation. Das Exit-Management sollte dem abgetrennten Partner nicht nur das schlichte Fortbestehen ermöglichen, sondern ihm auch Chancen eröffnen zu prosperieren. Denn das Netzwerk einer Partnerschaft registriert, was mit den Exit-Kandidaten in absehbarer Zeit passieren kann. Neue Partnerschaftskandidaten, die sich im Vorfeld über die unglücklichen Fälle der Vergangenheit informieren, haben wenig Neigung, einem solchen Ökosystem beizutreten.

Der Exit-Prozess erfolgt i. d. R. in fünf Phasen:

- **Exit-Strategie** (EP) – also die Definition strategischer Ausrichtung und Zielsetzung
- **Exit Due Diligence** (EDD) zur Ermittlung der Risiken und Chancen, Stärken und Schwächen und zur Ableitung von Red Flags, also Risiken und potenziellen Transaktionshindernissen
- **Exit-Planung** – bevorstehende Aktivitäten, Verantwortlichkeiten und zeitliche Vorgaben (TAP)
- **Implementierung** bzw. Umsetzung der Trennungsziele oder Exit-Transaktion
- **Exit Readiness Assessment** (ERA) – Sicherstellung, dass eine Trennung von dem strategischen Partner zu keinen Marktkonflikten führt. Es wird überprüft, ob die Trennung erfolgreich umgesetzt worden ist.

Die Abb. 9.1 porträtiert den Verlauf des Exit-Prozesses im Ecosystem.

In der ersten Phase der Entwicklung der Exit-Strategie sind folgende Aufgaben von zentraler Bedeutung:

- **Evaluierung der Business-Strategie** – Hier stellt sich die Frage, ob eine Exit-Strategie für das gesamte Ökosystem sinnvoll erscheint und wie, wenn ein Partner aus den vertraglichen Vereinbarungen entlassen wird, seine Kunden- und Geschäftsbeziehungen betroffen sein werden. Darüber hinaus sollte man sich fragen, was nach dem Exit geschehen soll. Wird mit einem neuen Partner gearbeitet? Entwickelt man eigene Kompetenzen? Oder kauft man die Ressourcen?

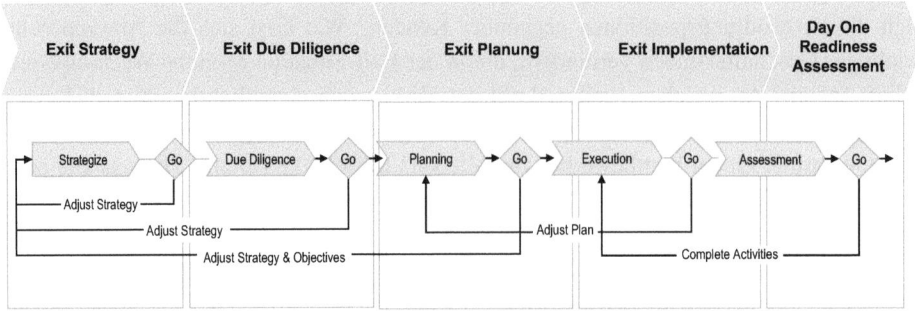

Abb. 9.1 Exit Roadmap im Ökosystem. (Quelle: eigene Darstellung)

- **Ableitung kritischer Erfolgsfaktoren** – Mit anderen Worten: Wie kann man den Exit erfolgreich durchführen und welche weichen und harten Faktoren spielen dabei eine Rolle?

- **Identifikation und Auswahl der Ziele der Trennung, insbesondere für das Öko-system** – Hier werden kritische Fragen gestellt wie: Warum wird eine Trennung von einem Partner ein sinnvoller Schritt sein? Ist die Trennung operativ und wirtschaftlich begründet? Was wird die Auswirkung vom Exit des Partners auf die Geschäftsbeziehungen sein?

- **Zusammenstellen der internen und externen Teams sowie der Ressourcen** – Nachdem die Pläne als Grundlage stehen, müssen die Teammitglieder für die Trennungsaufgabe zusammengeführt und inhaltlich wie rechtlich vorbereitet werden. An dieser Stelle ist absolute Vertraulichkeit das A und O. Oft werden „non disclosure agreements" (NDA) eingesetzt, um die höchstmögliche Verschwiegenheit der beteiligten Personen soweit wie möglich sicherzustellen.

- **Entwicklung einer Exit-Strategie** – Die Exit-Strategie beinhaltet die strategischen Instrumente für einen sicheren Ausstieg aus einer Partnerschaft ohne große Auswirkungen auf das Ökosystem. Die Strategie beginnt immer mit der Vision und Zielsetzung, die nach der Trennung realisiert werden sollen. Kann der gegenwärtige Partner nicht helfen, gemeinschaftliche Ziele zu erreichen, muss der Primärpartner – also der Primärproduzent – Alternativen bereitstellen.

- **Identifikation potenzieller Substitutionspartner** – Sollte sich der Primärpartner von einem komplementären Partner trennen, stellt sich die Frage, wie die Kontinuität der Geschäftsprozesse nach der Trennung zu gewährleisten ist. Die eventuelle Suche nach einem neuen Partner muss mit Sorgfalt geschehen, denn es besteht die Gefahr, dass das ganze Ökosystem im Gefolge einer aktiven Umstrukturierung, getrieben von dem primären Partner, kritisch beobachtet wird.

- **Durchführung der Wachstumsanalyse** – Hier wird die Exit-Strategie mit der Analyse der möglichen Wachstumsszenarien des Primärherstellers abgerundet. Die Prognose des Wachstums, z. B. des Marktanteils oder Umsatzes, soll die Frage klären, ob nach der Trennung von dem Partner potenzielle Lücken hinterlassen werden oder man sogar mit schmerzhaftem Einbüßen rechnen muss. Ferner wird hierzu die Frage gestellt, ob der Cut vom Partner zu einem möglichen Zuwachs des Geschäfts durch Bereinigung der Opportunitätskosten führen kann.

Die Phase der Exit Due Diligence umfasst die folgenden Aufgaben und Teilprozesse:

- **Identifikation von Exit-Risiken und -Barrieren im Ökosystem** – Eine Trennung im Ökosystem ist keine leichte Aufgabe. Es gibt eine Vielzahl von Barrieren, die eine solche Transaktion zunächst verhindern können. Sie müssen im Vorfeld identifiziert und bei der Umsetzung berücksichtigt werden. Unter anderem ist zu klären, welche Auswirkungen der Exit auf die Kundenbeziehungen haben wird. Im Vertriebsnetzwerk z. B. besitzen und pflegen die Händler die Kundenbeziehungen. Will man sich von einem

Händler trennen, muss man die etwaigen Kundenreaktionen unter die Lupe nehmen. Auch finanzielle Risiken können hier auftreten. Denn: Ein Exit von einem langjährigen Partner kann wegen seiner Kompensationsansprüche deutlich teurer werden als erwartet. Solche Risiken sind häufige Trennungsbarrieren. Generell gilt: Je älter die Partnerschaft, umso teurer und komplexer ist die Trennung.

- **Ermittlung der innerbetrieblichen, rechtlichen, kommerziellen, personellen Interdependenzen mit dem Partner –** Entsteht eine neue Partnerschaft, werden neue Geschäftsbeziehungen aufgebaut, Prozesse integriert und gemeinsame Systeme aufgesetzt. Solche Beziehungen können im Lauf der Zeit zu erheblichen gegenseitigen Verpflichtungen führen. Dabei entstehen kommerzielle, rechtliche oder personelle Verflechtungen, die eine Trennung von Partnern verhindern können. Beendet man solche Geschäftsbeziehungen abrupt, besteht die Gefahr, dass wertvolle Marktanteile verloren gehen. Deswegen müssen die bestehenden Vereinbarungen und Verträge mit dem aktuellen Partner so frühzeitig wie möglich vor dem Exit evaluiert werden.
- **Identifikation negativer Synergien**, die z. B. zu reduzierten Skaleneffekten oder Ausfall des intellektuellen Kapitals des Primärpartners führen können. Man stelle sich vor, dass nach einer Trennung Patente, die im Lauf einer Partnerschaft erworben wurden, nicht mehr beiden Seiten zur Verfügung stehen. Ein solcher Zustand könnte die Wettbewerbsposition der involvierten Akteure schwer beinträchtigen.
- **Machbarkeitsanalyse –** Hierbei geht es darum, die Machbarkeit einer Trennung von dem Partner aus finanziellen, rechtlichen und kommerziellen Gesichtspunkten zu evaluieren. Kurz: Kann der Partner vertraglich aus dem Netzwerk entfernt werden? Wenn ja, zu welchen Bedingungen? Was sind die einmaligen Kosten der Trennung?

Wenn es darum geht, die Trennung von einem Partner zu planen, sind folgende Themen besonders relevant:

- **Entwicklung von Risikomanagementplänen**, insbesondere, wenn es um gemeinsame Märkte und Kunden geht. Im Bereich Forschung und Entwicklung sollte ebenfalls geklärt werden, wie die Teilung immaterieller Assets zwischen den Partnern erfolgen soll. Ebenso sollten die Risiken, die das Ökosystem insgesamt betreffen würden, im Vorfeld identifiziert werden.
- **Identifikation einmaliger und wiederkehrender Kosten**, die während der Trennungsphase oder nach der Beendigung anfallen. Zu den wichtigsten Kosten gehören: Anwaltskosten, eventuelle Abfindungen, Transaktionskosten für die Suche nach und Beauftragung von einem neuen Partner oder für den Aufbau eigener operativer Einheiten.
- **Kontaktaufnahme mit einem der potenziellen Partner –** Ehe die ersten Gespräche mit einem alternativen Partner beginnen, sind einmal mehr die genannten NDA erforderlich. Mit anderen Worten: Es geht jetzt nur um die Fakten der künftigen

Zusammenarbeit. Der verantwortliche Manager hat deshalb soweit möglich auf die Weitergabe wichtiger Daten des jetzigen an den künftigen Partner zu verzichten. Die Kontaktaufnahme mit einem alternativen Partner kann aus wichtigen Gründen, etwa wegen rechtlicher Vereinbarungen oder möglicher Nebenwirkungen auf das Partnernetzwerk, auf eine andere Phase der Implementierung verschoben werden. Fehler bei der Kontaktaufnahme können Folgen und Auswirkungen auf das Netzwerk haben, die nicht rückgängig zu machen sind.

- **Inventur der gegenseitigen Interdependenzen** – Die Partner stellen eine Liste der existierenden Beziehungen und Verbindlichkeiten zusammen. Diese Interdependenzen bestimmen den weiteren zeitlichen Verlauf des Prozesses. Die Partner ermitteln die Interdependenzen für den erweiterten Markt und das Ökosystem.
- **Erstellung eines** *Statement of Work* (**SoW**), das Ziele, Verantwortlichkeiten, Trennungsaktivitäten, notwendige Kompetenzen, Ressourcenbedarf, Fristen, zeitliche Vorgaben sowie erforderliche Aufwendungen und das Exit-Budget beinhaltet. Das Dokument muss von allen Beteiligten angenommen und verbindlich umgesetzt werden.
- **Einrichtung eines** *Exit Management Office* (**EMO**), insbesondere bei größeren Projekten, inklusive der zeitlichen Vorgaben und der Definition von Verantwortlichkeiten. Oft benötigen die beteiligten Partner eine Frist für die Beendigung ihrer Geschäftsbeziehungen. Wird z. B. die Kündigung am 1. Januar eines Kalenderjahres ausgesprochen, wird dem betroffenen Partner eine Frist bis Ende des darauffolgenden Jahres zur Entkopplung der Aktivitäten und Assets gewährt. Dies ist i. d. R. vertraglich geregelt.

In der Phase der Implementierung geht es zugleich um kritische Einzelaufgaben, die aufgrund der potenziellen Risiken mit großer Sorgfalt behandelt werden müssen, z. B.:

- **Separation immaterieller Vermögenswerte und Übertragung der Nutzungsrechte für Patente, Lizenzen**
- **Trennung und Übertragung operativer Daten**, nach der Überprüfung der datenschutzrechtlichen Vorgaben. Sollten die Partner nicht die Rechte besitzen, gemeinsame Daten auszutauschen, müssen diese Rechte nachgeholt werden.
- **Aufhebung der Partnerschaftsverträge** – Die Beteiligten einigen sich auf die Beendigung der Partnerschaft.
- **Die Umsetzung der Projekte, die im Rahmen der Planungsphase ermittelt wurden.**
- **Durchführung eines Exit Readiness Survey**, um die Kontinuität der Partnergeschäfte nach der Trennung zu verifizieren. Sollte das Ergebnis zu Red Flags führen, müssen Maßnahmen getroffen werden, die die Separation der Akteure im Ökosystem ohne große Nebeneffekte gewährleisten.

Die Abb. 9.2 stellt die Exit-Transaktionen im Ökosystem auf übersichtliche Weise dar.

Abb. 9.2 Exit-Transaktionen im Ökosystem. (Quelle: eigene Darstellung)

Fazit

Exit-Transaktionen sind hochkomplexe Maßnahmen des Partnerschaftsportfolio-Managements. In einem lebenden und dynamischen Ökosystem sind sie immer wieder unverzichtbar, erfordern aber einen hohen Aufwand an Planung und Vorbereitung – manche nennen sie ressourcenintensiv. Deswegen spielt Erfahrung in diesem Feld eine wichtige Rolle. Nicht nur darum ist es ein grober Fehler, Exit-Transaktionen als isolierte Prozesse zu behandeln. Wer sie zu spät plant und umsetzt, darf mit großen und nicht immer angenehmen Überraschungen rechnen. Wer dabei auch noch die Interessen der Partner außer Acht lässt, verliert schnell wichtiges Know-how und Beziehungen zu Kunden und Influencern. Verträge zwischen Primär- und Komplementärpartnern abrupt zu beenden, beeinträchtigt das Ökosystem. Und noch ein wichtiger Punkt: Wer die zugehörigen Ökosysteme ignoriert, wird mit erheblichen rechtlichen oder kommerziellen Hürden und Risiken konfrontiert. Grundsätzlich gilt: Wer die Komplexität einer Exit-Transaktion im Ökosystem unterschätzt, riskiert auf jeder Stufe gravierende, sprich: teure, Fehler.

Künftige Entwicklung von Ökosystemen

10

Zusammenfassung

Bisher haben wir die Entwicklung und das Management von Unternehmensökosystemen ausführlich beschrieben. In diesem Kapitel beschreiben wir nun die Treiber von branchenübergreifenden Ökosystemen und die nahenden Trends. Anhand aktueller Beispiele werden wir die Anforderungen an Ökosysteme der Zukunft beschreiben. Drei elementare Trends zeichnen sich ab: (1) der Wettbewerb um den richtigen Partner; (2) die zunehmende Bedeutung des intellektuellen Kapitals; (3) Angriffe auf Ökosysteme.

10.1 Ecosystem Economy – Wettbewerb um die richtigen Partner

Zahlreiche Unternehmen und mit ihnen Hunderte, wenn nicht Tausende, von Partnern beteiligen sich an plattformbasierten Innovationen in weltweiten Ökosystemen (Iansiti & Levien, 2004). Ökosysteme unterscheiden sich u. a. danach, in welchem Ausmaß sie Netzwerkeffekte erzeugen. Das heißt: Je mehr Nutzer die Plattform annehmen, desto wertvoller wird diese für den Keystone (den Eigentümer), für komplementäre Partner, Influencer und die Konsumenten oder Nutzer. Jeder Zuwachs des Netzwerks bringt neue Synergieeffekte innerhalb des Ökosystems. Mit anderen Worten: Je mehr Nutzer und Komplementäre zusammenkommen, umso stärker ist der Anreiz für Unternehmen und Nutzer, sich dem Ökosystem anzuschließen (Baldwin & Woodard, 2009).

Der populäre Begriff Plattform steht im direkten Kontext zum Management interner Ressourcen. Unternehmen entwickeln ihre Produkte entweder allein oder mit sorgfältig ausgesuchten Lieferanten. In vielerlei Hinsicht ist dies keine neue Idee. Die Theorie ist in der Literatur umfangreich behandelt worden und hat für kontroverse Diskussionen gesorgt (Baldwin & Woodard, 2009; McGrath, 1995; Lehnerd & Meyer, 1997).

© Springer Fachmedien Wiesbaden GmbH, ein Teil von Springer Nature 2019
N. Farhadi, *Cross-Industry Ecosystems*,
https://doi.org/10.1007/978-3-658-26129-0_10

Sawhney beschreibt die Plattform Economy wie folgt: „Wie Geschwister in einer Familie mit gleichen Genen, ähneln sich die Angebote eines Unternehmens oft in der Art und Weise, wie sie entworfen, hergestellt, mit Marken versehen, vertrieben und gefördert werden. Firmen sollten daher ihre Angebote als Familien unter einer gemeinsamen Logik, und nicht als Ressorts und unzusammenhängende Einheiten präsentieren. Diese gemeinsame Logik ist die Grundlage der Plattformen" (Sawhney, 1988).

Die Tendenz ist also eindeutig. Firmen bewegen sich eher in Richtung von Plattformen oder Ökosystemen. Diese Unterscheidung ist wichtig, da jede Art von Unternehmen ihre spezifischen Merkmale hat. Ein Produktunternehmen beschäftigt sich mit der Produktion und Veräußerung eines eigenständigen Produkts. Das primäre Ziel ist es, das Produkt möglichst vielen Kunden zum bestmöglichen Preis zu verkaufen. Obwohl das vermarktete Produkt eventuell mit anderen Systemen beim Kunden zusammengeführt werden muss, konzentriert sich der Primärhersteller nur auf sein Gebiet.

Ein Plattformunternehmen hingegen versucht, einen vielschichtigen Markt mit mehreren Anbietern zu bedienen. Diese Anbieter können zu seinem eigenen Portfolio als Tochtergesellschaften gehören. Es geht dann nur darum, verschiedenen Kundengruppen die jeweils bestmögliche Lösung anzubieten. Hier entwickelt sich ein Netzwerk um den Kern einer Plattform. Eventuell gibt es Ähnlichkeiten mit einem Plattformunternehmen, v. a. wenn es der Keystone in einem Ökosystem ist, aber es gibt einige Unterschiede in der Funktionalität.

Ein Ökosystemunternehmen besitzt eine interne und eine externe Plattform, geht jedoch einen Schritt weiter. Es verzichtet auf die Rolle Eigentümer und sieht sich als Innovator, Einflussnehmer, Vermittler und Integrator – kurz: als Partner. Es hat keinen Anspruch auf die Kontrolle der Teilnehmer. Der Keystone will seine Kunden in einem Partnernetzwerk mit innovativen Ansätzen an sich binden. Er teilt gern die Rendite mit seinen Partnern und verlangt dafür eine faire Teilung der Risiken und Investitionen.

Im Gegensatz zu einem Portfolio- oder Plattformunternehmen will er keine finanzielle Beteiligung an seinen Partnern besitzen, um Einfluss zu nehmen. Das geschieht nur in seltenen Fällen, etwa wenn der Partner in eine finanzielle Schieflage geraten oder gar existenziell bedroht ist. Die Ökosystemplattform muss also kontinuierlich neue Akteure im Rahmen von strategischen Partnerschaften an sich binden, um nachhaltig relevant zu bleiben. In diesem Zusammenhang muss der Keystone darauf achten, allen Beteiligten des Ökosystems eine faire Koexistenz zu bieten.

Als IBM die Plattform der Personal Computer schuf, hat es die Entwicklung des Betriebssystems und der Central Processing Unit (CPU) an Microsoft und Intel ausgelagert. Somit bildete der US-Konzern Big Blue eines der größten Ecosystems der Geschichte mit über 380.000 Beschäftigten (Stand 2017). Er suchte die stärksten Partner, die in ihren jeweiligen Gebieten viel besser waren als er selbst.

Die Reorganisation eines Unternehmensverbunds oder -portfolios in einem Ökosystem ist keine leichte Aufgabe. Der Keystone muss gewisse Eigenschaften und ein innovatives Produkt besitzen. Der Wille zu einem Ökosystem allein kann keinen Erfolg garantieren. Wer aber über eine Produktpalette verfügt, die attraktiv genug ist, um Menschen in einem Konsumentennetz zusammenzuführen, der hat das Zeug zum Keystone.

Wir haben gesehen, dass der Keystone eines Ökosystems i. d. R. nach dem Überschreiten einer gewissen Größe an Wachstumsgrenzen stößt. Doch statt selbst zu wachsen, strebt das Lead-Unternehmen im Ökosystem den Zuwachs seines Netzwerks und seiner Domänen in Kooperation mit komplementären Partnern an. Es entwickelt also eine Wachstumsplattform, um Umsatz und Marktanteil des gesamten Systems samt den teilnehmenden Partnern zu maximieren.

In Zukunft werden wir solch ein Vorgehen noch viel häufiger erleben. Unternehmen, die bisher mit einem Produktangebot bestehen konnten, sind zunehmend gezwungen, die Konsumenten als Netzwerke mit umfassenderen Leistungen zu bedienen. Der Wettbewerb der Zukunft wird nicht nur von Produkteigenschaften, -qualitäten und -preisen bestimmt, sondern von den richtigen Kooperationspartnern und Influencern im eigenen Netzwerk.

Wer komplementäre Lösungen im Rahmen eines reinen Unternehmensportfolios anbieten will, wird mit finanziellen Risiken konfrontiert und läuft Gefahr, von konkurrierenden Ökosystemen überholt zu werden. In der Ecosystem Economy werden Unternehmen bestehen, die sich den künftigen Trends zu Netzwerken und Netzmärkten anpassen. Zu erwarten ist, dass künftig die meisten Unternehmen entweder als Keystone in einem eigenen oder als komplementäre Partner in einem fremden Ökosystem mitspielen werden. Nach dem Motto: Weg von den typischen tradierten Geschäftsmodellen, hin zu partnerschaftlichen Systemstrukturen.

10.2 Angriff auf Ökosysteme

Vor Kurzem erschien eine Nachricht in der Presse: „Händler und Tech-Konzerne greifen Amazon mit den eigenen Waffen an". Bei Licht besehen handelt es sich dabei um eine Art verteilte Wargaming-Strategie mit dem Ziel, dem Online-Handelsriesen und Weltmarktführer Amazon Marktanteile streitig zu machen. Klassische Primärproduzenten verbünden sich mit IT-Unternehmen wie Microsoft, um mit vereinten Kräften Amazons Dominanz im digitalen Handel zu verringern. Der Grund des Widerstands liegt auf der Hand: Amazon ist zu stark und zu groß und setzt seine Interessen nicht nur bei den Verbrauchern, sondern auch bei den Herstellern, den eigenen Mitarbeitern und assoziierten Anbietern durch. Der Konzern erlöste 2018 weltweit über 232,9 Mrd. US-$. Von 2008 bis 2018 stieg der Umsatz durchschnittlich um etwa 25 % (Statista, 2018a, 2018b).

„Wegen der miesen Arbeitsbedingungen plagt viele Kunden ein schlechtes Gewissen", so eine Studie aus dem Jahr 2016; 58 % der Befragten gaben an, dass sie Amazon wegen der Firmenpolitik nicht besonders mögen, aber wegen der schnellen Lieferung dennoch dort einkaufen (Stern, 2016). Das Phänomen der Abneigung gegen den Marktführer ist nicht auf Deutschland beschränkt. „2014 erlebte der Name Alexa in den USA einen kleinen Boom. Mehr als 6000 Mädchen wurden mit der Kurzform von Alexandra (griechisch: ‚Die Wehrhafte') benannt. 2015 ging die Zahl allerdings rasant zurück, wie ‚Business Insider' berichtet. Der Grund: In jenem Jahr brachte Amazon seinen Lautsprecher ‚Echo' heraus, mit dem auch das digitale Assistenzsystem Alexa eingeführt wurde, das mit dem gleichlautenden Schlüsselwort aktiviert wird", so die Presse 2018 (NRZ, 2018).

Ausgerechnet Microsoft, der Meister der Ökosysteme, versucht nun den weiteren Vormarsch des Ökosystems Amazon bremsen. Derzeit arbeitet Microsoft mit Einzelhändlern und Markenhersteller zusammen, um deren Handelsgeschäfte im aktuellen Wettbewerbsumfeld erfolgreich zu positionieren. Microsoft-und-Partner-Lösungen ermöglichen es Unternehmen, das Beste aus Digital und Store zu kombinieren, um persönliche, nahtlose und differenzierte Kundenerlebnisse zu liefern. Microsoft hat zahlreiche größere und kleinere Allianzen mit Händlern geschlossen und greift damit Amazon frontal an.

Der Ökosystemversteher zieht gezielt die Fronten auf Basis strategischer Kooperationen mit diversen Filialketten wie Kroger, Karstadt, H&M, Ahold, Marks & Spencer oder Walmart. Dabei geht es Microsoft nicht nur um eigene Interessen, sondern auch um die Zukunft seiner Kundenbranche Retail. Auch SAP und Google arbeiten an vergleichbaren Ansätzen, nicht zuletzt mithilfe der künstlichen Intelligenz.

Die Digitalisierung im Einzelhandel ist in vollem Gange. Zum Beispiel gibt es schon intelligente Regale, die mit Sensoren oder Kameras ausgestattet sind. „Im Zentrum stehen bei all diesen Kooperationen im Handel Cloud-Lösungen von großen Softwareanbietern wie Google, SAP oder Microsoft. Sie ermöglichen es den Händlern, ihre bisherigen Systeme mit neuen Anwendungen zu kombinieren und so die Modernisierung zu beschleunigen", erläutert die deutsche Presse (Kolf & Scheuer, 2019). Auch T-Systems, Tochter der Deutschen Telekom, mischt mit ihrem vernetzten Einkaufswagen „Smart Shopper" mit.

Diese Geschichte ist ein Paradebeispiel dafür, dass sich ein großer Keystone unversehens dem starken Widerstand konkurrierender Ökosysteme gegenübersieht. Der Einsatz des Softwareriesen Microsoft ist bedrohlicher, als es auf dem ersten Blick erscheint. Microsoft beherrscht die Technologie und hat weitgehende Erfahrungen im Management von Ökosystemen. Das Schicksal von Amazon hängt nun von seinem eigenen Ökosystem ab. Der Trend wird sich fortsetzen. Die Wargaming-Strategie von Microsoft gegen die Allmacht von Amazon setzt auf die Konsumenten und die Komplementäre in einem weltweiten Netzwerk.

10.3   Intellektuelles Kapital

Minnesota Mining and Manufacturing (3M) ist ein weltweit agierender Multitechnologiekonzern aus den USA. Das Weltunternehmen ist bekannt durch seine Marken Post-It und Scotch. Der Konzern produziert nach eigenen Angaben mehr als 50.000 verschiedene Produkte auf der Basis von 40 Technologieplattformen. Dabei spielen die Intellectual Properties (IP) eine zentrale Rolle in der Geschäftsstrategie des 1902 gegründeten Konzerns.

Das Unternehmen hatte 1982 die anorganische Mehrung seiner IP-Assets durch Akquisitionen zur Strategie erklärt. Seitdem akquiriert der Weltkonzern ausschließlich innovative und IP-intensive Firmen mit starken Forschungs- und Entwicklungsetats. Damit reagiert 3M auf die wachsenden Herausforderungen der Globalisierung und des zunehmenden Wettbewerbs. Im Jahr 2014 feierte der Multitechnologiekonzern sein 100.000 Patent. 3M besitzt ein umfangreiches Ökosystem mit Tausenden von Kooperationspartnern auf allen Ebenen: Forschung und Entwicklung, Produktion und Einkauf sowie Vertrieb und Distribution.

3M und viele weitere Weltkonzerne wie SAP, Oracle, Salesforce, Microsoft, Apple, Google, Yahoo, Intel oder Cisco und viele andere Firmen, kleine und große, produzieren Hard- und Softwareprodukte für Computer, Mobiltelefone und Unterhaltungselektronik. Sie alle beinhalten und entwickeln IP-Assets. Bei modernen mobilen Kommunikationsgeräten wie dem iPhone entfällt ein zu vernachlässigender Wertanteil auf das Material. Den Rest bezahlt der Kunde für patentierte Mikroprozessoren, Software, Produktionsverfahren, Trade Secrets, Design, Brand und Trademark, also für den immateriellen Wert des Produkts. IP regelt den rechtlichen Schutz des geistigen Eigentums. Ohne eine solche Protektion wären die Innovationsfähigkeit und die Wettbewerbsfähigkeit von Unternehmen in zahlreichen Industriezweigen, vereint in einem Cross-Industry-Ecosystem, gefährdet.

Alle Ökosysteme sind innovationsgetriebene Marktstrukturen. Der Schutz des Novums – der proprietären Daten, des Know-hows, also das intellektuelle Kapital in jeglicher Form – ist ein primäres Ziel eines wettbewerbsfähigen Ökosystems. Gleichwohl werden IP unter den Akteuren des Systems freiwillig und dynamisch ausgetauscht werden, soweit es sinnvoll und notwendig ist. Denn die eigene Entwicklung nachhaltiger IP-Vermögenswerte (kurz: IP-Assets) ist oft sehr kostspielig. Daher: Strategische Partnerschaften sind eine sinnvolle Alternative, die dem Kernunternehmen des Ökosystems und seinen komplementären Partnern den raschen Zugang zu immateriellen Vermögenswerten ermöglichen kann.

Die Teilnehmer am Ökosystem – Keystone, Komplementäre, Konsumenten und Influencer – müssen ihre IP-Assets mit gebührender Sorgfalt aufbauen und im Sinn des gemeinschaftlichen Nutzens einsetzen. Der Wertsteigerungsansatz durch Synergien gilt nicht mehr nur für die finanziellen oder operativen Aspekte einer Partnerschaft. Zahlreiche Studien belegen die unverzichtbare Rolle des immateriellen Kapitals bei Joint Ventures bzw. strategischen Partnerschaften (Jung, 2009).

Gerade Kooperationen auf dem Gebiet Forschung und Entwicklung – wie es z. B. im aktuellen Fall der autonomen Elektromobilität bei Daimler und BMW der Fall ist – verfolgen das originäre Ziel, innovative Produkte zustande zu bringen. Diese müssen als Assets geschützt werden.

IP-Assets sind aus dem heutigen Wirtschaftsgeschehen nicht mehr wegzudenken. Ihr wirtschaftliches und gesellschaftliches Gewicht ist unbestritten. Eine Vielzahl akademischer und praxisbezogener Studien warnen Unternehmen davor, die Rolle und Bedeutung von IP-Vermögenswerten zu unterschätzen oder zu ignorieren. Dies gilt insbesondere für die Beteiligten von Ökosystemen.

Die wesentlichen Formen von IP-Assets im Zusammenhang mit betrieblichen Ökosystemen lassen sich in registrierte und nicht-registrierte IP aufteilen (Abb. 10.1).

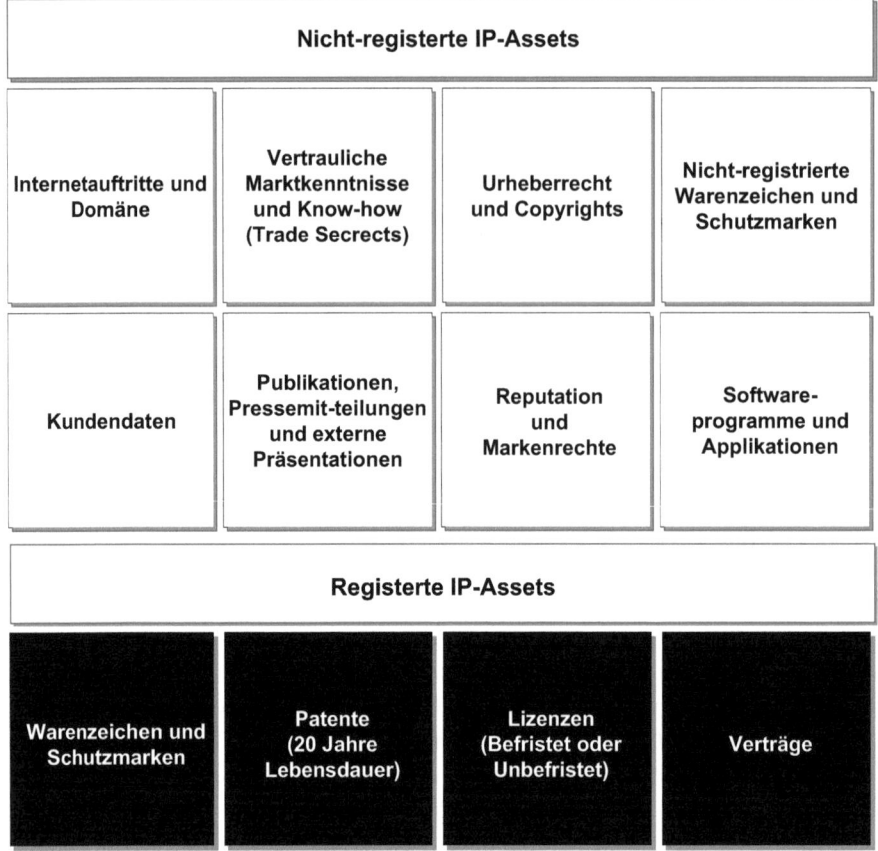

Abb. 10.1 IP-Assets. (Quelle: eigene Darstellung)

Copyright.   Das Urheberrecht (Copyright) regelt die Reproduktion von Werken (z. B. audiovisuelle Dateien, Schriftstücke, Bücher, Zeitungsartikel, Urkunden).[1] Es stellt also den Schutz des geistigen Eigentums dar. Das Urheberrecht schützt weder die zugrundeliegende Idee noch das darauf basierende Konzept. Es ist im deutschen Recht nicht übertragbar. In einigen Branchen, z. B. in der Film- und Musikindustrie, ist das Urheberrecht kritischer Bestandteil des Geschäftsmodells zahlreicher Unternehmen. Das Urheberrecht entsteht automatisch nach der Erstellung des Werks und erfordert keine Registrierung. Inhaber des Urheberrechts ist der Urheber, der nach § 7 Urheberrechtsgesetz (UrhG) das Werk geschaffen hat. Haben mehrere Personen das Werk gemeinsam geschaffen,

---

[1] Hildebrand/Klosek, The Intellectual Property Due Diligence: A Critical Component of Risk Management, 2001.

so können sie als Miturheber nach § 8 UrhG das Werk gemeinsam verwerten und nutzen. Das Urheberrecht hat eine Lebensdauer von 70 Jahren nach dem Tod des IP-Rechteinhabers. Das Copyright adressiert sowohl die Verwertungsrechte als auch die Persönlichkeitsrechte des Urhebers. Arbeitgeber sind i. d. R. berechtigt, das von Arbeitnehmern entwickelte Werk zu nutzen, soweit es innerhalb der Vertragsbeziehung zwischen dem Arbeitgeber und Arbeitnehmer entstanden ist; Arbeitgeber besitzen i. d. R. lediglich einfache Nutzungsrechte.

Patent. Als Schutzrecht auf eine Erfindung gibt ein Patent seinem Inhaber das Recht, anderen zu untersagen, die patentierte Erfindung zu verwenden. Dies hat zur Folge, dass die Produktion oder Nutzung eines patentierten Produkts und die gewerbliche Anwendung eines geschützten Verfahrens ohne Einwilligung des Rechteinhabers nicht erlaubt sind. Der Wert eines Patents in einem M&A-Deal liegt primär in seiner Restlaufzeit und seinem Anwendungsbereich. Sollten diese nicht weitgehend bzw. umfangreich sein, ist mit Risiken zu rechnen. Im Rahmen einer Intellectual-Property-Due-Diligence(IPDD)-Prüfung ist herauszufinden und zu bestätigen, inwieweit das Zielunternehmen von fremden Patenten abhängt. Eine solche Abhängigkeit kann die Integrationsfähigkeit des Zielunternehmens in die Käuferorganisation verlangsamen. Im Regelfall sieht § 16 PatG eine maximale Laufzeit von 20 Jahren ab Anmeldedatum eines Patents vor.

Trademark. Trademarks (auch als Schutzmarke bezeichnet) helfen Unternehmen, sich von Mitbewerbern zu unterscheiden. Eine Schutzmarke lässt sich i. d. R. mit einem Wort oder Symbol kennzeichnen. Die Kombination einer Marke mit einem patentierten Produkt (z. B. die geschützte Cola-Flasche und Coca-Cola) ist gängige Praxis. Schutzmarken haben eine unbefristete Laufzeit und sind daher ein wertvolles immaterielles Kapital. Eine Trademark hat eine Existenzberechtigung, wenn sie mit einem klar differenzierten Produkt oder einer Dienstleistung in Verbindung steht.

Trade Secrets. Vertrauliche Informationen sind z. B. Kundenreferenzen und -daten, Computersoftware, Datenbanken, Forschungs- und Entwicklungspläne oder Lieferantenverträge und besondere Konditionen des Kreditgebers. Betriebsgeheimnisse sind wertvoll, solange sie vor Wettbewerb geschützt sind und geheim bleiben. Daher müssen strategische Kooperationspartner im Rahmen des Kooperationsplans prüfen und sicherstellen, dass ihre gegenseitigen Betriebsgeheimnisse vor dem Zugriff von Dritten geschützt werden.

Der Transfer von Trade Secrets in einer Partnerschaft erfolgt entweder durch Mitarbeiter als Wissensträger („tacit knowledge") oder mithilfe der entsprechenden Daten und Informationen, aufbewahrt in Datenbanken („explicit knowledge"). Der Umgang mit Kundendaten ist gesetzlich

mit dem Bundesdatenschutzgesetz (BDSG) geregelt. In einer Partnerschaft müssen Kunden über die gegenseitige Übertragung ihrer Daten
vor dem Datentransfer informiert werden und damit einverstanden sein.
Die Einwilligung ist im Vorfeld einzuholen. Dies hat eine besondere Bedeutung für Cross-Border Joint Ventures, wenn Daten das Land der fu-
sionierenden Unternehmen verlassen und in Datenbanken oder On-
line-Medien außerhalb Deutschlands im gewerblichen Sinn genutzt oder
gespeichert werden. Denn immer gilt: Dem Verständnis vom Datenschutz liegt die lokale Gesetzgebung des jeweiligen Landes zugrunde.

Eine weitere oft nur unzureichend betrachtete Form von IP-Assets sind
Softwarelizenzen. Lizenzverträge dienen dazu, einem Dritten das Nut-
zungsrecht (Computersoftware oder eingetragene Marken) unter definierten Bedingungen einzuräumen. Die Lizenzierung von Standardpro-
grammen ist gesetzlich nach § 69 UrhG geregelt. Es handelt sich dabei
um das Recht, eine Computersoftware auf einer definierten Zahl von
Arbeitsplätzen zu installieren, zu nutzen und in angemessenem Umfang Sicherungskopien zu erstellen. In einer Kooperation müssen die
Partner sicherstellen, dass die erforderliche Lizenzierung externer Soft-
waresoftwareprogramme mit großer Sorgfalt erfolgt.

Die Abb. 10.2 stellt die Details der IP-Assets zusammen.

	Copyright	Patent	Trademarks	Trade Secrets	Lizenzen
Was wird geschützt	Werke der Literatur, Wissenschaft, Musik und Kunst	Design, Produkte und Prozesse	Warenzeichen oder Marke	Vertrauliche Marktkenntnisse und Know-how	Nutzungsrechte von Software und anderen fremden IP (Cross Licence)
Symbol	© (p)	-	™, SM, ®	-	-
Anforderung	Originalität	Einzigartigkeit und Neuartig	Keine Duplikation existierender Marken	-	???
Wodurch?	Muß nicht angemeldet werden. Das Urheberrecht entsteht unmittelbar mit der Schaffung des Werkes, ohne dass eine besondere Kennzeichnung erforderlich wäre	Nationale, Europäische oder internationale Eintragungsverfahren	Nationale, Europäische oder internationale Eintragungsverfahren in das Markenregister des Deutschen Patent- und Markenamts	Interne Entwicklung des Know-hows	Nutzung
Lebensdauer	Ab dem Tag der Entstehung 70 Jahre	Ab dem Tag der Anmeldung 20 Jahre	Ab dem Tag der Anmeldung 10 Jahre, kann gegen fristgerechte 10 einer Gebühr beliebig oft um weitere zehn Jahre verlängert werden	Solange vertraulich	Individuelle oder allgemeine Vereinbarung
M&A Prüfung	Identifikation der urheberechtlich geschützte Werke und deren Übertragbarkeit	Laufzeit der Patente und Lizenzierung eigener and fremder Patente und Wettbewerb	Laufzeit der Trade und Service Marks sowie deren Kombination mit weiteren IP-Assets	Richtlinien und Sicherheitsme-chanismen zur Protektion von Betriebsgeheimnissen	Evaluierung das Nutzungsrecht und Chain of Title
Rechtsprechung	Urheberecht	Patentrecht –	Markengesetz	Zivilrecht ???	BGB AGB

Abb. 10.2 IP Vermögenswerte. (Quelle: eigene Darstellung)

Dass sich Unternehmen aus Partnerschaften ausklinken wollen, ist nicht ungewöhnlich. Um Konflikte zu einem Zeitpunkt lange nach der „Hochzeit" zu vermeiden, müssen auch die Nutzungsrechte in den gemeinsamen IP-Verträgen frühzeitig geregelt werden. Darüber hinaus muss sichergestellt sein, dass es keine Interessenkonflikte mit anderen Beteiligten im Ökosystem geben wird, z. B. dass keine Sonderzahlungen (beispielsweise Royalties) an Dritte zu erwarten sind (Farhadi & Tovstiga, 2010).

Solche Konflikte können entscheidende Nachteile für die betroffenen Vertragspartner haben. Sollten externe Fachkräfte bei der Definition, Gestaltung oder Implementierung eines geistigen Werks beteiligt gewesen sein, muss der vertraglich erteilte Auftrag sämtliche Fragen zum Urheberrecht geregelt haben. Andernfalls besteht die Gefahr, dass die IP-Rechte des Dritten im Zusammenhang mit der virtuellen und physikalischen Nutzung innerhalb des Ökosystems verletzt werden.

Fazit

Erstens: Portfoliobasierte Geschäftsmodelle werden in absehbarer Zeit obsolet sein. Dort, wo Netzeffekte zu erwarten sind, entstehen Ökosysteme, ohne dass der Primärproduzent oder Hub dafür eine besondere Strategie explizit verfolgt. Diese Emerging Ecosystems sind schon heute an der Tagesordnung. Firmen, die mutig sind, Portfolios von eigenen Assets in Portfolios von strategischen Kooperationen umzuwandeln, werden nicht nur ihren Marktwert steigern, sondern im Wettbewerb bestehen.

Zweitens: Die Technologieherrschaft von Großkonzernen wie Microsoft, Google und anderen hat das Potenzial, im Verein mit neuen Ökosystemen früh entstandenen Anwenderriesen wie Amazon Paroli zu bieten. Dieses Beispiel zeigt, wie sehr das Schicksal von Keystones von ihren Ökosystemen abhängt.

Last but not least: Intellectual Properties haben heute mehr denn je Bedeutung als strategisches Instrument für nachhaltige Wettbewerbsfähigkeit. Die organische Entwicklung von IP-Assets ist i. d. R. eine langfristige und kostspielige Angelegenheit. Ökosysteme können Unternehmen Zugang zu neuen oder strategischen IP-Assets verschaffen. Strategische Partnerschaften sind daher eine sinnvolle Maßnahme, um rasch Zugriff auf immaterielle Vermögenswerte zu erhalten. Darum werden wir in Zukunft Ökosysteme erleben, in denen IP-Assets die zentralen Treiber sein werden.

Literatur

Baldwin, C. Y., & Woodard, J. (2009). *The architecture of platforms: A unified view*. In A. Gawer (Hrsg.), *Platforms, markets and innovation*. Cheltenham: Edward Elgar.

Farhadi, M., & Tovstiga, G. (2010). Intellectual property management in M&A transactions. *Journal of Strategy and Management, 20*(3), 60–68.

Iansiti, M., & Levien, R. (2004). *The keystone advantage: What the new dynamics of business ecosystems mean for strategy, innovation, and sustainability*. Boston: Harvard Business School Press.

Jung, H. (2009). *Handbuch der Betriebswirtschaftslehre*. München: Odenburg Wissenschaftsverlag Gmbh.

Kolf, F., & Scheuer, S. (2019). https://www.handelsblatt.com (27. Feb.2019). https://www.handels-blatt.com/unternehmen/it-medien/sxsw-2019/digitalisierung-haendler-und-tech-konzerne-grei-fen-amazon-mit-den-eigenen-waffen-an/24040570.html?ticket=ST-654434-hAUy7Hin7Q1He-xORPYoq-ap2.

Lehnerd, A., & Meyer, M. (1997). *The power of product platforms: Building value and cost leader-ship*. New York: Free Press.

McGrath, M. E. (1995). *Product Strategy for High-Technology Companies*. New York: Irwin Pro-fessional Publishing.

NRZ. (2018). *Wegen Amazon: In den USA ist Alexa als Vorname unbeliebter* (14. Mai 2018). https://www.nrz.de/leben/digital/wegen-amazon-in-den-usa-ist-alexa-als-vorname-unbelieb-ter-id214283831.html.

Sawhney, M. (1988). Leveraged high-variety strategies: From portfolio thinking to platform thin-king. *Journal of the Academy of Marketing Science, 26*(1), 54–61.

Statista. (2018a). *Statistiken zur SAP SE*. Statista.

Statista. (2018b). *Umsatz von in den Jahren 2004 bis 2018 (in Milliarden US-Dollar)*.https://de-sta-tista-com.pxz.iubh.de:8443/statistik/daten/studie/75292/umfrage/nettoumsatz-von-amazon-com-seit-2004/.

Stern. (2016). *Amazon ist unbeliebt – und trotzdem kaufen alle dort ein* (3. Feb. 2016). https://www.stern.de/wirtschaft/amazon-wird-gehasst%2D%2D-und-trotzdem-kaufen-alle-dort-ein-6681016.html.

Literatur

Darwin, C. (1919). *Das Bewegungsvermögen der Pflanzen.* Stuttgart: E. Schweizerbart'sche Verlagshandlung.
Deloitte LLP. (2016). *Facing the tidal wave | De-risking pharma and creating value for patients.* London: Deloitte Touche Tohmatsu Limited.
Senge, P. (2006). *Die Fünfte Disziplin. Kunst und Praxis der lernenden Organisation.* New York: Crown Business.

© Springer Fachmedien Wiesbaden GmbH, ein Teil von Springer Nature 2019
N. Farhadi, *Cross-Industry Ecosystems*,
https://doi.org/10.1007/978-3-658-26129-0

MIX
Papier aus verantwortungsvollen Quellen
Paper from responsible sources
FSC® C105338

If you have any concerns about our products,
you can contact us on
ProductSafety@springernature.com

In case Publisher is established outside the EU,
the EU authorized representative is:
Springer Nature Customer Service Center GmbH
Europaplatz 3, 69115 Heidelberg, Germany

Printed by Libri Plureos GmbH
in Hamburg, Germany